3차원 미래 예측으로 보는

미래 경영

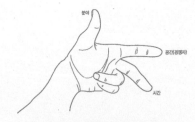

지은이는 생각을 시간-공간-분야 방향으로
확장하는 '3차원 창의력'을 구조화하기 위하여
'창의력 왼손법칙'을 제안하였다.

3차원 미래 예측으로 보는

미래 경영

KAIST 미래전략대학원 **이광형** 지음

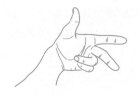

ЛL 생능

/ **이 광 형**　　1978년 서울대와 1980년 KAIST에서 산업공학 학·석사 학위를 받았고, 1981년 프랑스 경영협의회(FNEGE)에서 경영학 연수과정을 수료하였으며, 1985년 프랑스 INSA에서 전산학 분야의 박사 학위를 받았다. 현재 KAIST에서 바이오및뇌공학과 교수로 있으면서, 미래전략대학원장과 미래전략연구센터장을 겸하고 있다. 또한 국회 최고위국가미래전략과정 책임교수, 국회 특허허브국가추진위원회 공동대표, 미래창조과학부 창조경제문화운동 민간위원장, 미래창조과학부 미래준비위원장, 조선일보 고정 칼럼리스트로 활동하고 있다.
국내 저서로는 《달팽이와 TGV》, 《벤처기업 나도 할 수 있다》, 《21세기 벤처대국을 향하여》, 《포철 같은 컴퓨터회사를 가진다면》, 《퍼지이론 및 응용》, 《3차원 창의력 개발법》 등 다수가 있다. 국외 저서로는 《Introduction to Systems Programming》(Prentice Hall), 《First Course on Fuzzy Theory and Applications》(Springer), 《Three Dimensional Creating》(Springer)이 있다.

3차원 미래 예측으로 보는
미래 경영

초판 1쇄 발행 2015년 1월 16일
초판 2쇄 발행 2016년 6월 17일

지은이 이광형
펴낸이 김승기
펴낸곳 (주)생능 / **주소** 경기도 파주시 광인사길 143
등록일 2014년 1월 8일 / **신고번호** 제2014-000003호
대표전화 (031)955-0761 / **팩스** (031)955-0768
홈페이지 www.booksr.co.kr

책임편집 최일연 / **편집** 신성민, 손정희, 김민보 / **디자인** 유준범
마케팅 백승욱, 심수경, 최복락, 최권혁, 백수정, 이재원, 김민수, 최태웅
인쇄 성광인쇄(주) / **제본** (주)다인바인텍

ISBN 979-11-951951-7-6 93320
값 18,000원

- 이 도서의 국립중앙도서관 출판예정도서목록(CIP)은 서지정보유통지원시스템 홈페이지(http://seoji.nl.go.kr)와 국가자료공동목록시스템(http://www.nl.go.kr/kolisnet)에서 이용하실 수 있습니다.
  (CIP제어번호: CIP2014033348)

미래 창조 : 미래 예측–미래 설계–미래 전략

현대사회는 갈수록 불확실하고 복잡하며 빠르게 변하고 있다. 우리는 지금 불과 20년 전에는 예상하지 못하던 환경 속에 살고 있다. 인터넷과 휴대전화가 우리 생활과 산업을 송두리째 바꾸어놓았지만, 이것들은 20년 전에는 보급되지도 않았다. 즉, 20년 전에는 존재하지 않은 미존(未存)이었다. 이처럼 기술의 발전에 따라서 세계가 하나로 묶이고, 그러면서 지구촌 여러 요소들의 변화가 상승 효과로 나타나기 때문에 사회가 급변하고 있는 것이다.

미래 예측은 가능한가?

미래는 무엇인가? 미래는 예측할 수 있는가? 과연 미래를 정확히 예측할 수 있는가? 미래는 시간의 흐름에 따라서 앞으로 벌어질 일이나 상황을 말한다. 미래 예측은 이러한 미래를 내다보는 것을 말한다. 물론 미래를 정확히 예측한다는 것은 불가능하다. 그런데도 우리 인간은 오랜 옛날부터 미래를 예측하고 싶어 했다. 마치 미래 예측이 인간의 본능인 듯이 말이다. 동서양을 막론하고 오랜 옛날부터 점성술이 성행했던 것을 보아도 알 수 있다. 급변하는 현대사회는 더욱 미래를 예측하고자 하는 요구가 커지고 있다. 불확실한 미래가 불안하고 궁금하기 때문일 것이다.

복잡한 미래는 우리에게 다양한 모습으로 다가온다. 마치 시각장애인이 코끼리를 만지는 것과 같다. 코끼리의 귀를 만져본 사람은 코끼리는 넓고 부드러운 모습을 하고 있다고 말할 것이고, 다리를 만져본 사람은 코끼리는 기둥처럼 생겼다고 말할 것이다. 우리에게 보이는 미래의 모습도 이와 같다. 미래는 너무 복잡하기 때문에 현재 시점에서 미래를 바라보는 모습은 보는 관점에 따라 다양하게 나타날 것이다. 그래서 미래는 영어로 Futures라고 복수를 사용한다.

우리가 말하는 미래 예측은 발생 가능한 다양한 미래 중 일부를 우리가 그려본다고 말할 수 있다. 그래서 우리가 미래 예측을 할 때 여러 개의 미래를 예측 결과로 내놓는 것은 자연스럽다.

왜 지금 미래학인가?

10년 또는 20년 후의 미래는 매우 불확실하고 결정되어 있지 않은 상태이다. 따라서 이러한 미결정 상태의 미래를 예측한다는 것은 쉽지 않고, 예측했다고 해도 정확할 수 없다. 그럼에도 불구하고 미래를 예측해야 하는 필요성이 계속해서 커지고 있다. 현대사회가 복잡해지고 급변하다보니 더욱 미래에 대한 불안감과 궁금증이 증대되고 있기 때문이다. 이처럼 불확실하고 복잡한 미래일수록 미래 예측이 더욱 관심을 받는 아이러니한 상황이라 할 수 있다.

기관이나 기업에서 미래 예측을 하는 이유는 무엇일까? 비전과 미래 전략을 수립해야 하기 때문이다. 즉, 미래를 예측해야 실현 가능한 비전과 목표를 정할 수 있다. 실현성이 없는 비전과 전략의 제시는 목표 달성은커녕 조직의 리더십에 막대한 피해만을 입힐 뿐이다. 따라서 우리는 비록 정확성이 떨어지지만 미래 예측을 할 수밖에 없다. 최선을 다하여 오류를 줄이고 정확도를 높이는 작업을 통해 정확히 미래를 예측하려 노력해야 한다. 이것이 미래 예측 담당자가 숙명적으로 극복해야 할 과제이다.

먼 훗날의 일로 생각되는 미래도 결국은 내일로 다가온다. 정확한 예측을 할 수 없다고 하여 포기하면 가까이 왔을 때에도 예측할 수 없다. 초기부터 예측하고 데이터를 모으며 관리해야만 가까이 다가왔을 때 정확한 예측이 가능하다. 결국, 미래를 복잡하고 예측이 어렵다고 생각하면 정확한 예측과는 거리가 멀어질 수밖에 없다. 대상 미래를 관심 속에 두고, 꾸준히 관찰하고 데이터를 수집하면 정확한 미래 예측의 가능성이 열린다.

우리나라는 그동안 추격형fast follower 전략으로 국가를 발전시켜 왔다. 우리는 고민할 필요 없이 미국과 일본 등 선진국이 가는 길을 빠르게 따라가면 되었다. 그 결과 우리나라는 여러 분야에서 세계 선진국의 위치에 오르게 되었다. 이제 우리나라도 선진국이 되면서 따라갈 대상이 없어져버렸다. 즉, 선도형first mover 전략이 필요하게 된 것이다. 이제 스스로 길을 개척해야 하는 상황이 되었다. 스스로 미래를 내다보고, 스스로 미래를 만들어 가야 하는 상황을 맞이하게 된 것이다.

미래 창조는 가능한가?

이 책에서는 미래 경영을 위한 여러 가지 방법을 소개한다. 미래의 특징을 살펴보고, 미래의 이미지를 인식하기 위한 다양한 접근법을 살펴본다. 아울러 미래를 변화시키는 가장 중요한 요소인 7대 요소를 제안하고, 원하는 방향으로 미래를 전개시키기 위한 미래 관리 방법을 제안한다. 미래 변화 7대 요소 STEPPER는 사회Society, 기술Technology, 환경Environment, 인구Population, 정치Politics, 경제Economy, 자원Resource의 약자이다.

그리고 현재 제안되어 있는 미래 예측 방법을 요약하여 소개한

다음 3차원 미래 예측법을 제안한다. 3차원 미래 예측법은 모든 사물을 시간, 공간, 분야의 3요소 관점으로 보는 가정하에 미래를 예측하는 방법이다.

우리는 희망하는 미래를 만들고자 한다. 즉, 우리가 미래를 예측하고자 하는 근본 이유는 희망하는 미래를 창조하고 싶은 욕망 때문이다. 따라서 미래 창조 3단계를 제시하고자 한다. 미래 예측–미래 설계–미래 전략의 미래 창조 3단계를 통해 우리가 희망하는 미래를 만들어 가자. 이것이 바로 미래 경영의 첫걸음이다. 그리고 이것은 '존재하지 않는 것(未存)'을 현실화하는 과정이다.

이 책은 KAIST 강의실에서 만들어졌다. 수년 동안 강의하는 가운데 새로운 방법론을 구상하게 되었고, 그 방법론은 날카로운 학생들의 지적으로 가다듬어졌다. 또한 학생들의 적극적인 참여로 3차원 미래 예측법의 사례가 만들어졌다. 이와 같이 참여하고 사례를 만들어준 학생들에게 감사하며, 아울러 훌륭한 학생들과 함께할 수 있는 행운을 준 학교와 국가에도 감사를 드린다.

저자 이광형

차 례

머리말······ 5

Chapter 01

왜 미래학인가? 13

한국사회의 절대 과제 15 ㅣ 미래 전략이 필요한 이유 17

Chapter 02

미래학이란? 31

미래란 무엇인가? 33 ㅣ 미래학이란? 36 ㅣ 미래학의 역사 38

Chapter 03

미래 관리 43

미래 관리 5단계 45 ㅣ 미래 관리의 성공 요건 54

Chapter 04

미래 변화 7대 요소 57

미래의 특징 59 ㅣ 미래의 다양한 모습 60 ㅣ 분할 정복 방법론 62
미래 예측의 필요성 64 ㅣ 카오스 접근 70 ㅣ 미래 변화 7대 요소 75

Chapter 05

미래 예측 5단계·· 81

미래 예측 과정 83 | 적합한 미래 예측 방법 92

Chapter 06

환경 탐색형 미래 예측법 ··· 95

이머징 이슈 분석법 97 | 환경 스캐닝 101 | 트렌드 분석 106
문헌 조사 방법 110 | 브레인스토밍 112 | STEPPER 113
이해관계자 분석 116 | 와일드 카드 118 | 계층화 분석법 119
형태 분석법 121

Chapter 07

패턴 탐색형 미래 예측법 ··· 123

전문가 패널과 워크숍 125 | 델파이 방법 127 | 교차 영향 분석법 131
모델링과 시뮬레이션 135 | 네트워크 분석 138 | 특허 분석 140
빅데이터 145 | 텍스트 마이닝 148 | 미래 바퀴 150

Chapter 08

목표 탐색형 미래 예측법 ··· 153

기술 단계 분석 155 | 기술 – 사회 – 경제 분석 158 | 게임 이론 160
로드맵 162 | 시간 SWOT 163 | 백캐스팅 166
시나리오 방법 168 | 비전 세우기 170

Chapter 09

3차원 미래 예측법과 전략 173

미래 예측 오류 175 I 3차원 미래 예측법 177 I 미래 전략 3단계 188

Case

3차원 미래 예측법을 활용한 미래 경영 사례 193

TV 산업의 미래 195 I 게임 산업의 미래 224

전기자동차 산업의 미래 244 I 디스플레이 산업의 미래 267

입는 컴퓨터의 미래 290 I 지식재산권 법률 시장의 미래 308

참고 문헌 341

찾아보기 342

왜 미래학인가?

한국사회의 절대 과제 | 미래 전략이 필요한 이유

이 장에서는 왜 미래학에 관심을 갖는지에 대해 생각해본다.

오늘의 현재는 과거의 산물이다. 과거에 의사결정을 했고, 그에 맞게 행동하였기에 오늘이 있다.

따라서 의사결정 시에 미래의 시점으로 이동하여 현재를 바라본다면 좋은 결정을 할 수가 있다.

즉, 미래의 시점에서 현재 어떻게 할 것인지를 결정할 수 있다.

오늘의 현재는 과연 우리가 원하는 모습일까? 과거 의사결정 시 추구하던

그 모습으로 현실화되었는가? 현재를 분석하면 과거의 의사결정을 평가할 수 있다.

그러한 가운데 현재도 어떠한 결정을 할 것인지 영감을 얻을 수 있다.

여기에서는 먼저 우리 한국사회가 21세기에 당면한 과제 두 가지를 제시하고,

이에 관한 사례를 분석하는 가운데, 미래학과 미래 전략이 왜 필요한지 알아본다.

한국사회의 절대 과제

21세기를 살아가는 우리 대한민국은 숙명적으로 해결해야 할 몇 가지 문제가 있다. 이는 한반도에서 우리 민족이 생존하기 위해서는 피할 수 없는 절대적인 과제들이다. 우리 앞에 주어진 절대절명의 과제라는 뜻에서 절대 과제라 부르고자 한다. 그중에서 아래에 적은 두 가지는 가장 중요한 문제라 할 수 있다.

• 저출산·고령화 문제
• 환경과 에너지 문제

첫째로 저출산·고령화 문제이다. 수명이 연장되는 가운데 출산율이 떨어지면 사회는 고령화되기 마련이다. 우리나라 출산율은 1970년 4.53명에서 2013년 1.20명으로 40여 년 만에 약 4배로 떨어졌다. 출산율이 이처럼 낮아지면, 우리나라 인구는 2030년부터 줄기 시작하여, 300년 후인 2300년경에는 500만 명 미만이 될 것으로 예상된다. 이대로 간다면 결국 우리 민족은 해체되어 다른 민족에 흡수되고 말 것이다. 인구가 줄어 나라가 쇠퇴하고 민족이 소멸하게 되는 일은 아주 심각하다. 우리는 이 과제를 시급히 해결해야 한다.

둘째로 환경과 에너지 문제이다. 전 세계적으로 산업화가 진행됨에 따라 환경이 파괴되고 있으며, 지구상에 존재하는 에너지 자원이 점차 고갈되고 있다. 산업화로 인한 지구의 온난화로 지구는 지속적으로 따뜻해지고 있으며, 북극과 남극의 빙하가 녹아서 해수면의 높이가 올라가고 있다. 우리나라도 매년 기온이 올라 한반도가 아열대

기후의 특성을 보이고 있다. 이런 상태가 계속되면 먼 훗날 우리 한반도는 4계절을 볼 수 없을 뿐 아니라, 3면이 바다로 둘러싸인 지리적인 특성상 많은 토지가 물에 잠길지도 모른다.

또한 전 세계적으로 에너지 소비가 늘어나고 있다. 특히, 개발도상국의 에너지 소비량이 폭증하고 있는데, 2035년도에는 개발도상국의 에너지 수요가 세계 에너지 수요 증가의 90%를 차지할 것으로 전망하고 있다국제에너지기구, '세계 에너지 전망 보고서', 2013. 현재 우리나라 에너지 소비량은 OECD 국가 평균보다 높으며, 일인당 에너지 소비량은 우리나라보다 경제 규모가 큰 일본보다도 높다. 한 방울의 석유도 나지 않는 에너지 소비 대국인 우리나라는 어떻게 에너지 자원을 조달할 것인가?

이제부터 이 두 개의 국가적인 절대 과제에 관한 미래 예측과 미래 전략을 사례를 가지고 논의해본다. 그런 가운데 미래학의 중요성을 살펴보자.

미래 전략이 필요한 이유

인구 조절 실패로 본 미래

21세기 한국사회의 절대 과제 중에서 저출산·고령화 문제를 좀 더 자세히 살펴보면서 왜 미래 전략이 필요한지 알아보자. 이 과제는 우리 민족이 이 땅에 계속 존속할 수 있는지 그렇지 않은지를 판가름 하는 절대절명의 문제이다. 그런데 많은 사람들은 이 문제가 우리가 어찌할 수 없이 겪어야 하는 피해갈 수 없는 문제라고 생각하는 경향 이 있다. 과연 그러한가?

다음 그래프는 각 나라의 출산력 수준을 비교하는 데 활용되는 **합계출산율** 출산 가능한 여성의 나이인 15~49세까지를 기준으로, 한 여성이 평생 동안

| 그림 1-1
우리나라 합계출산율

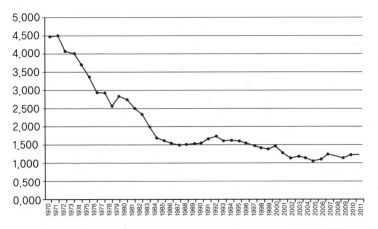

출처 : 통계청, 2013.

낳을 수 있는 자녀의 수이다. 우리나라는 2013년 기준으로 1.2명 수준에 불과하다. 이는 한 나라의 인구가 더 이상 늘거나 줄지 않고 현상 유지하는 '인구대체수준' 합계출산율에 턱없이 부족하다. 일반적으로 출산 가능 여성 1인당 2.1명의 출산율을 인구대체수준이라 말한다.

이 그래프를 보면 우리나라의 출산율은 13년째 1.3명 이하인 것을 알 수 있다. 이는 경제협력개발기구OECD 평균인 1.7명에 크게 뒤처져 있다. 이대로 가면 2050년에는 노인65세 이상 비중이 39%가 넘는 초고령사회가 될 것이고, 100년 뒤에는 전체 인구가 2,200만 명대로 줄어들 것으로 예상된다보건사회연구원, 2014.

우리나라의 출산율은 1955년 6.33명의 수준을 보이면서 1962년까지 대략 6명 수준을 오락가락하였다. 1962년에 출산을 제한하는 산아제한정책이 도입되면서, 적극적인 정책 시행으로 출산율은 1970년 4.53명, 1980년 2.83명으로 빠른 속도로 떨어졌다. 1983년에는 인구대체수준까지 떨어져 출산율이 2.06명이 되었다.

그렇다면 이때 마땅히 산아제한정책을 폐지해야 했다. 그런데 우리나라가 산아제한정책을 폐지한 시기는 1996년이다. 인구대체수준에 도달한 지 13년이 지난 후에야 비로소 공식적으로 산아제한정책을 폐지한 것이다. 1996년에는 출산율이 이미 1.57명으로 떨어진 상태였다.

미래를 내다보는 정책 입안자라면 1970년대 후반에 이미 산아제한정책을 어떻게 소프트랜딩soft landing시킬 것인지 고민했을 것이다. 그러나 불행하게도 그 당시에 우리 정부에는 미래 전략가가 없었다. 그냥 시행하던 정책이니 밀고 나간 것이다. 마치 눈을 감고 자동차를 운전하는 것처럼 목표를 지나쳐 버린 것이다. 아니 지나쳐도 한참 지나쳤다. 현재 출산율은 1.2명 수준으로 인구대체수준인 2.1명에 크게 못 미치는 실정이니 말이다. 출산율 2.1명에 맞추려 했다면 1970년대 말부터 준비했어야 했다.

1970년대 말, 1980년 대 초에 정책을 입안하는 사람들이 조금 더 현명하게 미래를 내다보면서 정책을 세웠더라면 인구 문제는 어느 정도 예방할 수 있는 사안이었다. 물론 출산율 감소가 선진국형의 추세이기는 하다. 그러나 OECD 국가 평균 1.7명에 비교하여 현저히 낮은 현재의 상황만은 막을 수 있었을 것이다.

출산율의 급격한 저하는 향후 경제활동에 참여하는 생산 가능 인구의 감소를 초래하고, 결국 노령화 지수 상승을 이끌어 초고령사회 진입을 가속화시킬 것이다. 또한 생산 인구가 줄어들고 고령 인구가 늘어남에 따라 사회 부양 문제가 심각하게 대두될 것이다. 다음 그래프는 각 연령대별로 우리나라의 인구수를 보여 주고 있다. 이 그래프는 지

그림 1-2
2010년도 연령별 인구수

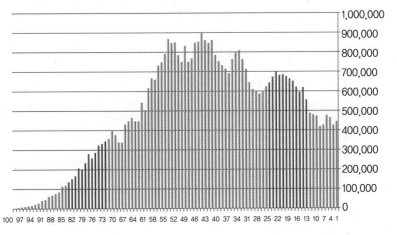

출처 : 인구주택총조사, 2010.

금까지 실패했던 인구정책에 따라 만들어진 인구구조이다. 40세를 살펴보면 1년에 90만 명이 태어났다. 그런데 1~2살 어린아이의 경우 1년에 50만 명이 채 되지를 않는다. 이러한 구조를 보면 어떠한 미래가 예상되는가?

앞에서 우리는 인구 문제를 미래학 관점에서 다루지 못하여 초래된 상황을 살펴봤다. 그렇다면 지금은 어떻게 미래를 예측하고 만들어 나가야 할까? 현재 한국사회의 은퇴 나이는 대략 50대 후반에서 60대 사이이다. 10년 후에는 지금의 40대 후반부터 은퇴를 하게 된다. 결국 부양 인구는 늘어나고 생산 인구는 늘지 않는 현상이 대두될 것이다. 그렇다면 이 부양 문제를 어떻게 해결할 것인가? 현재의 복지정책은 어떻게 세워야 할 것인가? 유럽 등 우리나라보다 먼저 고령화사회에 들어갔던 여러 나라들의 복지정책을 참고하면서 해결책을 찾아야 할 것이다.

또 한 가지 국방 문제를 살펴보자. 현재 우리 군은 60만 명 정도의 병력을 유지하고 있다. 이 병력의 유지가 가능한 것은 연령별 인구수에서 20대 앞뒤 나잇대의 인구수를 보면 알 수 있다. 이 나잇대에는 매년 65만 명 정도의 인적자원이 있다. 이 자원 중 남자와 여자를 절반으로 나누면 대개 남자의 경우 1년에 30만 명이 조금 넘는다. 그중에 군대에 갈 수 없는 사람을 제하면 약 25만 명 내외가 될 것이다. 이들을 22개월 복무를 시킨다고 할 경우 약 50만 명이 되고, 직업군인 등을 포함하면 60만 명의 군 병력을 유지할 수 있다.

그런데 10세 전후의 인적자원을 보면 상황이 심각하다는 것을 알수 있다. 10세 앞뒤의 나잇대를 보면, 1년에 태어난 인구가 40만~50만 명 사이로 대략 45만 명 정도이다. 남자는 23만 명 정도 될 것이고, 이 중에서 군대에 갈 수 있는 사람은 20만 명 선이 된다. 그렇다면 1년에 20만 명 정도의 인적자원을 가지고 60만 대군을 유지할 수 없다는 것은 너무나 자명하다. 현재와 같은 병역제도하에서는 최대 40만 명 정도의 군인을 유지할 수 있을 것으로 생각된다.

그러면 현재의 군사력을 유지하기 위해서는 어떻게 해야 할 것인가? 국방은 매우 시급한 문제이고 시간이 많지 않다. 지금부터 고민해야 할 중대 사안이다. 방위 체계와 무기를 자동화해서 현재의 군사력을 유지할 것인지, 아니면 징병제도를 고쳐서 여성에게도 병역의무를 부과할 것인지, 군 복무 기간을 연장할 것인지 등의 미래 전략을 수립해야 할 때이다.

10세 미만의 인구가 급격히 줄면서 향후 생산 가능 인구도 급격히 줄 것이다. 2006년 우리나라의 노동시장 진입 연령은 평균 25세로 독일의 19세, OECD의 23세에 비해 높다. 우리나라의 경제는 장기적으로 활력을 잃고 경제성장이 둔화되는 저성장 국면에 들어갈 것이 확실하다. 우리는 이때, 제대로 대처하지 못한 예전처럼 이 인구구조를 그대로 유지하며 계속 걱정만 하고 있을 것인지, 아니면 미국과 캐나다, 호주 등과 같이 인구 유입정책을 펴서 인구를 보충할 것인지 많은 고민을 해야 한다. 예를 들어, 우리나라에 오고 싶어 하는 동남아시아 등 여러 나라의 사람들을 선별적으로 이민을 받을 수도 있다. 실제 미국은 외국어 능력이 있고, 머리 좋고, 돈이 많은 사람들을 선별적으로 골라 이민을 받아주고 있다. 그렇게 함으로써 젊은 인구를 유지하고, 내적으로도 활기를 유지하며, 경제를 계속 성장시킬 수 있었던 것이다.

우리나라도 미국처럼 할 수 있다. 하지만 그러기 위해서는 우리

사회의 의식이 바뀌어야 한다. 우리나라는 단일민족이라는 조금은 허황된 관념 속에 외국인에 대한 차별이 매우 심하다. 외국인들이 국적을 취득하기도 어렵다. 현재의 심각성을 고려하여 조금만 생각을 바꾸면 문제를 쉽게 해결할 수 있을지 모른다. 이것은 새로운 창의적인 방법이 아니라, 이미 여러 나라에서 시도되고 있는 방법이기 때문이다.

환경과 에너지 문제를 통해 본 미래

지구온난화로 인한 환경 변화와 셰일가스, 메탄 하이드레이트의 에너지 자원은 미래를 어떻게 변화시킬 것이고, 그 변화에 우리는 어떠한 미래 전략으로 대처할 것인지 생각해본다.

기후 변화로 인한 북극의 뱃길

지구가 점점 더워지고 있다. 지난 100년1906~2005년 동안 지구 평균온도가 0.74℃ 상승했으며, 최근 10년간의 온도 상승은 더욱 가파르다IPCC 4차 보고서. 지구온난화가 빠른 속도로 진행되고 있는 것이다. 지구의 평균온도와 해수온도가 상승하면서 북극과 남극의 얼음이 녹고, 바다의 해수면이 올라가고 있다. 이러한 기후 변화에 어떻게 대처하며 미래를 예측할 수 있을까?

북극항로 개발을 통해 미래를 관리하고 전략을 세워보자. 과거 북극해는 얼어 있어 배가 다닐 수 없었다. 하지만 지금은 지구온난화로 북극해의 얼음이 얇아져 대형 선박이 지날 수 있을 정도가 되면서 북극항로가 활발히 개발되고 있다. 최근 우리나라도 내빙유조선선체의 외벽 철판을 강화하고 선체의 탱크에 석유를 넣어 운반하는 배으로 북극항로를 성공적으로 항해했다.

이제 시작인 이 북극항로가 본격적으로 이용되면 동북아시아에서 유럽까지의 수송거리는 40%가량 단축될 것이다. 현재 동북아시아에서 출발한 배가 기존 항로를 따라 유럽 로테르담Rotterdam까지 가기 위해서는 싱가포르와 수에즈 운하 그리고 지중해를 거쳐야 한다. 기간도 약 24일이 걸린다. 그러나 이 북극항로를 이용하면 배는 남쪽으로 가지 않고 북쪽으로 가서 블라디보스토크와 배링해협 등을 거치게 되는데, 기간은 14일 정도가 걸려 약 10일 정도 단축할 수 있을 것으로 예상된다. 지구온난화는 계속될 것이고 북국의 얼음은 계속하여 녹을 것이다. 자연스럽게 북극항로를 통해 많은 배들이 항해할 것이고 적어도 중국, 대만, 일본, 우리나라의 배들은 북극항로를 이용할 것이니 이때 잘 생각해보아야 할 것이다.

그림 1-3
북극항로

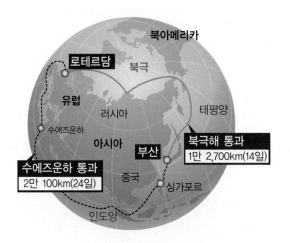

현재 수에즈 운하를 경유하는 기존 항로에서는 싱가포르가 허브 항구 역할을 하고 있다. 허브 항구란 화물이나 배들이 도착하여 쉬기도 하고, 작은 배로 컨테이너를 분류해 각 종착지로 이동할 수 있도록 하는 중간 지점이다. 이제 북극의 뱃길이 활짝 열리면 동북아시아에서 허브 항구는 어디가 될 것인가?

이러한 상황 변화에 우리는 적극적으로 대처해야 한다. 우리나라가 허브 항구를 가져야 하지 않을까? 그렇게 하기 위해서는 어떤 전략을 세워야 할까? 이것이 바로 미래 관리, 미래 전략의 필요성이다.

셰일가스 혁명

다음의 국제 유가 그래프를 살펴보자. 유가는 2008년에 1배럴에 145달러를 찍은 후 뚝 떨어졌다가 현재는 100달러 아래에서 낮은 상태를 유지하고 있다. 2008년에 유가가 폭등했던 것은 당시 유류 소비가 급증했던 것도 아니기 때문에 투기꾼들의 장난으로 보인다. 이 시기는 오히려 미국발 세계 금융위기로 인해 경기가 침체되어 유류

그림 1-4
국제 유가 그래프

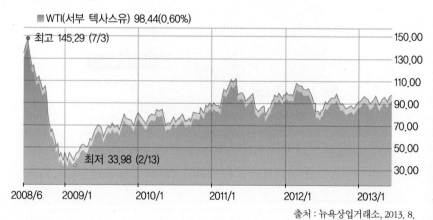

출처 : 뉴욕상업거래소, 2013. 8.

소비가 감소하던 시기였다.

투기가 먹히기 위해서는 사람들의 심리 속에 불안이 자리 잡고 있어야 한다. 2008년에는 머지않아 에너지가 고갈될 것이라는 불안 심리가 있었다. 그러나 이제는 이런 불안감이 사라졌다. 셰일가스 shale gas라는 새로운 에너지 자원이 개발되었기 때문이다.

셰일가스는 지하 깊은 셰일층에 매장되어 있는 천연가스이다. 셰일층은 바위와 모래가 섞여 있는 지층인데, 여기에 가스와 석유가 매장되어 있다. 특히, 석유보다 가스가 많이 매장되어 있다. 셰일가스의 매장량은 현재 전 세계 천연가스 매장량의 40%에 해당되고, 이것은 전 세계가 60년 이상 사용할 수 있는 양이다. 셰일가스는 중국과 미국에 많이 매장되어 있다. 미국의 경우 2010년에 수입하던 가스의 10%를 이미 자국 생산의 셰일가스로 대체하였고, 현재는 수출까지도 고려하고 있다. 중국도 조만간 셰일가스를 개발하여 천연가스의 상당 부분을 대체하려는 계획을 세우고 있다. 하지만 셰일가스가 이처럼 새로운 에너지원으로 주목받게 된 지는 불과 얼마 되지 않았다.

셰일가스는 지하에서 가스 상태로 있지 않고 돌과 모래진흙 속에 섞여 있다. 그래서 유전이나 가스처럼 구멍을 파서 빨아올리는 식의 추출이 불가능하다. 이러한 어려움을 해결하기 위하여 두 가지 기술이 개발되었다. 첫째는 셰일층을 수평으로 추출하는 수평굴착기술로, 옆으로 땅을 파고 들어가 셰일층의 가스를 뽑아내는 것이다. 둘째는 수압파쇄식이라고 하여 고압으로 물을 분사하여 돌 속에 섞여 있는 가스를 밀어내 뽑아 올리는 것이다. 이러한 신기술 개발로 셰일가스가 경제성을 가지게 되었고, 미국은 2000년대 중반부터 지하 셰일 암반층에 갇힌 셰일가스의 상업적 채굴을 본격적으로 진행하고 있다. 현재 미국은 실업률이 낮아지는 등 산업이 활성화되고 있는데,

여기에 셰일가스가 크게 기여하고 있다. 그럼, 셰일가스라는 새로운 에너지원의 개발은 어떠한 미래를 보여줄까?

대체에너지 사업

석웃값이 안정되면 당연히 대체에너지를 개발하고자 하는 필요성이 줄어든다. 대체에너지는 기본적으로 배럴당 100달러 수준의 유가에서는 경제성이 떨어진다. 유가가 배럴당 150달러 정도는 올라가야 상대적으로 경제성이 확보되는데, 유가가 배럴당 100달러 선을 오르내리는 상황에서는 굳이 비싼 투자를 해가며 대체에너지를 개발할 필요성이 줄어든다.

다음 그림은 미국의 대체에너지 투자 변화를 보여주고 있다. 2011년에 최고점을 찍고 줄고 있음을 알 수 있다.

그림 1-5
미국의 대체에너지 투자 변화

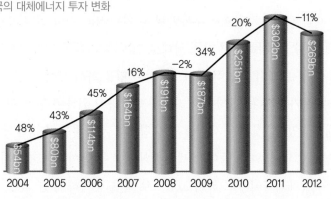

출처 : Bloomberg New Energy Finance, Carbonbrief.org, 2013. 1. 15.

그림에서 보듯이 유가가 안정되자 대체에너지 개발 사업이 위축되고 있다. 그동안 대체에너지 사업 중 태양광발전 사업이 활발히 이루어졌다. 세계 경제의 '큰손'인 중국의 많은 큰 기업들이 전 세계를 상대로 사업을 하였고, 우리나라도 건실한 중견기업이 막대한 투자를 해서 태양광발전 사업을 키워나갔다. 그런데 지금은 그 회사들이 부도가 났다. 이유가 무엇일까? 미래 예측을 하지 않고 투자를 했기 때문이다.

태양광발전 사업에 과다한 투자를 했던 회사들은 셰일가스가 개발되는 것을 알지 못했을까? 아니면 그 파급효과를 예상하지 못했을까? 더욱이 그 회사들이 투자할 당시 이미 셰일가스 추출 기술이 개발되어 있었는데도 말이다.

석유화학산업

미국 3위의 석유화학업체 리온델바젤LyondellBasell은 2009년까지만 해도 28억 7,100만 달러의 순손실을 기록한 부실 회사였다. 하지만 1년 만인 2010년에는 101억 9,200만 달러, 2012년에는 28억 3,400만 달러의 순이익을 내는 회사로 바뀌었다. 리온델바젤은 이전까지 원유에서 얻는 '나프타'를 원료로 사용했다. 하지만 셰일가스천연가스에서 나오는 '에탄'으로 바꾸면서 원료 비용이 대폭 줄었다.

석유에서 나오는 나프타에 비하여 셰일가스에서 나오는 에탄은 가격이 현저히 저렴하다. 예를 들어, 주요 석유화학제품인 에틸렌 생산 비용은 2012년 일본과 우리나라 등 동북아시아 국가가 파운드당 1달러였던 데 비해, 미국은 0.3달러 미만을 나타냈다. 이렇게 생산 가격에 차이가 나면서 우리나라의 석유화학산업에 비상이 걸렸다.

셰일가스 혁명이 이처럼 미국 화학업체들에게 막대한 원가 경쟁력을 제공하고 있는 반면, 우리나라의 화학업체들에게는 새로운 도전을 안겨주고 있다.

미국의 에너지 자립

최근 들어 미국의 해외 에너지 의존도는 큰 폭으로 줄고 있다. 셰일가스 생산 때문이다. 매장량이 풍부하기 때문에 지속적으로 셰일가스를 더 개발할 것이고, 앞으로 셰일가스가 석유 사용을 대체해 나갈 것이다. 이와 같이 진행된다면, 미국이 에너지를 자급하는 날이 올 것이다. 만약 미국이 에너지 독립을 하게 된다면 어떻게 될 것인가? 지금까지 미국이 중동지역에 관심을 갖는 이유 중의 하나는 석유 자원 확보 때문이다. 걸프 전쟁과 이라크 전쟁도 밑바탕에는 미국의 에너지 확보라는 목적이 있었다.

그런데 미국이 에너지 독립을 하는 날에도 중동지역에 그만큼 관심을 쏟을 것인가? 우리나라는 중동지역의 석유에 크게 의지하고 있으면서도 중동에서 일어나는 긴장 상황에 대해서는 강 건너 불구경하는 식이다. 이란과 사우디아라비아가 대립을 하든, 이란이 핵무기를 개발하든 별로 관심이 없다. 중동에서 충돌이 일어나 호르무즈 해협이 봉쇄된다면 가장 큰 타격을 입을 나라가 바로 우리나라인데도 말이다. 석유를 중동에서 수입하는 미국이 오죽 알아서 잘하지 않겠느냐 하는 생각 때문이다. 그런데 미국이 에너지 수입에 무관심해지고, 그만큼 중동에서 관심이 멀어진다면 어떻게 될 것인가? 계속 석유를 중동에서 수입해야 하는 우리나라는 중동 문제에 발 벗고 나서야 할지도 모른다이지평, LG 경제연구원 보고서, 2012. 8. 15.

국제관계 변화

셰일가스가 글로벌 산업 지형도를 일거에 바꾸어놓고 있다. 셰일가스 혁명의 진원지로 꼽히는 미국은 셰일가스란 신무기로 '제조업 부활'을 꿈꾸고 있다. 전기를 미국에 수출하여 재미를 보던 캐나다가 이제 전기 수출에 비상이 걸렸다. 미국이 전기 수입을 줄이고 있기 때문이다. 이처럼 미국에 갑자기 찾아온 에너지 자립은 세계 에너지 산업은 물론 세계 안보 구도에도 상당한 변화를 줄 것이다. 우선 에너지 자원에서 석유의 편중성을 벗어날 수 있어 석유가 집중적으로 매장된 중동의 안보상의 전략적 중요성이 감소할 것이다.

미국의 셰일가스 채굴은 '강한 러시아'의 복귀를 꿈꾸는 러시아에 절대적인 타격을 안겨주고 있다. 특히, 천연가스 공급에서 중동41%에 이어 러시아24%는 과점적 우위를 차지하고 있다. 이러한 러시아는 가스관을 통해 지리적으로 가까운 동유럽과 서유럽에 천연가스를 공급하고 있다. 동유럽의 경우 러시아에 대한 의존율이 60~70%대로 절대적이며, 서유럽도 25% 수준이다. 이런 상황에서 미국의 셰일가스 생산은 유럽에 반가운 소식이다. 미국은 우선적으로 나토 회원국과 일본 등에 셰일가스를 공급할 것이다. 아울러 미국의 셰일가스 생산은 천연가스의 가격 인하를 가져왔다. 러시아 국영 가스회사 가스프롬Gazprom은 2012년에 25% 이상의 이익 감소를 겪었다.

미국의 셰일가스 생산은 극동지역의 국제정치에도 영향을 줄 것이다〈국방일보〉, 김영걸 국방연구원 연구원 기고문, 2013. 2. 13. 유럽에서 천연가스의 판로가 줄어들면 러시아는 한국, 중국, 일본에 천연가스를 판매하려고 할 테고, 미국은 이들 나라가 러시아의 에너지 영향권에 들어가지 않도록 노력할 것이기 때문에, 극동지역의 국제정치도 큰 변화가 있을 것이다.

메탄 하이드레이트

메탄 하이드레이트methane hydrate는 수심 1,000m 정도의 깊은 바닷속에 고체 상태로 매장되어 있는 에너지원이다. 이 메탄 하이드레이트에는 천연가스의 주성분인 메탄가스가 주로 포함되어 있는데, 원래 메탄가스는 물에 잘 녹는다. 바닷물은 대류에 의해서 위로 올라가기도 하고 밑으로 내려가기도 한다. 바닷물 속에 있는 이 메탄가스가 깊은 바닷속으로 내려가 고압섭씨 0℃, 약 40기압에 의해 1/160로 압축되어 고체화된 것이 바로 메탄 하이드레이트이다. 자료에 따르면 인류가 지구상에서 수백 년 동안 사용할 수 있다고 할 정도로 많은 양의 메탄 하이드레이트가 바닷속에 잠겨 있다.

그런데 지난 2013년 3월에 일본이 세계 최초로 메탄 하이드레이트에서 메탄가스를 추출하는 데 성공했다. 바닷속 1,000m 아래에서 고체인 메탄 하이드레이트를 추출해 위로 올리면 압력이 낮아져 기체로 변하는데, 이 기체를 사용 가능하게 포집하는 기술을 개발한 것이다. 일본은 2018년에 이것을 상용화하겠다고 발표하였다.

만일 이 상용화 기술이 성공하면 풍부한 매장량을 가지고 있는 새로운 에너지원을 사용할 수 있게 된다. 가히 에너지의 혁명이라 할 수 있다. 우리나라에도 동해, 특히 독도 근처 바닷속 깊이 이 메탄 하이드레이트가 매장되어 있다.

일본이 메탄 하이드레이트를 추출하는 기술에 성공하였기 때문에 우리나라 등 다른 나라들도 이 기술 개발에 박차를 가할 것이다. 머지않아 이 기술이 상용화되고 개발이 본격화되면 산유국 중심으로 형성되어 있는 현재의 국제적인 에너지 지형이 많이 바뀔 것이며, 에너지 지형의 변화는 국제정치 지형에도 변화를 일으키는 등 국제관계가 크게 요동칠 것이다.

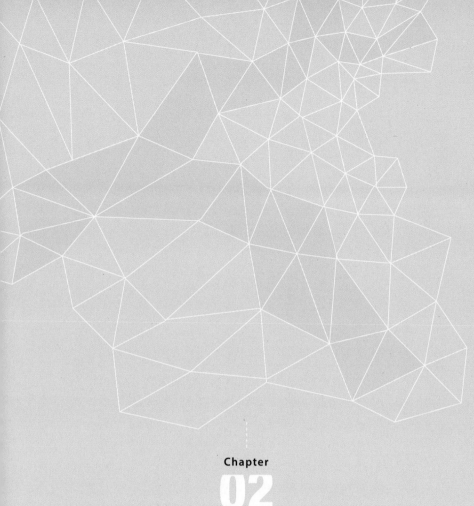

Chapter
02

미래학이란?

미래란 무엇인가? | 미래학이란? | 미래학의 역사

이 장에서는 미래학이 무엇인가에 대해서 생각해본다.

이미 지나간 과거는 선택할 수가 없다. 하지만 아직 도래하지 않은 미래는 영향을 줄 수 있다.

불확실한 미래에 어떠한 영향을 주어야 우리가 원하는 모습으로 미래를 이끌어갈 수 있을까?

그래서 우리는 미래학을 말하고, 미래학에 관심을 가져야 한다.

미래는 본질적으로 불확실하고 복잡한 특성을 가지고 있다.

먼저, 이러한 미래를 예측하는 일이 과연 가능할지 생각해보고,

미래 예측의 가능성과 정확성에 대하여 논의한다.

그리고 미래학이 무엇인지 미래학의 기본적인 용어와 개념을 이해하고,

미래학의 간단한 역사를 알아본다.

미래란 무엇인가?

미래란 무엇인가?

미래는 아직 현실화되지 않은 사건 또는 상황이라 할 수 있다. 이러한 미래의 첫 번째 특징은 아직 정해져 있지 않다는 것이다. 운명론을 믿는 사람들은 미래가 이미 정해져 있다고 말할지 모르지만, 일반적으로 보면 미래는 아직 정해져 있지 않은 상태라 말하는 것이 옳다. 이처럼 정해지지 않은 미래는 다양한 요소들과의 상호작용에 의해서 서서히 현실로 만들어진다. 즉, 미래를 결정하는 매우 다양한 요소들이 시간에 따라서 동적으로 상호작용한다는 점이 큰 특징이다.

다시 생각해보면, 미래를 결정하는 모든 요소들을 찾아내어 시간의 흐름에 따라 결합하고 상호작용을 연구한다면 미래를 그릴 수 있다는 말이 된다. 그러나 이 세상에는 미래에 영향을 주는 요소가 너무나도 많다. 그래서 관련 요소를 모두 고려할 수 없다. 그러면 결국 주요한 영향을 주는 핵심 요소들을 찾아내어, 그것들을 중심으로 집중적으로 연구하는 방법이 현실적이라는 말이 된다.

우리는 미래를 예측할 수 있는가?

우리는 정확한 미래를 예측할 수 없다. 다만, 발생 가능한 미래를 그려볼 뿐이다. 앞서 살펴본 바와 같이 관련되는 모든 요소를 고려할 수 없고 핵심 요소만 골라서 보기 때문이다. 몇 가지의 핵심 요소들이 보여주는 미래를 보고, 우리는 미래에 대한 어렴풋한 이미지를 갖게 된다. 이와 같이 그려지는 미래는 정확하지 않기 때문에, 일반적으로 유일하지 않고 발생 가능한 여러 개의 모습을 띤다. 그러면 다시 질문이 떠오른다.

우리는 얼마나 정확한 미래를 예측할 수 있는가?

이 질문은 '얼마나 맛있는 음식을 만들 수 있는가?'라는 질문과 유사하다. 음식의 맛을 결정하는 요소들은 여러 가지가 있는데, 크게 세 가지를 들 수 있다. 첫째는 요리사의 기술이고, 둘째는 재료이며, 셋째는 요리 도구이다. 이 세 가지가 적절히 결합되어야 좋은 음식이 만들어진다. 물론 각 요소들은 고품질이어야 한다. 요리 기술이 좋아야 하고 재료도 고급이어야 한다. 그리고 요리 내용에 맞는 도구들이 있어야 한다.

미래 예측도 마찬가지이다. '미래를 얼마나 정확히 예측할 수 있을까?' 하는 문제도 이 세 가지와 관련이 있다. 첫째, 예측하는 담당자의 지식과 경험이 중요하다. 둘째, 어떤 데이터를 사용하느냐이다. 문제에 관련된 정확하고 풍부한 데이터를 활용하는 것은 매우 중요하다. 그리고 셋째, 어떤 예측 방법을 이용하느냐이다. 주방에 요리 기구들이 많이 있듯이, 미래 예측 방법도 매우 많으며 다양하다. 많은 방법들 중에서 주어진 예측 문제에 맞는 것들을 골라서 이용하는 것이 중요하다.

주방에서 요리할 때 여러 개의 도구가 이용되듯이, 미래 예측에서도 일반적으로 여러 개의 방법이 이용된다. 또한 모든 요리에 사용할 수 있는 유일한 도구가 존재하지 않듯이, 미래 예측에서도 모든 문제를 해결해줄 유일한 방법이 존재하지 않는다. 하나의 요리를 완성하기 위해서 사용하는 도구가 여럿이듯이, 일반적으로 하나의 예측 문제를 해결하기 위해 사용하는 방법도 여럿이다.

미래 예측의 정확도를 높이기 위해서는 기본적으로 예측자의 전문성을 높이고 좋은 데이터를 활용해야 한다. 그 다음에는 주어진 문제에 적합한 미래 예측 방법을 골라서 사용하는 것이 중요하다. 그러기 위해서는 많은 다양한 방법들을 알고 있어야 한다. 그래야 문제의 특성에 맞게 적절한 방법을 선정하여 이용할 수 있다. 통계에 의하면 하나의 미래 예측 프로젝트에 사용하는 방법들이 대체로 5~6개 정도 된다고 한다.

미래는 본질적으로 복잡하고 불확실하다. 그렇기 때문에 미래에 닥칠 위험 요인을 미리 감지하고 앞으로 일어날 일에 대비하는 미래 예측은 꼭 필요하며 매우 중요하다. 미래를 관리하지 않고 방치하면 그 불확실성은 계속된다. 미래는 언젠가는 내일로 다가오므로 방치된 미래는 계속 불안한 상태로 지속되다 대책 없이 갑자기 들이닥친다.

불확실성이 큰 먼 미래일지라도 미리부터 관심의 영역 속에 넣고 꾸준히 관찰하고 데이터를 분석하며 업데이트해야 한다. 그렇게 초기의 예측을 수정 보완해 나가다보면 미래는 결국 가까이 다가오게 마련이고, 가까운 미래가 되었을 때는 예측에 정확성을 높일 수 있다. 그리고 어느 정도 우리가 원하는 방향으로 미래를 만들어 나갈 수 있다. 그러나 미래 예측 없이 포기하고 방치하면, 미래 관리는 물론이고 미래가 가까이 왔더라도 정확히 예측할 수 없을 뿐만 아니라 우리가 원하는 모습으로 미래를 만들 수 없다.

미래학이란?

미래학은 영어로 'futures studies'이다. future에 복수 's'를 붙이는 이유는 미래를 한 가지로 보지 않고, 여러 가지의 가능한 미래를 염두에 두기 때문이다. 미래학은 미래에 일어날 일을 시간 축 위에서 전망하고 연구하는 융합 학문이라고 할 수 있는데, 과거의 데이터와 기존 경험을 바탕으로 미래를 예측한다. 즉, 미래의 데이터, 패턴, 변화 등을 예측한다.

미래라는 것은 갑자기 나타나면 놀라운 일이 되고, 이미 예측하고 있었다면 당연한 일이 된다. 이러한 미래를 관리하면 미래가 나아가는 방향을 원하는 방향으로 바꿀 수도 있고, 피할 수도 있다. 따라서 미래의 위기 대응력이 높아진다고 할 수 있다.

미래를 예측하고 그에 따른 전략을 세우는 미래학의 용어를 살펴보면 다음과 같다.

- 미래futures : 우리에게 다가올 사건 또는 현상
- 미래학futures studies : 미래에 대해 체계적으로 연구하는 학문
- 미래 예측foresight : 아직 실현되지 않은 미래에 대해서 체계적으로 내다보는 것
- 미래 설계futures design : 여러 가지 변화 가능성 중에서 우리가 원하는 모양으로 미래를 설정하는 것
- 미래 전략futures strategy : 우리가 원하는 미래에 도달하기 위해 세우는 전략

- 미래 계획futures plan : 미래 전략을 수행하기 위한 실질적인 실행 아이템
- 미래 관리futures management : 미래 전략, 미래 예측, 미래 설계 등을 종합적으로 관리하는 것

그렇다면 시간의 개념을 가지고 미래를 어떻게 정의할 수 있을까? 흥미 있는 설문조사가 있어 소개한다.

2013년 초에 우리나라 국민을 대상으로 미래에 대해서 어떤 시간적인 관점을 가지고 있는가에 대한 설문조사를 하였다. 600여 명이 응답하였는데, 우리나라 국민들은 대개 13.5년을 미래로 생각한다는 결과가 나왔다. 그러니까 변화된 미래를 생각할 때, 마음속으로 대개 13년 후를 생각한다는 것이다. 또한 젊은 사람보다 나이 든 사람이, 고학력자보다 저학력자가, 고소득층보다 저소득층의 사람들이 미래를 좀 더 짧게 생각하는 경향이 있다고 보고되었다이규연, 창조경제심포지엄, 서울 프레스센터, 2013. 4. 12.

미래학의 역사

다니엘 벨(1919~2011)

아서 클라크(1917~2008)

허먼 칸(1922~1983)

미래학이 쓰이기 시작한 것은 1940년대이나 학문적인 영역으로 간주되기 시작한 것은 1950년대 이후부터이다. 그동안 역사 속에서 미래학을 발전시켜 온 학자들을 연대순으로 살펴보면서 미래학의 성과를 알아보자.

다니엘 벨Daniel Bell은 미래학의 선구자라고 할 수 있다. 《이데올로기의 종언The End of Ideology》을 통해 사회주의 이념이 주도하는 세계가 조만간 막을 내릴 것이라고 예측한 그는 미래학 분야에 매우 중요한 역할을 했다.

아서 클라크Arthur C. Clarke는 영국을 대표하는 공상과학소설science fiction의 거장이자 미래학자이다. 그가 쓴 《스페이스 오디세이A Space Odyssey》는 미래를 그린 작품으로 이름이 높다.

허먼 칸Herman Kahn은 1960년대의 냉전시대를 예측하였고, 1970년에 쓴 《초강대국 일본의 도전과 대응The Emerging Japanese Superstate: Challenge and Response》이라는 책에서 장차 일본이 경제면에서 미국을 능가할 것이라고 예측하였다. 그는 특히 박정희 대통령에게 여러 가지 산업 전략에 대해 자문을 하는 등 우리나라의 경제성장에 도움을 주었는데, 장차 우리나라가 10대 경제대국이 될 것이라고 예측하기도 하였다.

엘빈 토플러(1928~)

미래학자를 이야기할 때 엘빈 토플러Alvin Toffler를 빼놓을 수 없다. 엘빈 토플러는 20세기가 낳은 최고의 미래학자로 《제3의 물결The Third Wave》을 통해 일찌감치 디지털 혁명을 예측하였다. 그는 김대중 대통령에게 확신을 가지고 IT 산업을 육성하도록 조언하기도 하였다.

존 네이스비츠(1929~)

존 네이스비츠John Naisbitt는 1982년에 쓴 《메가트렌드Megatrends》에서 현대사회의 변화된 모습을 예측했는데, 산업사회에서 정보사회로, 국가 경제에서 글로벌 경제로, 피라미드형 관료주의에서 네트워크로 바뀔 것이라고 내다보았다.

제임스 데이터(1933~)

제임스 데이터Jimes Dator 하와이 대학 교수는 미래학을 체계적으로 연구하는 학자이다. 그는 1960년대부터 미래학을 본격적으로 연구하였고, 최근에는 KAIST 겸직교수로 강의하고 있다.

레이 커즈와일(1948~)

레이 커즈와일Ray Kurzweil은 《특이점이 온다The Singularity Is Near》라는 책을 통해 기술이 인간을 초월하는 시대가 올 것을 예측하였다.

미래학에 관련된 조직으로는 세계미래학

회World Futures Society와 미래학연맹World Futures Studies Federation이 있다. 1975년에는 미국의 휴스턴 대학에 미래학 관련 석사 과정이 개설되었고, 1976년에는 하와이 대학 정치학과에 미래학 관련 석박사 과정이 개설되었다. 그 밖의 전 세계 여러 대학에 석박사 과정이 개설되어 있다.

우리나라에서는 이한빈, 최정호 등의 학자들이 1967년에 세계미래학회에 참석하였고, 1968년에 미래학회를 만들었다. 2013년에는 KAIST에 미래전략대학원이 설립되어 강의를 시작하였다.

자원과 환경의 미래에 대한 최초의 접근은 '로마클럽'에 의해 이루어졌다. 로마클럽은 1968년 세계 각국의 과학자, 경제학자, 교육자, 경영자들을 구성원으로 하여 설립된 민간 연구 단체이다. 이들은 천연자원의 고갈, 환경오염, 개발도상국에서의 폭발적인 인구 증가,

그림 2-1
2030년에는 세계 경제의 붕괴와 급속한 인구 감소가
일어날 것이라고 예측한 '성장의 한계' 보고서

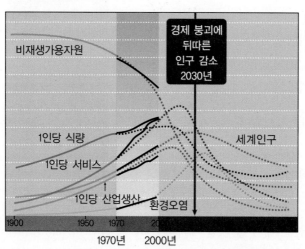

출처 : 로마클럽, "성장의 한계(The Limits to Growth)", 1972.

핵무기 개발에 따른 인간사회의 파괴 등 인류의 위기에 대한 해결책을 모색하기 위해 모였고, 1972년에 '성장의 한계'라는 보고서를 발표했다. 이 '성장의 한계'는 2010년까지 인구, 산업, 식량, 생산 등의 문제를 예측하였는데, 인구의 증가에 따라 결국 성장의 한계가 올 것을 최초로 예측한 보고서이다.

우리나라에서는 1971년에 과학기술처와 KIST가 공동으로 '서기 2000년의 한국'이란 제목의 미래 예측 보고서를 발표한 바 있다. 여기에서는 남한의 인구를 5,000만 명으로 예측하였고, 가족제도가 변화하여 핵가족 개념이 대두될 것이라고 발표하였다. 또한 인구의 절반이 경제활동인구가 될 것이라고 예상하였다.

Chapter

03

미래 관리

미래 관리 5단계 | 미래 관리의 성공 요건

우리는 이미 앞에서 미래학이 무엇인지, 왜 미래학이 중요한지 알아보았다.
또한 미래 예측에 따른 미래 관리의 필요성에 대해 논의하였다.
이제 이러한 미래는 어떤 절차를 따라서 어떻게 관리하는 것이 효율적인지 알아본다.
여기에서는 우리 손으로 미래를 관리할 수 있다는 믿음하에 미래를 관리하는 단계를 살펴본다.
단계를 따라가다보면 미래 관리의 가장 마지막 단계인 유지 보수의 중요성을 알게 될 것이다.

미래 관리 5단계

미래는 그림처럼 5단계로 나누어 체계적으로 관리할 필요가 있다. 미래는 복잡하고 불확실한 요소들이 너무 많아 체계적으로 관리해야 한다. 미래를 5단계로 나누어 관리하면 단계별로 중요한 요소를 빠뜨리지 않고, 오류를 줄일 수 있으며, 신뢰성을 높일 수 있다. 미래관리 5단계는 프로젝트에 참여하는 멤버들과 관련된 모든 사람들 사이의 의사소통 수단으로서도 매우 중요하다.

그림 3-1
미래 관리 5단계

첫 번째는 미래를 예측하는 단계이다. 미래를 관리하기 위해서는 가장 먼저 미래를 내다보아야 한다. 두 번째는 미래를 설계하는 단계이다. 미래 설계는 우리가 원하는 미래를 그려보는 것이다. 세 번째는 미래 전략을 세우는 단계이다. 원하는 미래에 도달하기 위해서 우리가 추구해야 할 전략을 정한다. 네 번째는 전략을 실행할 미래 계획을 세우는 단계이다. 이때는 구체적인 실행 계획이 전제되어야 한다. 다섯 번째는 미래에 대해 세운 전략과 계획을 유지 보수하는 단계이다.

매년 또는 정기적으로 데이터를 업데이트하고 현장의 반응을 피드백하면서 새로이 미래를 예측하고 설계·전략·계획 수립의 단계를 거친다. 이렇게 주기적으로 업데이트와 피드백 과정을 거치게 되면 초기에는 불확실하던 미래가 점차 구체화되고 불확실성이 줄어들게 된다. 아무리 먼 미래도 결국 내일이 되기 때문에, 예측 가능한 내일을 맞이하기 위해서는 이처럼 꾸준한 미래 관리가 필요하다. 즉, 예측 가능하고 우리가 원하는 모습의 미래를 만들기 위하여 미래 관리를 해야 한다. 미래 관리 5단계를 더 자세히 살펴보자.

미래 예측

첫 번째 단계인 미래 예측은 과거의 데이터를 분석하여 미래를 예측하는 것이다. 즉, 과거의 데이터를 분석하고 미래의 혼돈 속에서 규칙을 찾아 변화된 모습을 찾는 과정이다. 과거의 데이터에서 핵심 요소와 패턴을 찾으면 그것들의 미래 전개 과정을 예상할 수 있다. 일반적으로 과거 데이터의 패턴에 기반한 외삽법extrapolation이 많이 이용되는데, 미래에 대한 통찰insight이 필요하다.

미래 예측 역시 5단계로 나눌 수 있는데, 첫 번째 단계에서는 문제를 정의한다. 이 세상에는 많은 문제가 존재한다. 그 문제들은 제대로 정의하지 못하면 해결할 수 없다. 그래서 미래 예측 프로젝트를 성공적으로 수행하기 위해서는 문제를 정의하는 데 많은 노력을 기울여야 한다. 만약 문제 정의가 제대로 되지 않으면, 나중에 미비점이 발견되었을 때 되돌아와서 다시 문제를 정의해야 하기 때문에 처음에 확실하게 짚고 넘어가야 한다. 이 단계에서는 이용할 예측 방법들을 결정하고, 최종 보고서를 어떤 형태_{ppt 자료, 개조식, 서술형 등}로 작성할 것인지와 보고는 어떻게_{구두 발표, 서류 제출 등} 할 것인지를 결정한다.

두 번째 단계에서는 관련 요소를 파악한다. 여기에서는 주어진 문제와 관련된 모든 요소들을 찾아낸다.

세 번째 단계에서는 앞 단계에서 찾은 관련 요소들 중에서 핵심 동인_{driving force}을 찾는다. 변화를 유발시키는 핵심 동인을 찾는 일은 매우 중요하다. 관련 요소들 중에서 독립변수와 종속변수를 구분하면서 핵심 동인을 찾는다.

네 번째 단계에서는 실제로 예측 작업을 한다. 일반적으로 예측에는 여러 가지 방법이 이용되는데, 어느 한 가지 방법만으로는 주어진 문제의 복잡한 요소들을 다 표현하고 다룰 수 없다.

마지막 단계에서는 예측된 결과를 통합한다. 일반적으로 예측 결과는 복수로 나온다. 따라서 이것들을 어떻게 통합하여 활용할 것인지 결정한다. 일반적으로 도출되는 복수의 미래를 고려하여 각각에 맞는 전략을 수립하기도 한다.

그림 3-2
미래 예측 5단계

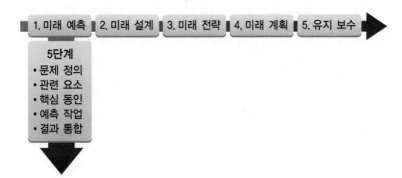

미래 설계

미래 설계는 3단계로 나눌 수 있다. 첫 번째 단계에서는 예측 결과를 참고하여 희망하는 미래desired futures or preferred futures를 설정한다. 두 번째 단계에서는 희망 미래에 관한 핵심 동인을 다시 검토한다. 다시 말해서, 희망 미래를 만들기 위해 꼭 필요한 요소들을 점검한다. 세 번째 단계에서는 희망 미래와 핵심 동인을 고려하여 비전을 확정한다.

그림 3-3
미래 설계 3단계

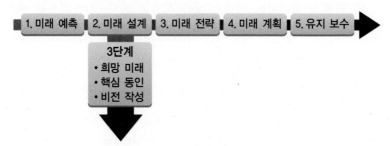

미래 전략

미래 전략도 마찬가지로 3단계로 나눌 수 있다. 첫 번째 단계에서는 희망하는 미래를 표현한다. 이때는 앞에서 찾은 핵심 동인을 이용하여 희망 미래 또는 비전을 표현한다. 두 번째 단계에서는 핵심 동인을 중심으로 현재와 희망 미래 사이의 차이점을 파악한다. 이때 이머징 이슈emerging issue와 트렌드trend를 고려한다. 그리고 백캐스팅backcasting 방법이나 로드맵 방법을 쓴다. 그리고 세 번째 단계에서는 현재와 희망 미래의 차이를 줄일 수 있는 전략을 세운다. 차이를 줄이려는 전략은 핵심 동인을 중심으로 표현될 수 있다. 이때 위험 관리 또는 위험 예측이 필요하다.

미래 계획

미래 계획은 앞에서 정의한 전략을 실행하기 위한 좀 더 구체적인 실행 안을 만든다. 전개될 것으로 예상되는 여러 개의 미래에 비추어, 정의한 전략과 계획이 어떻게 효과를 발휘할지 검토한다. 그러면서 각 전략과 계획을 평가, 검증하여 우선순위를 정하고 계획을 확정한다.

전개 가능한 미래별로 또는 전략별로 실행 계획을 수립할 수 있는데, 이것은 목표를 실행 계획에 링크시키는 작업이라고 할 수 있다. 여기서 비전은 목표이고 계획은 실행 방법에 해당된다고 할 수 있다.

그림 3-5
미래 계획 단계

| 1. 미래 예측 | 2. 미래 설계 | 3. 미래 전략 | 4. 미래 계획 | 5. 유지 보수 |

윈드터널링
• 평가·검증
• 우선순위
• 계획 작성

이때 많이 사용하는 방법이 윈드터널링wind-tunnelling, 풍동 실험이다. 비행기를 설계하면 공장에서 제작하기 전에 실제 상황과 유사한 상태에서 시뮬레이션 실험을 해봐야 한다. 이때 사용하는 실험이 윈드터널링이다. 이 실험은 설계된 비행기 모형을 풍동에 넣고 실제 상황과 비슷한 속도의 바람을 불어넣으면서 비행기 모형과 바람 사이의 유체 역학적인 반응과 변화를 연구 검토하는 것이다.

미래 계획도 이와 비슷한 과정이 필요하다. 지금까지 이론적으로 미래를 예측하였고, 희망 미래를 설정하였으며, 그에 따른 전략을 수립하였다. 이제 그 전략이 실제와 유사한 상황에서 어떻게 될 것인지

그림 3-6
윈드터널링

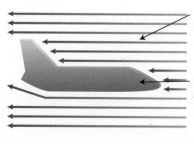

터널 내 조건 변화 = 미래 상황 변화
conditions in the windtunnel = scenarios

비행체 = 전략, 계획
aircraft model = Intended or possible objectives

출처 : SOIF workshop 2013.

표 3-1 | 전략에 따른 예측된 미래 효과

예측된 미래 전략	F1	F2	F3	F4
S1	○	△	×	○
S2	○	×	○	△
S3	○	○	○	○

시뮬레이션 해봐야 한다. 그 과정이 윈드터널링 방식이다. 전략과 계획은 터널 속의 비행체에 해당하고 미래 상황 변화는 터널 내의 조건 변화에 해당한다고 볼 수 있다.

표 3-1은 윈드터널링 방법을 이용하여 검증 및 계획을 수립하는 과정을 보여주고 있다. 전략 S1, S2, S3가 있고 예측된 미래 F1, F2, F3, F4가 있다. 예를 들어, 전략 S1을 적용할 때 예측된 미래 중 F1의 미래가 발생하면 어떻게 반응할지 생각해본다. 여기서는 긍정과 부정의 효과를 각각 ○, ×로, 중간 정도의 효과를 △로 나타냈다. 표에서는 전략 S1이 미래 F1에 대해서는 긍정적인 효과를 보일 것으로 예상된다. 그러나 S1은 F2에 대해서는 중간 정도의 효과를 보이고, F3에 대해서는 부정적인 효과를 보인다.

마찬가지로 전략 S2를 적용할 때 미래 F1, F2, F3, F4는 어떠한 효과를 보일지 알아본다. 이렇게 3개의 전략을 4개의 미래에 비추어서 효과성을 평가하고 검증하는 가운데 필요한 사항의 실행 계획을 수립한다. 또한 이러한 비교 검토 과정에서 각 전략의 평가와 우선순위도 생각해볼 수 있다.

유지 보수

유지 보수는 보고서를 작성하고, 이를 통해 주요 이해관계자 stakeholder들과 의사소통하는 과정에서 잘못된 것을 바로잡고 정확성을 기하는 것이다. 먼저 주요 이해관계자들에게 중간 과정에서부터 결과 도출까지 중요한 사항에 대하여 설명한다. 즉, 미래 관리 단계별로 프로젝트를 발주하는 사람들, 이 프로젝트 결과물을 사용할 사람들을 포함한 이해관계자들에게 진행 과정을 설명한다. 그리고 예측, 전략, 결과를 보고서의 형태로 프로젝트 발주자에게 제출한다. 어떤 형태서술식, 개조식, ppt 파일로 제출할지는 협의를 통해 결정한다.

다음으로 정기적인 미팅을 통해 상황의 변화에 따라 전략과 계획을 수정하는 피드백 작업을 한다. 정기적으로 실행 데이터를 업데이트하여 예측 보고서와 미래 전략을 수정 보완한다. 먼 미래는 불확실성으로 인해 예측이 어려우므로 매년 수정 보완된 실행 데이터를 업데이트해야 정확한 미래 관리가 가능해진다.

그림 3-7
유지 보수 단계

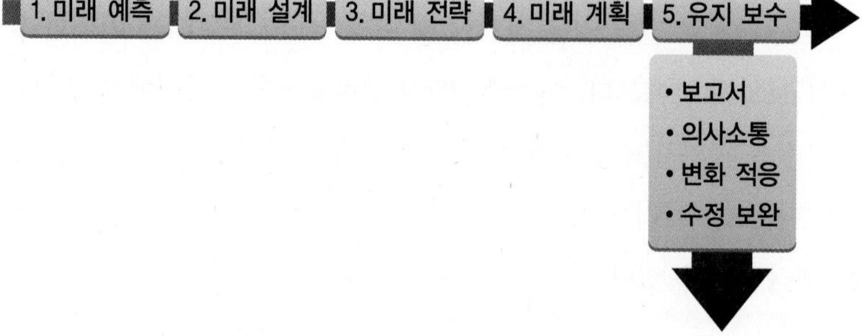

1. 미래 예측　2. 미래 설계　3. 미래 전략　4. 미래 계획　5. 유지 보수

- 보고서
- 의사소통
- 변화 적응
- 수정 보완

이상과 같이 미래 관리 5단계를 각 단계별로 간략하게 살펴보았다. 다음 그림은 이를 종합한 것으로, 이 그림에서 보여주는 방식으로 진행하면 크게 오류를 범하지 않을 가능성이 높다.

그림 3-8
미래 관리 유지 보수와 미래 관리 5단계

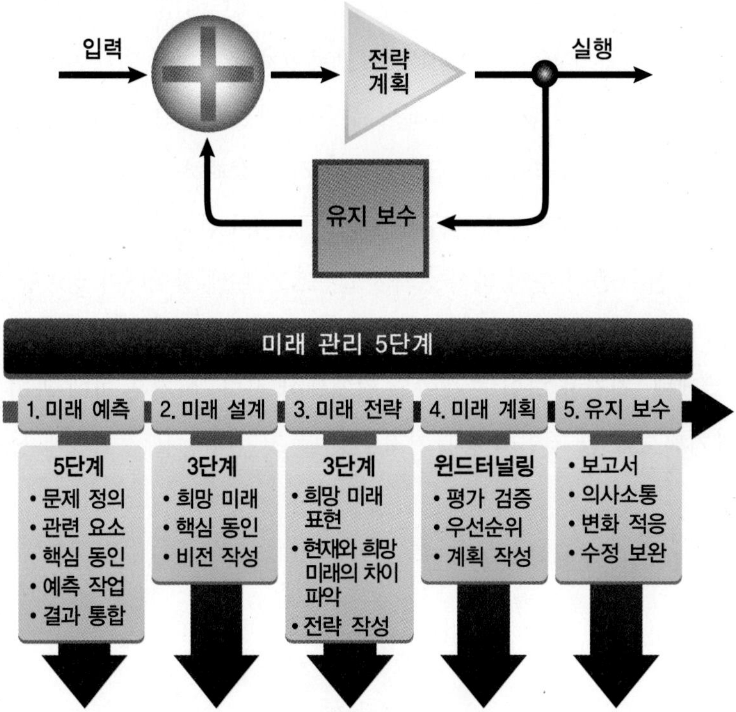

입력 ＋ 전략 계획 실행

유지 보수

미래 관리 5단계

1. 미래 예측	2. 미래 설계	3. 미래 전략	4. 미래 계획	5. 유지 보수
5단계	**3단계**	**3단계**	**윈드터널링**	• 보고서
• 문제 정의	• 희망 미래	• 희망 미래 표현	• 평가 검증	• 의사소통
• 관련 요소	• 핵심 동인	• 현재와 희망 미래의 차이 파악	• 우선순위	• 변화 적응
• 핵심 동인	• 비전 작성	• 전략 작성	• 계획 작성	• 수정 보완
• 예측 작업				
• 결과 통합				

제3장 미래 관리

미래 관리의 성공 요건

미래 관리가 성공하기 위해서는 다음과 같은 요건이 있어야 한다.

첫째, 미래 예측과 미래 전략 수립 프로젝트에 많은 지원이 있어야 하고 절차가 투명해야 한다. 최고경영자의 지원이 없으면 프로젝트는 성공하기 어렵다. 프로젝트 수행에 필요한 충분한 시간과 자금 지원이 있어야 한다. 너무 급하게 추진하면 실패하는 경우가 많다.

둘째, 프로젝트에 대한 주인 의식이 있어야 한다. 회사의 사장, 부사장, 전무 등이 주인 의식을 가지고 프로젝트에 참여해야 성공할 수 있다.

셋째, 적절한 타임 프레임을 결정해야 한다. 이것은 미래 관리를 단기적으로 할 것인지 중장기적으로 할 것인지 등을 적절하게 설정

그림 3-9
미래 관리의 성공 요건

하는 것을 말한다. 예를 들어, 사장은 5년 내에 일을 진행하여 처리하기를 바라는데, 미래 관리 프로젝트를 10년으로 설정하여 작업을 진행하면 성공하기가 어려울 것이다.

넷째, 관련된 모든 사람들이 이 과제가 성공할 것이라는 믿음을 가지는 것이 중요하다. 프로젝트가 성공하여 조직을 위해 유용한 결과를 가져올 것이라는 믿음이 있어야 관련자들이 모두 합심하게 된다.

다섯째, 미래 예측과 미래 전략의 결과물이 명확하고 모든 사람들이 이해할 수 있게 되어야 한다. 그래야 관련자들 사이에 의사소통이 잘 되고 서로 충분한 의견 교환이 이루어져 계획된 방향으로 나아갈 수 있다. 결과물이 모호하면 관련자들의 이해가 서로 달라서 다른 방향으로 일을 추진하는 경우가 발생할 수 있다.

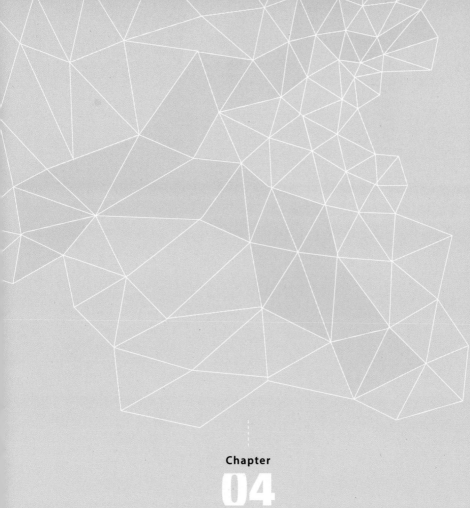

미래 변화 7대 요소

미래의 특징 | 미래의 다양한 모습 | 분할 정복 방법론 | 미래 예측의 필요성

카오스 접근 | 미래 변화 7대 요소

미래는 복잡하고 불확실하다. 너무 불확실하고 동적이기 때문에
미래에 대한 인식을 하기가 쉽지 않다. 이 장에서는 미래를 보는 여러 가지 인식을 소개한다.
또한 미래의 특징을 살펴보고, 미래의 이미지를 인식하기 위한 다양한 접근법을 살펴본다.
아울러 미래를 변화시키는 가장 중요한 7대 요소를 제안한다.

미래의 특징

미래는 어떠한 특징이 있을까? 미래는 기본적으로 불확실하다. 그래서 더욱 불안한데, 불확실한 미래에는 항상 예상하지 못한 놀라운 일이 일어난다. 미래는 매우 복잡한 요소들이 서로 얽히고설켜서 전개되므로 복잡성을 띤다. 이처럼 미래는 너무 복잡하기 때문에 우리가 이해하기 어렵다. 미래는 또한 불규칙하고 예측이 불가능하므로 카오스라고 말할 수 있으며, 너무 애매모호하고 불확실하므로 퍼지의 세상이라고도 말한다.

그리고 미래는 정형화된 모습의 선형적으로 발전하지 않고 비선형적으로 발전한다. 따라서 미래는 비선형nonlinear이다. 미래는 고정적인 몇 개의 차원으로 이루어지지 않는다. 여러 개의 상호 독립적인 차원이 통합되어 이루어지므로 미래는 다차원이다. 미래는 정적이지 않고 항상 변하는 동적인 모습을 보이기에 더욱 예측하기가 어렵다.

| 그림 4-1
| 미래의 특징

복잡성　카오스
불확실성　퍼지
미래
동적
다차원　비선형

미래의 다양한 모습

복잡한 미래는 우리에게 다양한 모습으로 다가온다. 마치 시각장애인이 코끼리를 만지는 것과 같다. 코끼리의 귀를 만져본 사람은 코끼리는 넓고 부드러운 모습을 하고 있다고 말할 것이다. 다리를 만져본 사람은 코끼리는 기둥처럼 생겼다고 말할 것이다.

우리에게 보이는 미래의 모습도 이와 같다. 미래는 너무 복잡하기 때문에 현재 시점에서 미래를 바라보는 모습은 보는 관점에 따라 다양하게 나타난다. 그래서 미래를 영어에서는 futures라고 복수를 사용한다. 이처럼 복잡한 미래의 전체 모습을 예측하는 것은 거의 불가능하다. 따라서 우리가 말하는 미래 예측은 발생 가능한 다양한 미래 중 일부를 그려본다고 말할 수 있다. 그래서 우리가 미래 예측을 할 때 예측 결과로 여러 개의 미래를 내놓는 것은 자연스럽다.

세 가지 가능한 미래
우리가 예측하는 미래는 크게 세 가지로 분류할 수 있다.

- 유력 미래probable futures : 확률적으로 표현할 수 있는 구체적인 미래
- 타당 미래plausible futures : 발생 가능한 미래
- 가능 미래possible futures : 막연하게 가능성이 있는 미래

그림 4-2에서 보면 현재 시점에서 가장 구체적인 미래가 유력 미

그림 4-2
예측 가능한 세 가지 미래

래이다. 그리고 조금 더 넓게 발생 가능성을 말할 수 있는 정도의 미래는 타당 미래이고, 가장 넓게 볼 수 있는 것이 가능 미래이다. 가능possible한 상태에서 불확실성이 줄어들어 좀 더 구체화되면서 타당plausible한 과정을 거치고, 확률적으로 표현이 더 가능해지면 유력probable한 상태가 된다.

세 가지 희망 미래

한편, 미래는 희망하는 정도를 고려하여 다음 세 가지로 예측할 수 있다.

- 긍정 미래optimistic futures : 발생 가능한 미래 중에서 가장 바람직한 미래
- 중립 미래neutral futures : 발생 가능한 미래 중에서 중간적인 미래
- 부정 미래pessimistic futures : 발생 가능한 미래 중에서 가장 부정적인 미래

그림 4-3
예측 가능한 세 가지 희망 미래

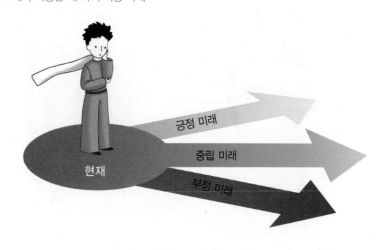

분할 정복 방법론

복잡한 미래는 매우 다양하기 때문에 미래를 예측하기 위해서는 적절한 방법론이 필요하다. 일반적으로 복잡한 시스템의 문제 해결에는 분할 정복divide & conquer 방법론을 이용한다. 즉, 전체 시스템을 분리해서 각개 격파하여 정복하는 것이다. 크고 복잡한 문제는 전체를 한꺼번에 보면 이해하기 어렵고 다루기가 어렵다. 하지만 그것을 다룰 수 있는 크기로 분할하면 이해하기 쉽고 문제를 해결하기가 쉽다. 좀 더 구체적으로 분할 정복 방법론을 알아보자.

먼저, 주어진 문제를 잘 정의하는 것이 필요하다문제 정의. 문제와 관련된 여러 요소를 고려하여 목적, 방법, 필요한 자원, 제한 조건, 기대되는 결과 등을 정의한다.

그 다음, 문제를 여러 개의 작은 문제로 분할한다_{문제 분할}. 문제는 나눈다고 나눌 수 있는 것이 아니다. 문제를 분할하기 위해서는 문제의 전체 시스템을 이해하고 구조를 알아야 한다. 문제 분할은 비교적 독립적으로 다룰 수 있는 하부 문제_{sub-problem}들로 나누는 것이다. 여러 개로 나뉜 문제는 작은 문제가 되기 때문에 문제 해결이 한결 쉬워진다.

마지막으로, 데이터를 수집하고 분석한다_{데이터 수집}. 문제와 관련된 과거와 현재 데이터를 수집하고 그 데이터를 분석하여 그곳에 존재할 수 있는 패턴을 찾아낸다. 일반적으로 패턴은 미래에도 반복되기 때문에 미래를 예측하는 데 도움을 준다.

물론 이렇게 분할 정복 방법을 통해 분할된 문제의 결과는 통합하는 과정이 필요하다.

그림 4-4
분할 정복 방법론

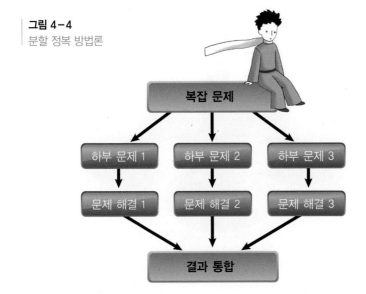

미래 예측의 필요성

그러면, 왜 미래 예측을 하는가?

우리 사회는 끊임없이 변화하고 있다. 사람들의 생활 방식이나 사고 방식도 변화하고 있으며, 일정한 간격을 두고 사회구조나 가치 체계도 변화하고 있다. 이러한 사회 변화를 살펴보고 미래 예측을 하는 사람은 변화를 주도할 수가 있다변화 관리. 미래를 내다보는 가운데 영감을 얻을 수 있고영감 얻기, 비전과 목표를 수립할 수 있으며비전 수립, 비전을 달성하기 위한 전략을 수립할 수 있다전략 수립. 이처럼 미래를 내다보는 통찰력은 리더의 가장 중요한 덕목으로리더십, 다른 이들과 협업하는 데 중요한 위치에 서게 하며 위기 대응력을 높여준다.

그림 4-5
미래 예측의 필요성

미래 예측에는 두 가지 접근법이 있다

첫 번째는 목표 분석형 예측이다. 이것은 예측하고자 하는 대상을 미리 정해놓고, 그것을 예측하기 위하여 관련 자료와 필요한 방법을 동원하는 방식이다. 두 번째는 영향 분석형 예측이다. 이것은 어떤 이벤트가 발생했을 때, 그것으로부터 파생되는 영향을 예측하는 작업이다. 일반적으로 1차 영향이 있고, 2차, 3차 단계로 파급된다.

그림 4-6
미래 예측의 두 가지 접근법

목표 분석형 예측   영향 분석형 예측

미래 예측은 포기할 수 없다

10년 또는 20년 후의 미래는 불확실하며 결정되어 있지 않은 상태이다. 따라서 이러한 미결정 상태의 미래 예측은 정확할 수 없다. 그럼에도 불구하고 미래를 예측해야 하는 필요성이 계속하여 증대하고 있는 것은 현대사회가 더욱 복잡해지고 급변하다보니 미래에 대한 불안감과 궁금증이 늘어나기 때문이다. 불확실하고 복잡한 미래일수록 예측이 어려워 포기하기 마련인데, 그럴수록 더 관심을 갖

진행 방향의 예측이 어려운 토네이도(위키피디아)

고 미래 예측을 하기에 아이러니라 할 수 있다.

기관이나 기업에서 미래 예측을 하는 가장 중요한 이유는 비전과 미래 전략을 수립하기 위해서이다. 미래 예측이 있어야 실현 가능한 비전과 목표를 정할 수 있다. 실현 가능성이 없는 비전과 전략은 목표 달성은커녕 조직의 리더십까지 큰 타격을 받게 된다. 이것이 비록 정확성은 떨어지지만 반드시 미래 예측을 해야 하는 이유이다. 따라서 미래 예측은 정확도를 높이기 위해 최대한 오류를 줄이는 노력을 해야 한다. 이것이 미래 예측 담당자가 극복해야 할 과제로 그들의 숙명이라 할 수 있다.

미래를 대하는 우리의 태도는?

위의 사진은 미국에서 자주 발생하는 토네이도 모습이다. 토네이도는 매년 막대한 인명과 재산의 피해를 입히는 자연재해로 주로 미국의 대평원 지역에서 발생한다. 최고의 과학기술을 지닌 미국이지만 토네이도에게는 속수무책으로 당하고 있다. 토네이도가 어디로 진행할 것인지 미리 예측을 하지 못하기 때문이다. 왜 이런 일이 생기는 것일까?

토네이도의 생성 원리와 진행 원리는 알려져 있으나 진로를 결정해주는 주변 환경 데이터가 충분하지 않기 때문이다. 토네이도는 주변의 지형과 공기압에 의하여 영향을 받는데, 그 진로 주변의 공기압을 충분히 미리 알지 못하기 때문에 사람들이 대피할 수 있는 충분한 시간 이전에 예측하지 못하는 것이다. 정확한 진로 예측은 대체로 몇 시간 전에 나온다.

그렇다고 해서 토네이도 진로 예측을 포기하면 어떻게 될까? 아마도 바로 코앞에 토네이도가 닥치더라도 예측하지 못할 것이다. 충분하지는 않지만 초기부터 진로를 조사하고 데이터를 축적하며 관측했기 때문에 가까이 왔을 때라도 예측할 수 있는 것이다.

우리가 다루고 있는 미래 예측도 마찬가지이다. 미래는 결국 내일로 다가온다. 정확한 예측을 할 수 없다고 하여 포기하고 있으면 가까이 왔을 때에도 예측할 수 없다. 초기부터 예측하고 데이터를 모으며 관리해야만 가까이 다가왔을 때 정확한 예측이 가능하다.

미래를 영향력 원 속으로 넣어보자

사람 마음속에는 '관심 원'과 '영향력 원'이라는 두 개의 원이 있다. 그림 4-7에서 보는 것과 같이 영향력 원은 관심 원 속에 포함되어 있다. 나 자신이 관심이 있는 사항은 관심 원 속에 있고, 관심이 없는 사항은 그 밖에 있다. 또한 내가 영향을 끼칠 수 있는 사안은 영향력 원 속에 있다. 예를 들어서, 케냐에서 어린이가 질병으로 죽어가고 있다. 그러나 나는 관심이 없다. 그런 경우에 이 사안은 관심 원 밖에 있다스티븐 코비가 제안한 리더십의 관심 원과 영향력 원의 개념을 응용하였다.

북한 김정은의 행태에 대하여 관심이 있다. 그러나 내가 어떻게 할 수 없다. 이런 경우에는 관심 원 속에 있지만 영향력 원 밖에 있다. 한편, 나의 건강과 독서에 대해서는 관심은 물론이고 내가 결정할 부분이 있으므로 관심 원 속의 영향력 원 안에 존재한다.

세상에 어떤 사물이 나타나면 대부분의 사람은 관심을 두지 않는다. 즉, 관심 원 밖에 있다. 그러다 관심이 생겨 관찰하게 되면 그 사물은 관심 원 속으로 들어온다. 그 사물을 꾸준히 관찰하고 그 사물에 대해 데이터를 모으면 어느 날에는 내가 그 사물에 대하여 영향을 줄 수 있게 되면서 영향력 원 속으로 들어오게 된다. 이처럼 꾸준한 관심을 가진 사물은 관심 원을 거쳐 영향력 원 속으로 들어오게 된다. 어떤 사물이 관심 원을 거치지 않고 바로 영향력 원 속으로 들어갈 수는 없다. 다음 그림처럼 어떤 사물에 대하여 일단 관심을 가져야 나중에 그 사물에 대하여 영향을 끼칠 수가 있다.

마찬가지로 처음부터 미래는 복잡하고 미래 예측은 어렵다고 단정하면 할 수 있는 일은 아무것도 없다. 대상 미래를 관심 원 속에 두고, 꾸준히 관찰하고 데이터를 수집하면 가능성이 생긴다. 또한 대상 미래를 표현할 수 있는 모델을 만들어, 그것의 행동 메커니즘을 분석하면 어떻게 다룰 수 있을지 실마리를 찾을 수 있다. 미래를 예측하

│ 그림 4-7
꾸준한 관심을 가진 사물은 관심 원을 거쳐
영향력 원 속으로 들어가게 된다.

기 위하여 미래를 바라보는 우리의 사고 방식도 이와 마찬가지여야 한다.

정리하면, 어떤 사물이 새로이 출현하면 불확실성이 매우 높다. 그리고 대부분의 사람들은 그 사물에 관심을 두지 않는다. 즉, 그 사물은 관심 원 밖에 존재한다. 그러나 그 사물에 대하여 아는 것이 많아지고, 불확실성이 줄어들면, 그 사물은 사람들의 관심 원 내부로 들어오게 된다. 관심 원 속으로 들어온 그 사물에 대하여 관심을 가지고 관찰하고 데이터를 분석하면, 그 사물에 대한 핵심 동인driving force을 찾을 수 있다. 그러면 사람들은 그 사물에 대하여 의사결정을 하고 영향력을 끼칠 수 있게 된다. 즉, 영향력 원 속으로 들어오게 되는 것이다.

그림 4-8
관심 원 속의 사물에 대한 꾸준한 관찰과 분석을 통해 핵심 동인을 찾는다.

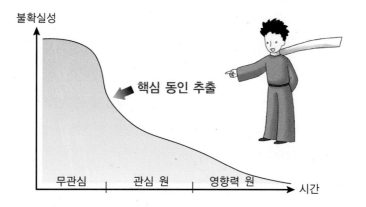

카오스 접근

혼돈을 수식으로 표현할 수 있는 카오스 이론

미국의 기상학자 에드워드 로렌츠Edward N. Lorenz는 1961년 다양한 기상 현상을 설명할 수 있는 기상 모델을 찾았다. 그는 기상 현상을 나타내는 간단한 모델로 세 개의 변수와 세 개의 방정식으로 이루어진 연립미분방정식을 만들었다. 이것을 컴퓨터를 이용하여 다양한 조건계수을 주면서 해를 구해봤다. 이 방정식의 해는 계수의 값에 따라 크게 달라졌다. 그리고 어떤 계수 값에 대하여 해가 무척 불규칙하게 나타나는 것을 확인하였다. 로렌츠는 이 현상으로부터 매우 흥미로운 사실을 두 가지 발견하였다.

첫째는 우리가 혼돈Chaos, 카오스이라고 부르는 복잡한 현상이 매우 간단한 식으로부터 나올 수 있다는 것이다. 그때까지 사람들은 혼돈 현상은 매우 복잡한 식으로만 나타낼 수 있다고 생각하였다. 그런데 간단한 방정식을 통해 혼돈 현상을 나타낸 것이다. 이 사실은 예상 밖의 일로 혼돈과 질서에 대한 인식을 새롭게 해주었다. 이제 우리 주위의 혼돈으로 보이는 복잡한 현상들을 간단한 방법으로 다룰 수 있다고 생각하게 된 것이다.

둘째는 이 방정식들의 해가 초기 조건계수에 매우 민감하게 변한다는 것이다. 즉, 조금 다른 계수 값을 주고 오랜 시간 컴퓨터로 계산을 해보니, 나중에 전혀 다른 결과를 보였다. 초기 조건을 조금 다르게 주면, 처음 얼마 동안에는 방정식이 비슷한 양상을 보이다가 시간이 많이 흐른 후에는 그 차이가 증폭되어 전혀 다른 결과를 보인 것이다.

혼돈 속에 있는 규칙성 끌개

로렌츠는 실제로 구한 방정식의 복잡한 해를 새로운 좌표계에 그려보았다. 그 결과 일정한 규칙성을 지닌 기하학적 구조로 나타났다. 로렌츠는 이것을 혼돈 속에 존재하는 규칙성이라 봤고, 이러한 혼돈과 규칙성이 다른 자연 현상 속에서도 존재한다는 사실을 알았다. 로렌츠는 혼돈카오스 속에 존재하는 규칙성을 끌개attractor라 불렀다.

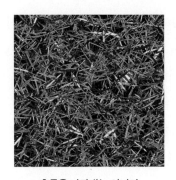
혼돈을 나타내는 이미지

혼돈 속에 존재하는 규칙성인 끌개

로렌츠는 끌개 현상을 '나비효과'라는 개념으로 설명하였다. 끌개는 마치 어떤 중심점이 있어서 운동을 일정한 모습으로 이끌어나가게 하는데, 한 번 지나간 곳은 다시 지나지 않는다. 이처럼 반복되지 않는 운동이 전체적으로 어떤 질서에 따라 움직인다는 것이다. 로렌츠는 이 기이한 끌개를 대기의 운동으로 표현하였는데, 나비의 날개와 비슷한 모습을 하고 있어 '나비효과'라는 말이 나왔다.

브라질에서의 한 마리 나비의 날갯짓이 머나먼 미국에서 토네이도를 일으킬 수 있다는 것이 단편적인 '나비효과'의 예이다. 엄청난 피해를 입히는 복잡한 시스템의 토네이도도 처음에는 초깃값과 지구의 대류_{공기 순환} 시스템에 의하여 단순하게 결정된다. 즉, 초깃값을 알고 대류 시스템의 원리를 이해하면, 작은 날갯짓에서부터 토네이도가 만들어지는 과정을 이해할 수 있고, 또 그것을 다룰 수 있다는 것이다. 우리는 지구의 자전과 대류의 기본 원리_{더운 공기는 위로 올라간다}를 알고 있기 때문에 나비의 날갯짓에서 어떤 결과가 도출될지 예측할 수 있다. 즉, 지구의 대류 시스템 원리가 끌개에 해당하고, 나비의 날갯짓이 초깃값에 해당한다.

로렌츠의 발견은 자연계에 존재하는 혼돈 현상을 해석하는 데 새로운 가능성을 제시하였고, 더 나아가 자연과 사회 현상을 바라보는 새로운 시각을 갖게 해주었다.

앞에서 살펴본 바와 같이 미래는 매우 복잡하고 불확실하다. 즉, 카오스라 할 수 있다. 우리는 어떤 질서에 따라 움직이는 끌개를 찾아내면 카오스를 다룰 수 있다고 했다. 혼돈 상태 속에 존재하는 규칙성이 로렌츠의 끌개이듯이, 미래를 바꾸는 핵심 동인이 미래의 끌개이다. 복잡하고 불확실한 미래도 핵심 동인을 찾으면 미래를 예측할 수 있다.

인간 행동의 끌개, 욕구 5단계

이러한 끌개를 리더십에 적용해보자. 리더십은 사람들을 하나의 방향으로 이끌어 가는 대인관계라 할 수 있다. 모든 사람들은 리더십을 가지길 원하지만 그리 쉽지 않다. 그럼 리더십을 가지기 위해서는 어떻게 해야 할까? 가장 기본적인 일은 인간에 대한 이해이다. 인간 행동을 규정하는 기본적인 규칙을 이해하는 것이다. 이 규칙을 찾으면 인간 행동을 예측할 수 있고, 그에 맞게 사람들을 대할 수 있다. 인간 행동의 기본 원리는 욕구이다. 인간의 욕구를 매슬로Maslow는 5단계로 설명하였다.

- 1단계 : 기아나 갈증 등의 생리적 욕구
- 2단계 : 위험을 피하려는 안전 욕구
- 3단계 : 가까운 대인관계를 원하는 사회적 욕구
- 4단계 : 사회적으로 인정받기를 원하는 존경 욕구
- 5단계 : 일을 성취하려는 자아실현 욕구

이와 같은 욕구 5단계는 인간 행동을 규정하는 원리이기 때문에 끌개라 말할 수 있다. 따라서 이 끌개를 이해하고, 이를 충족시키는 방향으로 사람들을 대하면 뜻하는 방향으로 사람들을 이끌 수 있다. 결국 인간의 욕구 5단계가 리더십의 끌개라 할 수 있다.

그림 4-9
매슬로의 욕구 5단계

핵심 동인이 변화를 만든다

외계인이 지구에 왔다고 생각해보자. 지구에 대하여 사전 지식이 없는 외계인은 지구상의 모든 자연 현상이 낯설 것이다. 그중 날씨는 매우 예측하기 어려워 날씨 변화를 카오스라 생각할 수 있다. 이처럼 외계인에게 날씨 변화는 카오스여서 이해하기 어렵고 예측이 불가능하지만 우리 인간에게는 그렇지 않다. 우리는 지구에서 날씨 변화를 일으키는 핵심 동인들을 알고 있다. 태양의 위치, 지구의 자전, 공기의 흐름, 바다와 육지의 분포 등이 날씨 변화의 핵심 동인들이다. 날씨 변화는 분명히 카오스이다. 그러나 우리는 핵심 동인^{끌개}을 알기 때문에 날씨를 예측할 수 있다.

과학이 발전하기 전의 우리 조상들도 비가 오지 않으면 기우제를 지냈다. 비가 오는 원리를 알지 못했기 때문에 엉뚱한 곳에 정성을 쏟은 것이다. 이제 우리는 구름이 어떻게 만들어지는지, 어떻게 비가 되어 내리는지 원리를 알기 때문에 기우제를 지내지 않는다. 즉, 날씨 변화를 일으키는 핵심 동인을 알기 때문이다.

미래 변화 7대 요소

앞서 살펴본 바와 같이 미래는 복잡하고 다양한 요소에 의하여 불확실성 속에서 변화해 나간다. 그러한 혼돈 속에서 카오스의 끌개를 찾거나 변화의 핵심 동인을 찾는 일은 쉽지 않다. 만약에 사회의 변화를 규정하는 일반적인 공통 요소가 존재한다면, 일차적으로 그런 공통 요소들을 살펴보면서 핵심 동인을 찾을 수 있을 것이다. 일반적으로 이러한 공통 핵심 동인을 적용하면 어떤 미래든지 변화의 양상을 알 수 있다. 따라서 일반적으로 사회를 변화시키는 보편적인 공통 요소를 찾으려는 노력이 필요하다.

KAIST 미래전략대학원에서는 이 일반적인 공통 요소를 7개 STEPPER로 제안하였다. 즉, 변화를 일으키는 요소로 사회Society, 기술Technology, 환경Environment, 인구Population, 정치Politics, 경제Economy, 자원Resource을 제안하면서 미래를 결정하는 7대 요소라 불렀다. 이 요소들의 영어 알파벳 첫 글자를 딴 것이 'STEPPER'이다.

- SSociety, 사회 : 사회 요소는 그 사회의 문화와 역사 그리고 인프라를 말한다. 방송·신문 등의 미디어, SNS, 교육, 건강관리, 사회안전망, 여가, 관광, 삶의 스타일, 개개인의 정직성 같은 것들이 여기에 해당된다. 예를 들어, 똑같은 스마트폰 기술이 있다고 가정하였을 때, '빨리 빨리' 문화가 형성된 우리나라에서는 그 기술이 잘 맞아떨어져 앞서 가는 정보화 사회를 이룰 수 있었지만, 느긋하고 느린 문화적 관습을 가진 나라에서는 그 기

술의 발전이 쉽지 않을 것이다. 이처럼 사회 요소인 문화적인 차이에 따라 결과가 달라진다고 볼 수 있다.

- T Technology, 기술 : 기술 요소는 두말할 것 없이 사회를 변화시키는 중요한 요소이다. 공학, 연구 개발, 혁신, 지식재산, 벤처기업, 자동차·도로·철도·항공·배 등의 운송 시스템에 관한 기술, 통신시스템 등이 이에 속한다고 볼 수 있다. 최근 20년 동안 우리 사회를 바꾸어 놓은 가장 중요한 요소를 꼽으라면, 당연히 인터넷과 무선통신, 의료기술 등일 것이다.

- E Environment, 환경 : 환경 요소는 기후·기상 등의 변화, 공기·물·토양 오염, 토지의 이용, 해양에 건설하는 공장 등을 포함한다. 우리 인간이 살고 있는 지구의 환경은 끊임없이 변하고 있다. 지구에 속한 인간은 이런 환경 변화에 영향을 받으며 산다. 물론 이런 환경 변화에는 자연적인 것도 있고, 인공적인 것도 있다.

- P Population, 인구 : 인구는 인구분포, 노동력, 고용, 출생률, 노령화, 소비자, 의식주 문제, 세대 갈등 등을 포함한다. 이러한 인구 요소는 가장 근원적인 변화를 일으키는 중요한 요소이다. 모든 일은 사람에 의하여 일어난다. 집단이 인간 행동에 많은 영향을 주고, 그러한 인간 행동은 미래를 바꾸는 중요 요소가 된다.

- P Politics, 정치 : 정치는 리더십, 정치구조, 법률, 행정, 시민의식, 정책, 사회통합, 외교 등을 말한다. 정치는 국내뿐만 아니라 외국과의 관계에서도 중요한 요소이다. 특히, 우리나라에서는 북한 문제가 중요 요소이며, 중국·미국·일본 등과의 관계도 모두 미래에 영향을 주는 중요한 문제이다.

- E Economy, 경제 : 경제는 산업, 농업, 서비스, 유통, 무역, 기업, 경영, 금융, 세금, 채권, 화폐, 통장, 생활수준, 불평등 등을 포함

한다. 경제는 정치와 기술 개발에 영향을 주고, 다시 정치와 기술 개발은 경제에 영향을 준다. 이처럼 경제와 정치, 기술은 불가분의 관계에 있다.

- R Resource, 자원 : 자원에는 광물·석유·가스·석탄 등의 천연자원, 물·흙·공기 등의 자연자원, 에너지 문제, 화석 연료, 전기 에너지 등이 포함된다. 그리고 이러한 자원을 잘 활용할 수 있는 사회 환경이나 에너지 효율을 높이는 시설 등도 포함된다. 특히, 현대와 같이 에너지 소비가 많아 에너지 부족이 심화되고 있는 상황에서 자원 문제는 정치·경제·기술 등 모든 문제에 영향을 준다.

이상에서 설명한 것들이 바로 미래를 변화시키는 가장 일반적인 공통 요소이다. 그래서 우리는 이것을 '미래 변화 7대 요소STEPPER'라 부른다.

STEPPER를 이용하면 주어진 미래와 관련된 요소를 파악하여 문제를 정의할 수 있다. 우리가 미래를 예측하고 전략을 세울 때 이러

그림 4-10
STEPPER를 통해 미래 예측의 핵심 동인을 찾을 수 있다.

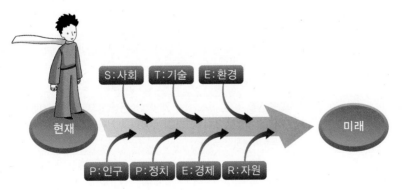

한 STEPPER에 비추어보면 우리가 대상으로 하는 문제와 관련된 요소들을 찾아내기가 쉽다. 그리고 7대 요소에서 주어진 문제의 변화를 유발시키는 핵심 동인도 찾을 수 있다.

우리에게 주어지는 미래 예측의 문제마다 특성이 있어, 모든 경우에 STEPPER를 적용할 수는 없을 것이다. 그러나 적어도 예측해야 할 대상 미래가 주어지면 STEPPER를 적용하여 STEPPER 속에 핵심

표 4-1 | STEPPER의 세부 구성 요소

7대 변수	세부 구성 요소
사회 Society	문화, 역사, 교육, 건강, 복지, 언론 · 미디어, 통신 · 교통 인프라, SNS, 사회 안전, 사회보장, 정보 · 사생활 보호, 게임 · 오락 · 관광, 패션 · 스타일, 정의 · 평등 · 신뢰 · 부패, 사회 갈등, 개방성 · 폐쇄성 등
기술 Technology	과학 · 수학 · 공학(전자 · 기계 · 화학 · 생명 · 재료), 연구 개발, 혁신, 지식재산, 창업 · 벤처, 기술경영, 도시, 정보통신 · 사이버, 의료 · 바이오, 국방기술, 교통기술(자동차, 항공기, 선박, 기차, 도로), 사회기술, 문화기술 등
환경 Environment	기후변화(CO_2 발생 등), 환경오염(대지, 토양, 수질, 지하수, 해양), 환경보전, 지형 · 지질, 육지 · 해양 생태계, 생물종 다양성, 공장 · 토지 · 해양 이용 등
인구 Population	인구수, 인구 분포(나이 · 지역), 노동력, 고용, 실업, 소비, 생산력, 출산, 고령화, 음식, 기아 · 비만, 주택, 동물(애완 등) 등
정치 Politics	정치체제, 정당, 지배 구조, 정치 리더십, 법 · 행정 · 제도, 시민참여 · 이해집단, 전략 · 정책, 국제 관계나 주변 외교(미 · 중 · 일), 남북 관계, 영토 분쟁, 역사 문제, 국방 · 국가정보 · 사이버안보 등
경제 Economy	산업구조, 농업 · 제조업(첨단/일반) · 서비스업(전문/단순), 제조 · 유통 · 물류, 무역(수 · 출입), 금융(화폐 · 환율 · 증시), 재정, 예산 · 기획, 보험, 세금, 경제성장률, GDP · GNP, 빈부차, 생활비 등
자원 Resource	지하자원(광물, 석유, 가스, 석탄, 셰일가스 등), 에너지(화석, 원자력, 대체/재생), 전기(발전, 스마트그리드), 수자원, 해양자원(대륙붕, 메탄 하이드레이트), 에너지 안보 등

출처 : 임춘택 · 이광형, 《카이스트, 미래를 여는 명강의 2014》, 푸른지식, 2013. 12.

동인이 있는지 체크해볼 수 있다. 그러면 중요한 핵심 동인을 빠뜨리는 오류를 줄일 수 있다. STEPPER의 세부적인 요소들은 표 4-1에 정리해놓았다.

또한 STEPPER는 미래 예측의 핵심 동인이 될 수 있고, 원하는 미래 예측의 결과 여부를 점검하는 기준이 될 수도 있다. 그리고 원하는 희망 미래를 만드는 전략과 계획을 수립하는 데 있어서 중요한 요소가 될 수도 있다.

Chapter
05

미래 예측 5단계

미래 예측 과정 | 적합한 미래 예측 방법

이 장에서는 미래 예측 5단계에 대해서 다룬다. 미래를 예측하는 작업은
불확실한 미래를 대상으로 하는 작업이기 때문에 체계적인 방법론이 필요하다.
여기에서는 예측 과정을 5단계로 구분하여 시행하는 방법을 다룬다.
1단계에서는 문제를 정의하고, 2단계에서는 그에 따른 관련 요소들을 뽑는다.
3단계에서는 관련 요소 중에서 핵심 동인을 결정하고, 4단계에서는 핵심 동인을
토대로 실제 미래 예측을 한다. 마지막으로 5단계에서는 미래 예측 결과를 종합하여
어떻게 관리하고 통합할지를 결정한다.

미래 예측 과정

여기에서는 미래 예측을 하는 과정을 5단계로 나누어 다루어본다. 이와 같이 어떤 과정을 단계별로 나누어 생각하면 체계적으로 일을 처리하는 데 도움이 된다. 1단계에서는 문제를 정의한다. 문제 정의를 위한 체크리스트를 만들고 그것을 해결하는 방법을 결정한다.

2단계에서는 관련 요소를 추출한다. 관련 요소들은 문항 조사, 인터뷰, 스캐닝, STEPPER를 이용하여 추출한다.

3단계에서는 2단계에서 찾은 관련 요소 중에서 핵심 동인driving force을 결정한다. 핵심 동인은 관련 요소들 사이의 상호작용 다이어그램을 그려보거나 브레인스토밍을 하여 결정하는데, 이 관련 요소들 사이에 종속적인 변수가 무엇이고 독립적인 변수가 무엇인지를 파악한다. 일반적으로 독립변수가 핵심 동인이다.

4단계에서는 실제로 미래 예측 작업을 하는데, 이때는 한 개만 적용하지 않고 여러 개의 예측 방법을 적용한다.

마지막으로 5단계는 얻어진 미래 예측 결과를 종합하여, 어떻게 관리하고 통합할 것인지 결정한다. 그러면 단계별로 좀 더 자세하게 살펴보도록 하자.

1단계 : 문제 정의

문제를 정확하게 정의하는 일은 매우 중요하다. 이것은 미래 예측에서뿐만 아니라 일반적인 프로젝트에서도 마찬가지이다. 많은 사람들이 이 단계를 가볍게 생각하고 다음 단계로 진행하다가 문제에 부딪혀 문제 정의를 다시 하는 경우가 있다. 처음에 문제를 제대로 정의하면 다음 단계에서 할 일이 명확해지고 전체 일의 진행도 빨라진다. 일반적인 프로젝트에서 문제 정의에 투입하는 시간과 노력이 전체 일의 1/3 정도까지 된다고 하니 그 중요성이 크다고 할 수 있다.

　문제를 정의하는 단계에서는 주어진 일과 관련된 모든 것을 체크해야 한다. 이 단계는 주로 프로젝트를 발주하는 사람들과 협의를 통하여 이루어진다. 일반적으로 관련 요소가 많고 문제 특성에 따른 관련 요소도 다양하기 때문에, 전체를 체크해도 빠뜨리는 경우가 종종

표 5-1 | 문제 정의를 위한 10가지 질문

질문	내용	검토
1. 프로젝트 목적		
2. 사용자 및 용도		
3. 자원(프로젝트 기간, 예산)		
4. 예측 대상 시간 범위		
5. 프로젝트 참여자		
6. 이해관계자		
7. 데이터, 정보 활용 여부		
8. 예측 방법, 결과 통합 방법		
9. 소통(사용자, 이해관계자)		
10. 결과물(실행, 유지 보수)		

있다. 표 5-1은 거의 모든 프로젝트에서 공통적으로 체크해야 할 사항을 10가지 질문으로 만들어 정리한 것이다. 이 표의 각 항목을 체크해 나가면 오류를 줄일 수 있다.

먼저, 프로젝트의 목적이 무엇인지를 살펴본다. 즉, 나에게 주어진 미래 예측의 문제는 그 목적이 무엇인지를 파악하는 데서 출발한다. 둘째, 결과를 사용할 사람이 누구이고, 용도는 무엇인가를 본다. 셋째, 프로젝트를 진행하는 데 주어진 기간은 어느 정도이고 예산은 얼마인지, 또 제약 사항은 무엇이고 스폰서는 어디인지 알아본다. 넷째, 대상 시간 범위로 타임 프레임을 정한다. 미래 예측 문제만을 볼 때 10년 후의 미래를 예측할 것인지, 20년 후의 미래를 예측할 것인지 그 대상 시간을 정한다. 다섯째, 프로젝트 참여자를 정한다. 팀을 어떻게 구성하고, 외부의 전문가들을 얼마나 활용할 수 있는지 등을 본다. 여섯째, 프로젝트의 이해관계자들은 누구인지 파악하고, 이들이 프로젝트를 얼마나 지지하는지 또는 프로젝트에 얼마나 참여할 수 있는지를 따져본다. 프로젝트 이해관계자라고 하면 프로젝트의 결과가 나왔을 때 사용할 사람들, 프로젝트에 자금을 대는 사람들, 프로젝트에 관심을 가지고 영향력을 행사하는 전문가들이 될 것이다. 일곱째, 프로젝트를 진행하기 위한 데이터를 구할 수 있는가를 생각한다. 기본적인 정보가 있는지, 사전에 이 프로젝트와 유사한 작업이 있었는지, 그리고 그것을 활용할 수 있는지 등을 체크해본다. 여덟째, 미래 예측을 하기 위해 어떠한 방법을 적용할지 결정한다. 이때 미래 예측 전체 단계를 보고 이용할 방법들을 정한다. 그리고 그 방법들을 어떻게 통합하고 구성할 것인지 등의 상호 관계를 결정한다. 아홉째, 프로젝트를 투명하게 진행하기 위해서는 이해관계자들이나 사용자들과 항상 소통해야 한다. 프로젝트를 시작하면서 이들과 어떻게 소통할 것인가에 대한 고민을 해야 한다. 마지막으로, 프로젝트의 결과를 어떻게 전달할 것인지 결정한다. 예를 들어, 서면 보고서를 제출할 때에는 몇 부 인쇄하고 배포는 어디까지 할 것인지, 또 구두 발표회를 할 때에는 발표 형식은 어떻게 하고 참석 인원은 몇 명이나 할지를 협의하여 정한다. 이 과정에서 프로젝트 결과를 어떻게 실행해 나갈 것인지를 협의한다. 실행하는 주체에게 실행 과정에서 어떤 도움을 줄 것인지, 데이터와 보고서의 업데이트는 할 것인지 협의 결정한다.

2단계 : 관련 요소 추출

2단계에서는 예측할 미래 변화와 관련된 요소를 추출한다. 이 단계에서는 관련된 모든 요소를 찾는데, 브레인스토밍이나 STEPPER 방법을 이용한다. STEPPER는 미래를 변화시키는 7대 요소로 제안된 것으로, 미래 변화의 주요 요소들을 주어진 문제에 대입하여 생각해 본다.

그림 5-1은 STEPPER 방법을 이용한 예를 보인 것이다. 먼저 주어진 문제와 비교하여 STEPPER의 어떤 요소가 관련되어 있는지 찾아낸다. 여기서는 7대 요소의 세부 요소 테이블을 모두 고려하여 관련 요소를 찾는다. 예를 들어, 미래 직업의 모습을 예측하는 문제를 생각해보자. 관련된 모든 요소들을 찾아내기는 매우 어렵다. 또 막상 찾고자 할 때 어떻게 해야 할지 막연하다. 하지만 그림 5-1처럼 STEPPER를 이용하면 관련 요소를 찾기 쉽다.

그림의 SSociety에서는 양극화, 빈부 격차, 소통 부재 등의 문제를

그림 5-1
STEPPER를 이용해 추출한 미래 직업과 관련된 요소들

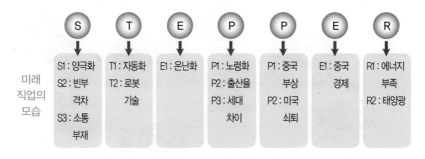

미래 직업과 관련하여 예상할 수 있다. TTechnology에서는 자동화, 로봇 기술 등을 찾을 수 있으며, EEnvironment에서는 온난화를 찾을 수 있다. PPopulation에서는 노령화, 출산율, 세대 차이 등을 찾을 수 있다. 마찬가지로 PPolitics, EEconomy, RResource에서도 관련 요소를 찾을 수 있다.

3단계 : 핵심 동인 결정

3단계에서는 추출된 여러 요소 중 핵심 동인을 결정한다. 상호작용 그림을 통해 여러 요소 사이의 인과관계, 종속관계를 찾아서 독립변수와 종속변수를 찾아 나간다.

네트워크 이용법

그림 5-2에서 보듯 각 요소들 사이의 관계를 네트워크로 표현한다. 그리고 그들 사이의 상호관계를 +, −로 표시할 수 있다. 상승 작용하는 관계를 +로, 억제 작용하는 관계를 −로 표시한다. 다른 요소에 영향+ 또는 − 영향을 많이 주는 요소는 독립변수이고, 그 영향을 받

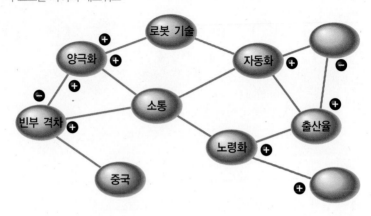

그림 5-2

각 요소들 사이의 네트워크

는 요소는 종속변수라 할 수 있다. 이처럼 요소들에 영향을 많이 끼치는 독립변수가 바로 핵심 동인이다.

테이블 이용법

2단계에서 추출한 여러 가지 관련 요소들 중에서 핵심 동인을 찾는 것으로 테이블을 이용하는 방법도 가능하다. 표 5-2처럼 가로와 세로 축에 관련 요소를 배열하고 상호 영향을 주는 정도를 가늠해본다. 테이블에서 영향을 주는 정도를 0, 1, 2로 표시하였다. 영향이 없으면 0이고 영향이 크면 2이다. 또한 영향을 주는 방향은 왼쪽에서 오른쪽이다. 즉, 출산율이 노령화에 영향을 주는 정도를 +2로 평가하고, 중국이 자동화에 영향을 주는 정도를 +2로 표시하였다.

독립성 합계는 해당 요소의 독립성을 나타낸다. 예를 들어, 테이블에서 출산율과 로봇 기술이 독립성이 가장 큰 요소라 할 수 있다. 따라서 이 두 요소를 핵심 동인으로 간주해도 될 것이다. 한편, 종속성 합계는 요소들 사이에서 영향을 받는 정도를 표현하고 있다. 여기

표 5-2 | 테이블을 이용한 핵심 동인 찾기

↗	출산율	중국	로봇 기술	소통	노령화	빈부 격차	자동화	독립성 합계
출산율		0	0	0	+2	0	+2	+4
중국	0		0	0	0	0	+2	+2
로봇 기술	0	0		+1	0	0	+2	+3
소통	0	0	0		0	+1	0	+1
노령화	0	0	0	+1		0	+1	+2
빈부 격차	+1	0	0	+1	0		0	+2
자동화	0	0	+1	0	0	+1		+2
종속성 합계	+1	0	+1	+3	+2	+2	+7	

서는 자동화가 다른 여러 가지 요소로부터 영향을 받고 있다는 것을 알 수 있다.

문제의 분할

문제를 분할하여 생각해볼 수도 있다. 예를 들어, 핵심 동인이 정해지면 그 핵심 동인의 + 방향과 − 방향이 있게 마련이므로, 주어진 문제를 핵심 동인의 + 부분과 − 부분으로 분할할 수 있다. 그리고 두 개의 핵심 동인을 고려한다면 그림 5-3처럼 2차원 좌표 위에서 표현할 수 있다. 즉, 4개의 영역으로 나눌 수 있어 4개의 작은 문제로 분할된다.

예시 그림에서는 출산율과 로봇 기술을 핵심 동인으로 정했다. 두 개의 핵심 동인을 +와 − 방향으로 좌표로 표현하여, 4개의 미래

그림 5-3
4개의 미래로 분할된 핵심 동인

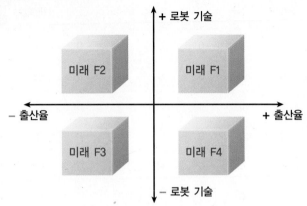

로 분할하였다. 그림에서 출산율이 증가하고 로봇 기술이 발달하는 상황을 미래 F1이라 표시하였고, 출산율은 감소하는데 로봇 기술은 발달하는 상황을 미래 F2라 표시하였다. 이런 식으로 문제를 분할하면 4개의 작은 문제만 보기 때문에 훨씬 쉬워진다.

4단계 : 미래 예측

4단계에서는 앞에서 정의했던 미래 예측 방법을 적용하여 실제로 미래를 예측한다. 앞의 단계들은 4단계를 잘하기 위한 준비 단계라 할 수 있다. 이미 설명한 바와 같이 미래 예측은 여러 가지 방법을 이용하기 때문에, 이 단계에서 이러한 방법들을 적절하게 융합할 필요가 있다. 즉, 각 방법들의 특징들을 잘 결합하여 조화롭게 이용해야 한다.

이미 분할된 문제 영역별로 예측할 수 있으면 문제가 단순화되어 오류를 줄일 수 있다. 물론 이와 같이 나온 복수의 미래들은 통합하는 과정을 거쳐야 한다. 미래 예측은 다음에 상세하게 설명하기로 한다.

5단계 : 예측 결과 통합

마지막으로 예측 결과를 통합한다. 결과를 통합한다는 것은 여러 개의 방법에서 나온 여러 개의 미래를 비교하여 통합하는 것을 말한다. 또한 각각의 미래를 별도로 관리하기도 한다. 이러한 과정을 통해 미래 전략을 수립한다. 이때 고려할 점이 내가 예측한 미래가 어느 미래에 해당되는지 살펴보는 것이 좋다. 즉, 긍정 미래optimistic futures인지, 중립 미래neutral futures인지, 부정 미래pessimistic futures인지 살펴봄으로써 미래에 대한 해석을 좀 더 정교하게 할 수 있다.

또한 예측 결과를 비교 검토하여 통합할 때 다음 그림과 같은 4개의 기본적인 미래generic futures 패턴을 참고하면 좋다. 역사 속의 많은 사건들은 긴 시간을 두고 보면, 그림처럼 4가지 패턴으로 전개되었음을 알 수 있다. 나의 예측 결과가 어느 패턴과 비슷할 것인지 살펴보는 가운데 새로운 영감을 얻을 수도 있다.

그림 5-4
4개의 기본적인 미래 패턴

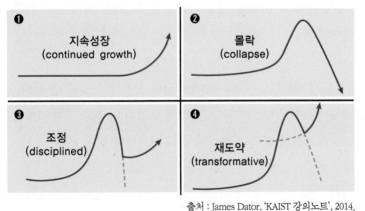

❶ 지속성장 (continued growth)
❷ 몰락 (collapse)
❸ 조정 (disciplined)
❹ 재도약 (transformative)

출처 : James Dator, 'KAIST 강의노트', 2014.

• 지속성장continued growth : 현 트렌드를 따라서 지속적으로 성장

- 몰락collapse : 현 트렌드가 끝나면서 몰락
- 조정disciplined : 트렌드 변화에 적절히 대응하여 몰락을 예방하고 소프트 랜딩
- 재도약transformatiive : 새로운 트렌드 변화를 창조하여 다시 성장

적합한 미래 예측 방법

집에 있는 회전의자가 매끄럽게 회전하지 않고 삐걱 소리가 난다. 의자 밑의 쇠판이 휘어져 소리가 나는 것이다. 이 쇠판을 평평하게 펴면 삐걱거리는 소리도 나지 않고 매끄럽게 회전할 것이다. 그런데 어떻게 하면 이 쇠판을 평평하게 펼 수 있을까? 여러 가지 필요한 작업들이 있다.

의자를 분해한다. → 아래쪽에 어긋나 박혀 있는 쇠판을 뺀다. → 빼낸 쇠판을 평평하게 편다. → 표면에 흠집이 난 쇠판에 페인트칠을 한다. → 의자를 조립하고 소리가 나지 않게 기름칠을 한다.

이러한 작업들을 하기 위해서는 연장이 필요하다. 집에 있는 연장통을 열어 필요한 연장을 찾아본다.

- 드라이버 : 의자를 분해하기 위해서는 나사를 빼야 하는데, 나사를 빼기 위해서는 드라이버가 필요하다.
- 펀치 : 의자 밑에 있는 어긋난 쇠판을 빼내기 위해서 필요하다.
- 망치 : 어긋난 쇠판을 평평하게 펴기 위해서 필요하다.
- 왁스 : 쇠판을 조립한 후에 삐걱 소리가 나지 않게 기름을 칠할 필요가 있다.
- 페인트 : 쇠판을 펴기 위해서 두드리다가 벗겨진 페인트를 다시 칠한다.

이렇게 필요한 연장을 모두 꺼내보니 다섯 개나 된다. 이처럼 아주 작은 문제를 해결하는 데도 필요한 연장이 다섯 개나 되는 것이다. 모든 일을 해결해주는 만능 연장이 존재하지 않는 한 수많은 연장이 필요한 것이다. 또한 하찮은 의자 하나를 고치는 문제에도 다음과 같이 거쳐야 할 절차가 있다.

(1) 의자 밑의 쇠판이 어긋나 소리가 나는 것문제 정의
(2) 의자를 고치는 문제를 작은 문제들로 분할문제 해결을 위하여 필요한 방법 파악
(3) 각 작업별로 필요한 연장 결정각 분할된 문제별로 적합한 방법 결정

현재 미래 예측에는 30개가 넘는 많은 예측 방법이 존재한다. 그러나 어느 것 하나도 모든 문제에 적합한 만능은 없다. 각각 특성이 있고 장점과 단점이 있다. 그래서 우리가 어떤 미래를 예측하고자 한다면, 그 문제에 적합한 방법들을 찾아 사용해야 한다. 만능인 방법이 존재하지 않기 때문에 필요한 여러 개의 방법을 결합하여 사용한다. 적합한 방법을 찾기 위해서는 다음과 같은 절차를 따라서 생각하

는 것이 필요하다. 앞서 의자를 수리하는 예에서 봤던 절차와 마찬가지이다.

(1) 주어진 예측 문제의 특성을 정확히 파악한다.

(2) 예측을 하기 위해서 필요한 방법들을 결정한다.

(3) 각 분할된 작업별로 적합한 방법을 찾는다.

Chapter

06

환경 탐색형
미래 예측법

이머징 이슈 분석법 | 환경 스캐닝 | 트렌드 분석 | 문헌 조사 방법 | 브레인스토밍 | STEPPER

이해관계자 분석 | 와일드 카드 | 계층화 분석법 | 형태 분석법

이 장에서는 미래를 예측하는 다양한 방법들 중에서 환경 탐색형 방법들을 살펴본다.
앞에서 언급한 바와 같이 미래를 예측할 때 어느 특정한 방법 하나만 이용하는 경우는
매우 드물다. 3~6개의 방법을 이용하여 예측한다. 따라서 주어진 문제에 적합한 방법을
선택하기 위해서는 문제에 따른 다양한 방법들의 개념을 알고,
그것들의 장단점을 파악하는 것이 필요하다. 음식을 만들 때 대상 요리에 따라서
사용하는 도구가 다르고, 대상 요리가 정해졌다 하더라도 어느 한 개의 도구만으로
완성할 수 없는 이치와 마찬가지이다.

이머징 이슈 분석법

이머징 이슈emerging issue는 변화를 암시하는 실마리이다. 사회에 변화를 주는 요소들이 처음부터 사람들의 주목을 받는 것은 아니다. 어떤 사회 변화 요소들은 얼마 있지 않아 사라지기도 하고, 어떤 요소들은 계속 세를 키워서 사회를 크게 변화시키며 우리 삶을 바꿔 놓기도 한다. 이머징 이슈 분석법emerging issue analysis은 미래를 진단하는 초기 단계에서 징후를 포착하여, 그것의 발전과 전개 방향을 분석하는 방법이다. 초기에 포착된 변화의 징후는 앞으로 계속 확대 발전하여 트렌드로 정착할 수 있고, 아니면 잠복되든지 소멸할 수 있다. 이머징 이슈를 찾는 과정에서는 앞으로 크게 발전하여 변화를 이끌어 낼 이슈를 찾는 일에 주안점을 둔다.

처음에는 변화 요소를 아는 사람이 매우 제한적이다. 잘 보이지 않고, 또는 보고서도 믿지 않는 사람들이 많다. 그래서 이머징 이슈는 약간 이상한crazy 이슈라 할 수 있다. 초기에 이런 이슈를 주장하는 사람은 미친 사람 취급받는 경향이 있다. 이 단계에서의 이슈는 특정 지역이나 특정 분야의 사람들만 안다.

그러다가 좀 더 많은 사람이 알게 되면 트렌드라 말한다. 이때는 신문이나 잡지, 웹사이트, SNS 등의 대중매체에서 이 이슈를 다루기 시작한다. 그 다음에 거의 모든 사람이 알게 되는 대세main stream의 단계로 진입한다. 이때는 정부 기관의 공식 기관지 등에 이슈가 나타나기 시작한다.

그림 6-1
사회 변화 요소(이슈)의 주기

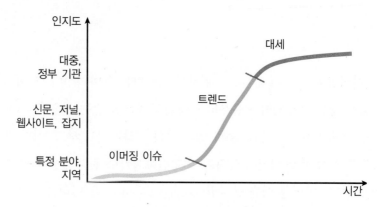

출처 : Maree Conway, "Thinking Futures", 2013.

이머징 이슈가 커져서 트렌드가 되면 그 이슈는 우리 삶에 많은 영향을 준다. 이와 같이 중요한 이머징 이슈는 누가 먼저 알았느냐에 따라서 큰 차이가 있다. 미리 알고 대비를 하는 사람과 그렇지 못한 사람은 엄청난 차이가 있기 마련이다. 이슈를 미리 알고 대비를 한다면 그에 따른 좋은 대비책을 준비할 수 있다. 이러한 이머징 이슈를 찾는 방법 중의 하나로 환경 스캐닝environment scanning 방법이 이용된다.

태풍의 씨앗과 비슷한 이머징 이슈

이머징 이슈는 초기 태풍이나 토네이도와 비슷하다고 볼 수 있다. 최대 풍속이 17m/s 이상으로 강한 폭풍우를 동반하여 수백 명의 인명 피해와 수천억 원의 재산 피해를 입히는 태풍도 처음에는 적도 부근에서 자그마한 소용돌이인 태풍의 씨앗에서 시작된다. 이 작은 씨앗이 점점 발달하여 거대한 태풍이 된다. 하지만 이 소용돌이가 모두 태풍이 되는 것은 아니다. 거의 대부분은 사라지고, 그중 몇 개가 죽지 않고 살아 세력을 키워서 태풍이 되는 것이다.

태풍의 근원인 태풍의 씨앗을 아는 사람은 극히 드물다. 그러나 이 소용돌이가 커지면서 점점 알게 되는 사람의 숫자가 늘어나고, 거대한 태풍이 되었을 때는 마침내 모든 사람이 알게 된다. 토네이도의 발생도 태풍과 마찬가지지만 강한 회오리바람을 일으키고 매우 국지적이라는 차이가 있다.

넓은 태평양 한가운데 어디선가 태풍의 씨앗이 될 소용돌이가 시작되듯이, 이머징 이슈도 드넓은 세상 어디선가 시작된다. 광대한 세상의 어느 한 구석에서 시작되기 때문에 이슈를 발견하기 어렵다. 또한 이머징 이슈를 찾았다 해도 트렌드가 되기도 전에 사라져버리기도 한다. 태평양에서 수많은 소용돌이가 생겼다가 없어지는 것과 마찬가지이다. 그렇다고 이머징 이슈의 발견을 포기하면 나중에 트렌드로 커진 이슈에 대한 대비를 제대로 할 수 없게 된다.

중동의 분쟁도 이머징 이슈?

중동은 끊임없는 분쟁으로 몸살을 앓고 있다. 최근에는 이스라엘이 팔레스타인의 하마스 정부를 매우 심하게 공격하였는데, 연일 많은 로켓을 발사하여 민간인을 포함한 많은 사상자를 내었다. 전 세계의 언론들이 이스라엘의 자제를 촉구할 정도였다. 그런데 이상한 점은 주변에 있는 사우디아라비아와 이집트 등의 아랍 국가들은 비교적 목소리를 크게 내지 않고 있다는 것이다. 이것은 무슨 뜻일까? 혹시 주변의 아랍권 국가들이 하마스 정권을 싫어하기 때문일까? 만약 그렇다면, 아랍의 정세는 어떻게 발전할 것인가? 어떻게 보면 공상

소설 같은 말이지만, 이것이 바로 이머징 이슈이다.

메탄 하이드레이트는 오늘의 이머징 이슈

2013년 3월에 일본은 바닷속 1,000m에서 메탄가스를 추출하는데 성공했다고 발표했다. 공기 중에 있는 메탄가스는 물에 녹는 성질이 있다. 그래서 바닷물에는 많은 양의 메탄가스가 녹아 있다. 그런데 이 가스는 압력이 높아지면 고체로 바뀌게 된다. 그리고 이런 현상은 온도가 낮을수록 잘 일어난다. 바닷물은 대류 작용에 의하여 위에 있는 물이 아래로 내려가기도 한다. 바닷속 1,000m 정도에 내려가면 기압이 높아지고 온도가 크게 낮아진다. 따라서 물속에 녹아 있는 메탄가스가 고체로 변한다. 이렇게 변한 고체를 메탄 하이드레이트methane hydrate라 부른다.

이 메탄 얼음은 특히 춥고 깊은 바닷속에 많이 깔려 있다. 전 세계의 메탄 하이드레이트 매장량은 인류가 수백 년을 사용할 수 있는 양이다. 만약 이 가스를 추출하는 기술이 실용화된다면 에너지 혁명이 일어날 것이다. 그런데 2013년에 일본이 시험 추출에 성공하였다. 앞으로 이 기술이 실용화될지 장담하기 어렵지만, 성공하기만 한다면 에너지 혁명을 불러올 것이고 일본의 시험 추출은 그 실마리가 될 것이다. 이것이 바로 이머징 이슈이다. 이머징 이슈 분석은 아직 실현되지 않은 메탄 하이드레이트 추출 기술이 성공했을 때를 가정하여 그 영향을 다각도로 분석하는 것이다.

이머징 이슈로 떠오른 셰일가스

2008년에 세계의 유가가 폭등했다. 1배럴당 150달러에 육박하고 200달러까지 갈 것이라는 전망도 나왔다. 전 세계인이 긴장했다. 태양광 산업 등 대체에너지 개발 산업이 활기를 띠었고, 우리나라에서도 건실한 중견기업이 태양광발전 사업에 막대한 투자를 했다. 그러던 중 셰일가스 개발이 성공했다. 셰일가스라는 이머징 이슈가 떠오른 것이다. 곧바로 유가가 안정되기 시작했다. 유가가 안정되자 대체에너지 개발 사업이 위축되었고, 전 세계의 태양광 산업 또한 위축되기 시작했다. 우리나라의 태양광 회사들도 심각한 어려움에 처했다.

이 회사들이 투자할 당시에도 이미 셰일가스 기술이 개발되어 있었다. 하지만 환경 스캐닝을 제대로 하지 않았기 때문에, 셰일가스라는 이머징 이슈를 포착하지 못하고 투자하여 엄청난 손해를 본 것이다. 이처럼 환경 스캐닝을 잘하고, 이머징 이슈를 포착하여 어떻게 빨리 대응하는가의 여부가 기업이나 국가의 운명을 결정하는 중요한 요소가 되고 있다.

환경 스캐닝

환경 스캐닝environment scanning은 주로 트렌드로 자리 잡기 전의 이슈를 발견하여 관찰하고 분석하는 과정을 말한다. 미래 변화에 영향을 줄 수 있는 요소들을 찾기 위하여 주변에 있는 모든 자료를 최대한 활용하여 분석하는 방법이다. 우리가 어떤 일을 시작하게 되면 그 일에 관련된 요소들을 먼저 찾아서 이해하여야 한다. 그래서 관련된 여러 문헌, 데이터, 정보, 언론 기사, 연구 논문, 전문가 자문, 주변 환경 등 가능한 모든 자료를 조사한다. 현대사회는 여러 가지가 복잡하게 얽혀 있기 때문에 상호 영향을 주는 요소가 많다. 따라서 환경 스캐닝으로 찾아내야 할 관련 요소도 매우 많다.

기본적으로 환경 스캐닝을 통해 관련 데이터와 정보를 주의 깊게 관찰 분석한다. 계속적으로 데이터를 축적하고 관심 이슈와 관련된 이슈를 도출하고 분석한다. 그러면 이머징 이슈를 어디서 발굴할 수 있을까? 찾기가 쉽지 않을 것이다. 태평양의 어느 지점에서 태풍의 씨앗이 될 소용돌이가 생길 것인지 알 수 없는 것과 마찬가지이다. 그러나 일반적으로 정보의 소스는 있다.

- 주변의 보통 사람과의 대화 속에서
- 과학 기술자의 연구 결과나 그와의 대화 속에서
- 인터넷 검색이나 SNS에서 나타나는 용어들 속에서
- 신세대나 전문가들이 새롭게 만들어내는 신조어 속에서
- 신문, 잡지, 책, 웹사이트 등에서 최근 많이 나타나는 용어들 속에서
- 최신 연구 결과를 보여주는 저널의 요약문 속에서
- 주위 사람이 말하는 아주 이상한 아이디어crazy idea 속에서

환경 스캐닝을 잘하기 위해서는 많이 보고 읽어야 한다. 서점에 가서 최근에 나온 책이나 잡지 등을 훑어봐야 한다. 제목만 읽어도 좋다. 많은 내용을 속독으로 빨리 보는 것이 필요하다. 다양한 신문을 제목만이라도 읽어야 한다. 그러면서 나의 관심사와 관련된 분야에서 어떠한 변화가 일어나고 있는지 감지해야 한다. 앞으로 일어날

수밖에 없는 일에는 어떤 것이 있을까 생각해본다. 그래야 이머징 이슈를 발굴할 수 있다.

환경 스캐닝을 체계적으로 하기 위해서는 운영위원회를 구성하여 진행한다. 운영위원회에서 스캐닝의 방향과 범위를 정하고 구체적인 작업에 들어간다. 스캐닝 과정에서는 문헌 조사, 연구 논문 조사, 언론 기사 검색, 책이나 잡지 검색, 특허 검색, 전문가 자문 등을 할 수 있다.

환경 스캐닝에서는 다음과 같은 점에 주안점을 두어야 한다.

- 무엇이 낯설고 새로운가?
- 일반 상식에 어긋나는 것이 무엇인가?
- 변화의 본질은 무엇인가?
- 변화의 이유는 무엇인가?
- 변화의 방향은 무엇인가?
- 다른 요소들과 연관성은 무엇인가?
- 변화의 결과는 무엇인가?

예를 들어, 내가 A라는 회사를 인수·합병M&A할 것을 고려 중이다. 그러나 아직 A회사에 대하여 상세하게 알지 못한다. 다시 말해서, A회사의 미래를 예측할 필요가 생겼다. 이러한 예측의 첫 단계에서 할 일은 환경 스캐닝이다. 이 회사의 역사, 창업 정신, 리더십, 제품과 서비스, 소비자 반응, 인적자원, 자산, 회계, 부동산, 지식재산, 글로벌화 상태, 채권과 채무, 거래처 관계 등 알아야 할 사항들이 참으로 많다. 이러한 작업을 원활히 하기 위해서 위원회를 구성하여 체계적으로 스캐닝을 할 수 있다. 이 단계에서 중요한 요소들이 파악되면, 그 다음에는 이것들을 대상으로 더 심도 있는 분석 작업에 들어간다.

로열더치셸의 경영 시나리오

1967년에 일어난 제3차 중동전쟁을 살펴보자. 이 전쟁에서 이스라엘은 기습 공격을 감행하여 이집트의 시나이반도를 점령하고, 시리아와 요르단의 국토이던 골란고원과 요르단강 서안까지 점령하면서 6일 만에 대승리를 거두었다. 이때의 이스라엘 인구가 500만 명 정도였으니 수억 명이 넘는 아랍인들의 완패는 아랍인들을 크게 좌절시켰다. 아랍인들은 이스라엘 뒤에서 지원을 한 미국 등 서방 국가들에 대한 증오를 키워갔다.

제3차 중동전쟁이 끝나고 1968년에 유가는 안정세를 유지하고 있었다. 유가 폭등이나 폭락에 대한 우려는 거의 없었다. 반면, 미국의 석유 비축량은 갈수록 줄고 있었고, 서방 국가들의 석유 수요는 꾸준히 증가하고 있었다. 이때 네덜란드와 영국의 합작법인인 다국적 에너지 기업 로열더치셸Royal Dutch Shell의 런던 지사에 근무하던 피에르 왁Pierre Wack의 머릿속에 떠오르는 것이 있었다. 전쟁 후의 변화된 기업 환경에 대해 생각하던 중 떠오른 것이었다.

'아랍권이 너무나도 큰 좌절 속에 빠져 있다. 그러면 아랍인들은 새로운 방법으로 도전을 해올 것이다. 그것이 무엇일까?'

아랍권 국가들은 서방 국가들의 이스라엘 지원에 반발해서 석유 카르텔인 'OPEC'을 결성하고 정치적 결속을 강화하고 있었다. OPEC은 제3차 중동전쟁의 참패 이유에 대해 아랍권이 많은 인구와 우세한 전력을 가지고도 미국 등 서방 국가들이 전쟁에 개입했기 때문이라고 판단하고 있었다. 이대로 가면 이스라엘을 이길 방법이 없다고도 생각했다.

피에르 왁은 막다른 골목에 다다르면 사람들은 뭔가 새로운 생각을 한다는 것을 떠올렸다. 아랍권이 석유를 무기화할 가능성이 있다는 생각에 이르자, 그는 아랍 국가들의 심리적 요소를 분석한 결과 가까운 시일 내에 석유 파동이 올 수 있다고 예측했다. 그리고 이에 관한 보고서를 본사에 올렸다. 다행히 셸의 본사 경영진은 이 보고서를 무시하지 않았다. 충분히 일어날 수 있는 일이라 판단했던 것이다.

셸은 두 개의 경영 시나리오를 작성했다. 첫 번째 시나리오는 현재처럼 유가가 계속 안정적으로 유지되는 상황이었다. 이 경우에는 현재의 전략을 그대로 적용하면 되었다. 두 번째 시나리오는 OPEC이 의도적으로 급격한 유가 상승 국면을 조성하는 상황이었다. 셸의 경영진은 두 번째 시나리오가 현실화된다면, 현재의 사업 방식을 완전히 수정하지 않으면 회사가 엄청난 손실을 볼 수 있다고 판단했다. 경영진은 예상되는 미래에 따라 발생하는 문제점에 대해 대비책을 준비하기 시작했다.

마침내 셸의 예상대로 1973년 10월 제4차 중동전쟁이 발발하면서 곧바로 전 세계가 오일쇼크에 빠져들었다. 다른 회사들은 속수무책이었지만 셸은 준비해둔 경영 시나리오에 따라서 차근히 적응해나갔다. 이처럼 미래를 예측하고 대비한 셸은 업계 하위권에서 단숨에 2위로 성장하였다.

트렌드 분석

트렌드 분석trend analysis은 과거의 추세나 경향이 앞으로도 계속 유지될 것이라는 전제하에 시도하는 예측법이다. 이것은 시간의 흐름에 따라서 현재의 경향성이 어떻게 발전할 것인가를 연구한다. 트렌드 분석의 기본적인 접근법은 과거 데이터를 미래에 확장시켜 보는 투사법projection 또는 외삽법extrapolation이다. 트렌드 분석에는 데이터의 성질에 따라서 양적 분석과 질적 분석이 가능하다. 양적 분석은 계량화된 데이터를 이용하여 시계열 분석을 할 수 있다. 질적 분석에서는 과거 기록이나 데이터의 경향성이나 패턴을 찾아서 미래에 적용해본다. 일반적으로 단기 예측을 하고 계량적인 데이터가 확보되어 있으면, 양적 분석이 유리하다. 그러나 데이터가 서술식이거나 장기 예측일 경우에는 질적 분석이 필요하다.

또한 새로운 이슈가 나타난다면, 기존의 트렌드에 어떤 영향을 줄 것인지 추론해본다. 아울러 여러 가지 트렌드가 동시에 나타날 때에는 이것들이 상호작용하여 어떤 결과를 가져올 것인가에 대해 연구한다.

트렌드 분석 시에는 다음과 같은 단계를 따라서 할 수 있다.

(1) 이슈 발굴 : 환경 스캐닝이나 문헌 조사를 통하여 현재 관심을 갖고 있는 분야에서 경향성을 보이는 이슈를 포착한다.
(2) 데이터 조사 : 이슈에 관련된 기록이나 데이터를 상세하게 조사한다. 이때 문헌 조사 또는 전문가 자문을 활용할 수 있다.

(3) 미래 예측 : 확보된 데이터를 가지고 어떤 방법을 이용하여 예측할 것인지 결정한다. 물론 양적 분석 또는 질적 분석 방법에 대한 결정도 해야 한다. 일반적으로 가능하면 두 가지 방법을 상호 보완적으로 병행하면 좋다.

(4) 결과 해석 : 미래 트렌드로 예측된 결과에 대하여 해석을 하는 단계이다. 결과가 과연 합리적으로 이해가 되는지, 또는 의외의 결과가 나왔다면 그 이유는 무엇인지 해석을 한다.

(5) 미래 시나리오 : 예측처럼 진행된다면 미래는 어떻게 전개될 것인지 상상해보는 단계이다. 미래는 특정 한두 가지 요소에 의해서 결정되는 것이 아니기 때문에, 관련 요소들과의 상호작용에 대해서도 고려해야 한다.

앞의 그림 6-1에서 보듯이 이머징 이슈의 단계를 지나면 많은 사람들이 알게 되는 트렌드의 단계에 들어서게 된다. 트렌드를 나타내는 그래프를 보면 갑자기 급성장하게 되는 변곡점을 발견할 수 있는데, 이런 단계는 사람들의 인식이 급격하게 변하는 단계라 할 수 있다.

현재 우리가 살고 있는 세상의 트렌드는 무엇일까? 명품 가방, 아웃도어 의류, 스마트폰, 에너지 위기, 자원 고갈, 중국의 부상과 G2 시대 등이 트렌드일 수 있다. 이러한 트렌드를 관찰하고 분석하면 10년 후 또는 20년 후의 사회를 예측할 수 있다.

현재 우리나라는 저출산과 인구 고령화 현상이 뚜렷하고, 국가의 성장률이 낮아지는 트렌드를 보이고 있다. 이러한 트렌드를 분석하면 20년 후 국가 경쟁력이 저하될 것이라고 예측할 수 있다.

보잉과 에어버스의 엇갈린 운명

세계의 민간 항공기 시장은 미국의 '보잉'과 프랑스에 본사를 둔 '에어버스'가 양분하고 있다. 1990년대 중반 두 회사의 경영진들은 회사의 운명을 건 의사결정을 해야 했다. 두 회사는 다음 문제를 통해 미래를 예측하고자 했다.

"향후 비행기 시장을 결정할 중요한 요인은 무엇이며, 그에 따라 어떤 새로운 비행기를 개발해야 하는가?"

이때 두 회사는 아주 극명하게 엇갈리는 미래를 예측했다. 두 회사의 운명은 서로 다른 미래 예측으로 인하여 확실하게 서로 다른 길을 가게 된 것이다.

에어버스는 미래의 비행기 시장을 결정하는 중요한 요소로 승객의 여행비용이 될 것이라 예측했다. 향후 항공 산업은 대형 허브 공항을 중심으로 치열한 비용 전쟁을 벌일 것이기 때문에 비행기의 수송 능력이 매우 중요한 이슈가 될 것이라고 예측한 것이다. 따라서 1인당 운임을 최소화하기 위해서는 비행기의 수용 능력이 중요한 요소가 될 것이라 판단하고, 최대 800명이 탑승할 수 있는 'A380'이라는 초대형 여객기를 개발하기로 결정했다. 그리고 여러 준비 과정을 거쳐 2000년 12월 2층 구조의 초대형 항공기인 A380을 개발하기 시작했다.

같은 시기 미국 보잉의 경영진들은 정반대의 미래를 예측했다. 미래 항공 산업은 비용보다는 비행 시간이 중요한 이슈가 될 것이라고 예상했다. 이 예측을 기초로 작고 빠른 비행기가 시장에서 선호될 것이며, 공항도 허브 공항보다는 소규모 공항들 간의 논스톱 비행이 많아질 것이라고 판단했다. 따라서 보잉은 200명 이하의 좌석에 음속에 가까운 마하 0.98의 속도를 내는 '소닉크루저'라는 기종을 개발하기로 결정했다.

2001년에 일어난 '9 · 11테러'는 세계 항공 시장과 여행 시장을 송두리째 뒤흔들어 놓았다. 항공사들은 유가가 급상승하자 막대한 지출을 피할 수 없었고, 생존을 위해 비행기의 속도보다는 연료 효율에 더 관심을 가지게 되었다. 당연히 보잉이 개발하는 고속 비행기 소닉크루저는 뒷전에 밀렸고, 대형 수송 능력을 가진 에어버스의 A380이 인기를 얻었다. 결국 보잉은 2002년 소닉크루저의 개발을 취소하였고, 최대 좌석 290석인 '7E7(787)'을 개발하기 시작했다.

A380의 개발은 비교적 순조롭게 진행되었고, 2007년 12월에 싱가포르 항공사에 첫 제품이 인도되었다. 그 후 큰 문제없이 순항하고 있다. 이에 반하여 급하게 계획을 수정하여 개발한 B787은 2011년에 전일본항공에 첫 제품이 인도되었다. 그러나 계속되는 고장으로 최근까지 골치를 썩고 있다.

두 항공사가 미래를 예측하던 1996년에도 고유가에 대한 인식은 있었다. 다시 말해서, 유가가 계속 오를 것이라는 인식이 널리 퍼져 있었다. 고유가는 이미 트렌드였다. 에어버스는 이 트렌드를 중시하여 초대형 A380을 개발하여 성공했고, 트렌드를 간과한 보잉은 소닉크루저를 개발하려다가 큰 낭패를 본 것이었다. 이와 같이 이미 퍼진 트렌드를 간과한 결과는 참혹했다.

문헌 조사 방법

미래 예측에서 문제가 주어지면 가장 먼저 하는 작업이 문제와 관련된 문헌 조사literature survey이다. 일단 문헌 조사를 통하여 문제를 명확히 파악하고 그에 관련된 사항들을 알아본다. 그리고 이 과정을 통하여 주어진 문제와 관련된 역사를 알아본다. 즉, 과거에도 이러한 문제에 대한 예측 작업이 있었는지, 그 결과는 어떠했는지 알아본다. 과거의 미래 예측 후에 실제로 어떻게 상황이 전개되었는지도 파악해본다.

문헌 조사를 하는 가운데 주어진 문제와 관련된 데이터에는 어떠한 것들이 있는지 알아본다. 그러면서 그 데이터들의 활용 가능성에 대해서도 알아본다. 미래 예측이란 기본적으로 과거를 통해서 미래를 내다보는 것이다. 따라서 당연히 과거의 기록과 데이터를 조사하는 것은 매우 중요하고 기본적인 작업이다.

한편, 이 과정에서 주어진 문제와 관련된 사람들에 대해서도 알아본다. 이 문제와 관련된 이해관계자들은 어떤 사람들인가, 이 미래 예측 문제에 협조해줄 수 있는 사람들은 어떤 사람들인가 그리고 특별히 자문을 받을 수 있는 사람들은 어떤 사람들인가를 파악한다. 특히, 이해관계자는 문제의 성공과 실패에 중요한 사람들이기 때문에, 이 사람들이 누구인지 파악하고, 그 사람들의 관심이 무엇인지 정확히 아는 것이 필요하다.

'TV 산업의 미래'를 예측한다고 할 때, 문헌 조사를 활용하여 TV

에 대한 기본적인 자료를 확보할 수 있다. 다음은 문헌 조사의 개략적인 내용이다3차원 미래 예측법을 활용한 미래 경영 사례 1 참조.

1. 텔레비전의 정의What's TV?
   - 과거
   - 현재
2. TV의 역사History of TV
3. 세대별 TV의 분류
4. 화면 재현 방식에 의한 TV의 분류
5. 해상도에 따른 분류
6. 기타 분류
   - DMB-TV, IP-TV, 스마트 TV, 3D TV, 웹 TV, 공유 동영상 TV 등

또한 '게임 산업의 미래'를 예측할 때도 문헌 조사를 통하여, 다음과 같이 게임의 역사에 대한 기본적인 사항을 파악할 수 있다3차원 미래 예측법을 활용한 미래 경영 사례 2 참조.

- 1960년대 컴퓨터 게임 : 1958년 최초의 컴퓨터 탄생 이후 테니스 게임, 체스 게임 등이 출시
- 1970년대 아케이드 게임
- 1980년대 콘솔 게임 : 콘솔 게임 도입은 전자오락실 중심에서 가정, 사무실 등으로 게임 이용 공간이 확대되었고 산업적으로도 고도화됨
- 1990년대 컴퓨터 온라인 게임
- 2000년대 중반 닌텐도의 체험형 게임기 Wii 등 출시 : 게임에 친숙하지 않던 여성과 고령자층에게도 인기를 끌며 게임 사용자층이 일반 대중으로 확대
- 2010년 이후 모바일 게임과 소셜네트워크 게임 활성화

브레인스토밍

브레인스토밍brainstorming은 창의적인 아이디어를 생산하기 위한 회의 기법으로, 3명 이상의 사람이 모여서 하나의 주제에 대해서 자유롭게 의견을 전개한다. 이것은 주어진 문제를 파악하고 정의하며 예측하기 위한 가장 자연스럽고 간단한 방법이다.

사람들은 으레 다른 사람들과 의견을 나눈다. 의견 교환의 가장 쉬운 방법이 주위 사람들과의 대화이기 때문이다. 사람들은 또한 문제가 주어지면 혼자서 생각하지 않고 주위 사람들과 둘러앉아서 토의를 한다. 여기에는 굳이 전문가를 초대할 필요도 없고, 어느 사람이 미리 준비하여 발표하지 않아도 된다. 이처럼 형식이나 준비 없이 가질 수 있는 대화가 브레인스토밍이다. 이러한 브레인스토밍을 통하여 문제를 좀 더 잘 이해하고 관련 요소나 관련자들을 파악할 수 있다.

브레인스토밍의 규모는 일반적으로 3명 이상에서 10명 이하이면 적절하다. 회의 시간은 한 시간을 넘지 않는 것이 좋다. 그래야 사람들이 집중할 수 있기 때문이다. 또한 10명이 넘어가면 한 시간 안에 모든 사람들이 발언 기회를 갖기 어렵다. 브레인스토밍에서는 효율적인 아이디어 창출을 위해서 지켜야 할 세 가지 원칙이 있다.

- 창출된 아이디어를 비난하거나 비판적으로 평가하지 않는다.
- 아무리 이상한 아이디어라도 수용해야 한다.
- 이미 나온 아이디어로부터 새로운 것이 나오게 격려한다.

다음은 'TV 산업의 미래'를 예측하는 과정에서 나온 브레인스토밍 사례이다3차원 미래 예측법을 활용한 미래 경영 사례 1 참조.

관련 요소를 추출하기 위해서 조원들 간 취합된 정보를 바탕으로 브레인스토밍을 진행했다. 각자 시간을 내기가 어려워 수업이 있는 토요일 점심시간을 주로 이용해 서로의 정보를 공유하고 각자의 의견과 견해를 이야기했고, SNS를 통해 다시 공유하면서 수시로 브레인스토밍을 해왔다.

• 참가자 : 송충규, 박광수, 김진욱, 홍석준, 이재욱
• 일시 : 10월 12일, 10월 26일, 11월 2일
• 장소 : 카이스트 강의실 및 SNS 라인을 통한 공유
• 주제 : TV 산업의 미래, TV 시장 변화의 핵심 동인

STEPPER

우리는 앞에서 미래를 변화시키는 7대 요소로 STEPPER를 살펴봤다. STEPPER는 변화를 주도하는 중요한 요소를 포함하고 있기 때문에 이 가운데에서 주어진 문제와 관련된 요소들을 찾는 것이 편리하다. STEPPER를 이용하여 모든 관련 요소를 찾을 수는 없지만, 관련 요소 탐색의 첫 단계로 이용할 수 있어 효과적이다.

한편, STEPPER를 이용하여 주어진 문제의 미래를 예측할 수도

있다. 7대 요소가 주어진 문제에 대하여 어떻게 반응하는지 알아봄으로써 미래를 예측한다.

다음은 STEPPER를 통해 관련 요소를 추출하는 경우와 미래를 예측하는 경우를 설명하는 사례이다.

아래 표는 STEPPER에서 전기자동차에 관련된 요소를 중요도에 따라서 추출한 것이다3차원 미래 예측법을 활용한 미래 경영 사례 3 참조.

표 6-1 | STEPPER에서의 중요도별 전기자동차 관련 요소 추출

STEPPER 관계	S(사회)	T(기술)	E(환경)	P(인구)
매우 중요	인프라	배터리 기술, 충전 기술	기후변화 (CO_2 발생)	인구수, 소비, 생산력
중요	언론, 통신·교통, 사회보장	연구 개발, 지식재산, 공학	환경오염, 환경보전	인구 분포

STEPPER 관계	P(정치)	E(경제)	R(자원)	
매우 중요	자동차 관련 정책	자동차 관련 세제	지하자원, 에너지, 전기	
중요	국제 관계, 주변 외교	보험, 산업구조, 제조업, 서비스업,	해양자원	

표 6-2는 5대 미래 산업인 MESIA의 미래를 STEPPER에 비추어 예측해본 것이다. MESIA는 의료바이오산업Medical-bio, 환경에너지산업Environment-Energy, 안전산업Safety, 지능서비스산업Intelligent service, 항공산업Aerospace의 영어 알파벳 첫 글자를 딴 것이다. 여기서 안전산업이란 사회의 안전을 지키기 위해서 필요한 여러 가지 장비 산업을 말하는데, 노약자 보호기기, 소방장비, 교통안전장비, 총기류 등

의 제품을 포함한다.

STEPPER를 이용한 미래 예측 내용을 살펴보자. 아래 표에서 첫 번째 줄은 의료바이오산업의 미래를 알아보기 위하여 STEPPER에 비추어본 것이다. 이 산업은 사회적으로 수용성이 좋고, 기술 수준은 중간 정도이다. 그 밖에 환경, 인구, 정치, 에너지, 자원의 측면에서 볼 때 전망이 좋다고 할 수 있다. 두 번째 줄의 환경에너지산업은 기술과 자원의 측면에서 볼 때 중간 정도의 전망을 할 수 있고, 나머지 요소에서는 좋다. 이러한 방식으로 나머지 미래 산업들의 미래를 STEPPER를 이용하여 예측할 수 있다.

표 6-2 | **STEPPER를 이용한 미래 산업의 예측**

구분	S (사회)	T (기술)	E (환경)	P (인구)	P (정치)	E (경제)	R (자원)
M(의료바이오산업)	○	△	○	○	○	○	○
E(환경에너지산업)	○	△	○	○	○	○	△
S(안전산업)	○	△	△	○	△	○	○
I(지능서비스산업)	○	△	△	○	○	○	○
A(항공산업)	○	△	△	○	○	○	○

이해관계자 분석

이해관계자 분석stakeholder analysis은 주어진 문제와 관련된 사람들을 연구 분석하여 미래를 예측하고자 하는 방법이다. 이해관계자는 문제의 본질이 아니기 때문에 이 방법이 중요하지 않을 수도 있지만 이해관계자가 결정적인 영향을 주는 경우에는 매우 유효하다.

기업의 미래를 예측할 때, 대주주에 관한 분석은 중요하다. 대주주는 기업의 경영에 직접 참여하지 않더라도 강력한 이해관계자이기 때문이다. 만약에 주식의 분포가 이상적으로 되어 있지 않으면, 기업의 리더십은 안정되지 못하고 이상적인 의사결정을 하지 못할 가능성이 많다.

예를 들어, 미래의 철도산업을 예측한다고 해보자. 국가의 철도산업은 여러 가지 요소에 의하여 영향을 받는다. 철도 기술, 국가 GDP, 경제성장률, 인구 분포, 국가 정책, 에너지 등이 있을 수 있다. 일반적으로 이러한 핵심 동인을 이용하여 미래를 예측하는데, 이해관계자의 입장을 고려하지 않으면 정확한 미래를 예측하기 어렵다. 철도산업의 이해관계자는 고객, 철도 공사, 정부, 철도 노조 등이다. 좋은 기술이 나와서 고객, 철도 공사, 정부 등이 아무리 환영한다 해도 노조가 반대하면 이 기술은 적용하는 데 어려움을 겪을 수 있다. 그래서 이해관계자들의 입장을 미리 파악한 후 그들을 고려하여 미래를 예측하는 것이 중요하다.

다음은 지식재산권 법률 시장의 미래 예측에서 이해관계자 분석의 내용을 요약한 것이다3차원 미래 예측법을 활용한 미래 경영 사례 6 참조.

1. 로드맵을 통하여, 미래의 우리나라 지식재산권IPR 법률 시장에서의 이해관계자들의 미래와 전략에 대해서 예측해본다.
2. 전략을 수립하는 주요 이해관계자
   - 국내 IPR 관련 정부 기관
   - 국내 대기업
   - 국내 중소기업
   - 국내 IPR 관련 대학 및 국가 출연 연구 기관
   - 국내 IP 로펌
   - 국내 일반 로펌

와일드 카드

와일드 카드wild cards는 발생 가능성은 매우 적지만, 만일 발생한다면 엄청난 영향력이 있는 사건에 대한 연구이다. 예를 들어, 1997년 한국의 IMF사태, 2001년 미국의 9 · 11사태, 2008년 미국의 금융위기 등이다. 이러한 사건들은 언제든지 일어날 수 있는 일이지만, 일반적으로는 이러한 사건을 예상하고 미래를 준비하며 살 수 없다. 그러나 이러한 사건이 일어날 수 있다는 가정하에 기업이 예행연습을 하면, 실제로 일어났을 때 충격을 줄일 수 있다.

앞에서 살펴본 바와 같이 1973년에 석유 기업인 셸은 아랍권의 OPEC이 석유를 무기화할 가능성을 염두에 두고 경영 시나리오를 준비하였다. 이러한 예측은 일반적으로는 가능하지 않은, 그야말로 와일드 카드 상황이었다. 그러나 셸은 이에 대한 대비를 해두었기 때문에, 실제 상황이 발생했을 때 당황하지 않고 도약의 기회로 삼을 수 있었다.

삼성의 경영을 위기경영이라고 말하기도 한다. 실제로 위기가 오기 전에 최고경영자가 위기가 올 것이라 예상하고, 이에 대한 대비를 하기 위해 강조하는 것이다. 그렇게 함으로써 예상되는 위기에 대응하는 시나리오를 작성하여 대비함으로써, 위기를 위기로 맞이하지 않고 기회로 만들어낸 경험이 있다.

우리나라에서 예상되는 가장 강력한 와일드 카드는 북한 문제이다. 북한의 정치체제가 갈수록 불안하게 진행되고 있어, 지속 가능하지 않은 정치집단이라고 예측할 수 있다. 북한 내부의 격변은 우리나라뿐만 아니라 동아시아에서도 와일드 카드이다. 이 와일드 카드에 대한 시나리오를 작성하고 대비하고 있어야 한다. 미리 상황을 예측하고 시나리오를 작성하여 대비하는 국가는 비교적 충격을 최소화하고 쉽게 적응할 수 있다.

계층화 분석법

계층화 분석법analytic hierarchy process은 목표나 미래가 불명확하고 평가 기준이 복잡하여 다양한 요소를 동시에 고려하기 어려울 때에, 여러 요소들의 중요도를 계층화하여 의사결정에 이용하는 방법이다. 이렇게 하면 각 평가 요소 사이에 비중을 정할 수 있고, 그 비중을 반영하여 의사결정을 할 수 있다. 이 방법은 1970년대 초에 미국의 토머스 사티Thomas Saaty 교수가 개발하여, 미국의 무기 체계에 관한 업무에 사용하였다.

계층화 분석법은 복잡한 문제에 대한 의사결정에 유용하다. 미래 예측에서는 브레인스토밍이나 STEPPER 방법을 이용하여 추출된 다양한 관련 요소들 사이의 중요도를 결정하는 데 유용하게 사용된다. 전문가로부터 요소들 사이의 이원적 비교pairwise comparison 설문지 응답을 받아서 요소들 사이의 중요도를 결정한다.

이 방법을 적용하기 위해서는 다음과 같은 전제 조건이 있다.

- 상호 비교 : 고려 요소들 사이에 상호 비교가 가능하여야 한다.
- 동질성 : 고려 요소들이 비교적 동질하여 서로 비교할 수 있어
  야 한다.
- 독립성 : 고려 요소들이 중복됨이 없이 개별 요소로서 상호 독
  립적이어야 한다.

예를 들어, 고려 요소에 A, B, C, D가 있다고 하자. 이들 사이의
중요도를 판단하고자 할 때, 이원적 비교를 위하여 아래 표와 같은
설문을 작성한다. 이는 제시된 두 개 요소 사이의 중요도를 묻는 테
이블이다. 각 줄에서는 A가 B보다 중요하다고 생각하는 정도를 표시
한다. 표시하는 값은 1, 2, 3이다. A가 B보다 매우 중요하면 3, 보통
으로 중요하면 2, 그렇지 않으면 1로 표시한다. 표에서는 A가 B보다
매우(3) 중요하다고 표시했고, A가 C보다 보통(2)으로 중요하다고
표시했다. 이때 비교의 일관성 체크는 중요하다.

이와 같이 전문가로부터 답변을 받든지 또는 브레인스토밍을 하
여 이원적인 비교를 하면, 그 다음에는 이원적 비교 결과를 통계 처
리한다. 수집된 데이터의 평균을 내고 순서를 정하면 각 요소들 사이
의 중요성이 계층적으로 나타나게 된다.

표 6-3 | 중요도 비교 체크 테이블

A	3	B
A	2	C
A	2	D
B	1	A
B	3	C
⋮	⋮	⋮

형태 분석법

형태 분석법morphological analysis은 정형화하기 어려운 사회 문제를 체계적으로 구조화하고, 관련 요소들 사이의 관계를 정형화하기 위한 방법으로 유용하다. 이렇게 함으로써 주어진 문제를 잘 이해하고, 문제를 해결할 수 있게 도와준다. 그리고 관련 요소들이 상호작용하여 만들어내는 조합을 탐구함으로써 전체 문제의 진행을 예측할 수 있다.

형태 분석법은 다음과 같은 단계로 진행된다.

(1) 문제의 정의 : 주어진 문제와 관련된 요소변수, 제한 조건 등을 명확히 정의한다.

(2) 관련 요소의 범위 : 문제에 영향을 주는 각 요소변수들이 가질 수 있는 값정량적 또는 정성적의 범위를 결정한다.

(3) 요소들의 조합을 나타내는 행렬 : 각 요소들의 조합이 가질 수 있는 값을 표현하는 다차원 행렬을 작성한다.

(4) 요소 조합의 평가 : 행렬에서 요소들의 조합별로 발생 가능성과 기대치를 평가한다. 발생 가능한 공간은 바로 가능한 미래의 범위를 보여준다.

(5) 최적의 요소 조합 선택 : 앞 단계에서 평가된 요소의 조합 중에서 목표 달성에 가장 유리한 조합을 선택한다.

예를 들어, 미래의 직업 유형을 알아보기 위해 브레인스토밍을 통하여 핵심 동인으로 다음 세 가지를 선정한다.

출산율(x), GDP 성장률(y), 로봇 보급률(z)

이 세 가지 핵심 동인이 가질 수 있는 값의 범위는 다음과 같다.

- 출산율 : 1.5 이상($x1$), 1.5 이하($x2$)
- GDP 성장률 : 상($y1$), 중($y2$), 하($y3$)
- 로봇 보급률 : 상($z1$), 하($z2$)

이상의 세 가지 요소들의 범위를 포함하는 3차원 행렬을 만든다. 평면 위에 3차원으로 표현하기 위하여, 행렬의 셀을 아래 표와 같이 나누어 표시한다. 행렬의 첫 번째 셀은 $x1$, $y1$, $z1$ 형태를 나타낸다. 즉, 출산율이 1.5 이상, GDP 성장률이 상급이고, 로봇 보급률이 상급인 상태이다. 이와 같이 각 요소들의 조합이 정해지기 때문에, 이제 발생 가능한 미래의 범위가 정해진다. 그리고 그 범위 속에서 각 요소 조합별로 그 실현 가능성과 기대치를 예측한다. 이처럼 예측한 실현 가능성과 기대치가 큰 것을 찾아가는 것이 형태 분석법의 핵심이다.

표 6-4 | 세 가지 요소들의 범위를 포함하는 3차원 행렬

GDP 성장률	상($y1$)		중($y2$)		하($y3$)	
로봇 보급률	상($z1$)	하($z2$)	상($z1$)	하($z2$)	상($z1$)	하($z2$)
출산율 상($x1$)	$x1, y1, z1$	$x1, y1, z2$	$x1, y2, z1$	$x1, y2, z2$	$x1, y3, z1$	$x1, y3, z2$
출산율 하($x2$)	$x2, y1, z1$	$x2, y1, z2$	$x2, y2, z1$	$x2, y2, z2$	$x2, y3, z1$	$x2, y3, z2$

Chapter

07

패턴 탐색형
미래 예측법

전문가 패널과 워크숍 | 델파이 방법 | 교차 영향 분석법 | 모델링과 시뮬레이션

네트워크 분석 | 특허 분석 | 빅데이터 | 텍스트 마이닝 | 미래 바퀴

이 장에서는 미래를 예측하는 방법들 중에서 패턴 탐색형 방법들을 살펴본다.
패턴 탐색형은 데이터 또는 핵심 동인들의 상호작용과 경향성을 파악하여 발전 패턴을 찾는다.
앞에서 언급한 바와 같이 미래를 예측할 때 어느 특정한 방법 하나만 이용하는 경우는
매우 드물다. 3~6개의 방법을 이용하여 예측하는데,
주어진 문제에 적합한 방법을 선택하기 위해서는 문제에 따른 다양한 방법들의 개념을 알고,
그것들의 장단점을 파악하는 것이 필요하다.

전문가 패널과 워크숍

전문가 패널expert panel은 주어진 문제에 대하여 전문가들의 의견을 듣는 것을 말한다. 일정 숫자의 전문가 그룹을 선정하고, 그들로부터 의견을 듣는 과정이다. 특히, 이 방법은 미래 예측 작업의 초기에 문제를 정확히 이해하고 관련 사항을 파악하기 위한 방법으로 유용하다. 전문가들의 의견을 듣는 가운데, 이 분야에서 있었던 과거 정보를 알게 될 수도 있다. 그리고 어떤 사람들이 이 분야 전문가이고, 어떤 사람들이 도움을 줄 수 있을지도 알게 된다.

전문가 패널은 일반적으로 10명 이상 20명 이내로 구성하고, 안건을 주제로 중립적인 인사 1명이 사회자로서 회의를 진행한다. 여기에서는 다음의 세 가지를 꼭 참고해야 한다.

- 공정한 구성 : 패널을 구성할 때에는 안건을 주제로 다양한 의사를 가진 전문가들이 골고루 참여해야 한다. 특정 견해를 가진 사람들이 다수를 차지하면 처음부터 올바른 결과를 기대할 수 없다.
- 공평한 발언 기회 : 참여자 모두가 골고루 비슷한 비중을 가지고 발언해야 한다. 특정인이 지나치게 발언을 독점해서는 안 된다.
- 균등한 영향력 : 특정 전문가의 영향력이 지나치게 전체 분위기를 압도하지 않아야 한다. 특정 인사의 발언에 반대하는 발언을 하기 어려운 분위기라면 좋은 결과를 기대할 수 없다.

한편, 패널 운영의 형식은 두 가지로 생각할 수 있다.

- 자유 형식 : 사전 준비 없이 자유롭게 의견을 개진하고 논의하

는 형식

- 정형화 형식 : 사전에 발표자를 정하여 준비 후 발표하도록 하고, 다른 패널리스트들이 토의하는 형식

워크숍workshop은 다수의 사람들이 함께 모여서 특정 주제에 대하여 장시간 토론 중심으로 학습하는 것을 말한다. 일부 전문가들이 준비한 내용을 발표함으로써 문제를 제기하고 토론을 유도한다. 워크숍은 오랜 시간이 걸리기 때문에 깊이 있는 토론과 자문이 가능하다. 전문가들이 참여하여 발표를 하고 지정된 전문가들이 토론을 할 수 있다. 그렇게 함으로써 일반인들의 토론 참여를 유도할 수 있다. 그리고 비전문가들도 참여하기 때문에 기본 개념이나 기본적인 사항에 대한 점검을 다시 할 수도 있다.

다음은 '디스플레이 산업의 미래'를 예측한다고 할 때, 전문가 패널의 활용 사례이다3차원 미래 예측법을 활용한 미래 경영 사례 4 참조.

디스플레이 관련 전문가들을 모아 브레인스토밍을 실시하는데, 브레인스토밍은 아래와 같은 순서로 진행한다.

---

1. 전문가 그룹 : 17명
2. 일시 · 장소 : 2014년 5월 13일 지리산 소재 펜션
3. 주제 : 2024년의 우리나라 디스플레이 산업
4. 진행 순서
   (1) 3차원 미래 예측 소개(10분)
   (2) 조별 토의(25분) : 1명 진행, 4개조(4인 1조)
   (3) 발표 및 질의 응답(20분)
   (4) 마무리 발언(5분)

델파이 방법

델파이 방법delphi method은 특정 영역 전문가들의 의견을 청취하고 수렴한 후 문제를 해결하고 미래를 예측하는 방법이다. 이 방법은 한 사람의 의견보다 다수의 의견이 정확하다는 전제를 바탕으로 한다. 전문가 패널이나 워크숍과 다른 점은 직접 한 장소에 모이지 않고 멀리 떨어져 있는 상태에서 의견 교환을 하고 수렴한다는 점이다. 이 방법은 한 자리에 있지 않기 때문에 다른 사람의 의견에 상관없이 자신의 의견을 독립적으로 표현할 수 있다. 그러면서 서로 간의 다른 의견에 대하여 간접적으로 토론을 벌일 수 있다.

제2차 세계대전이 끝나고 미국 공군이 주도하여 미국 국가 안보와 우주항공의 미래 전략을 수립하기 위하여 랜드RAND 프로젝트가 실시되었다. 이를 토대로 1948년에 랜드 연구소가 설립되었으며 국가 안보를 포함한 다양한 분야의 미래 전략을 연구하기 시작하였다. 이 연구소가 초기부터 여러 사람들의 생각을 한곳으로 모으기 위하여 개발한 것이 델파이delphi 방법이다. 전문가 합의법이라고도 불리는 이 방법은 관련 분야 전문가들의 경험과 지식을 기반으로 반복하여 설문을 하여, 문제 해결이나 미래 예측 주제에 대하여 전문가들의 합의를 도출해낸다. 고대 그리스인들이 델파이 신전 앞에 모여서 토론을 즐겼다고 하는 데서 이 방법의 이름이 붙여졌다.

이 방법에서는 여러 차례 전문가들의 의견을 조사한다. 각 단계별로 앞 단계의 의견 조사 결과를 보여주고 다음 단계의 질문을 던진다. 전문가는 앞 단계의 의견 조사 결과를 보면서 자신의 의견을 내놓는다. 다른 사람의 의견을 참고하여 자신의 의견을 피력하기 때문에 특정 사안에 대하여 의견이 수렴될 가능성이 있다. 이와 같이 다른 의견들이 논쟁 속에서 한 가지 방향으로 수렴되어 간다.

델파이 방법은 일반적으로 다음과 같은 단계를 거친다.

(1) 미래를 예측하는 내용의 질문지를 작성하여 참여 전문가(15~50명)에게 1차 답변을 요청한다.

(2) 선정된 참여 전문가들은 주어진 질문에 대하여 답변한다.

(3) 전문가들로부터 들어온 1단계 답변을 정리하고, 필요하면 질문지를 수정·보완한다.

(4) 1단계 답변 내용을 참여 전문가에게 전달하고, 질문지를 보내어 다시 2차 답변을 요청한다.

(5) 참여 전문가들은 1단계 조사에서 다른 사람들이 어떻게 답변을 했는지 참고하여 자신의 답변을 제시한다.

(6) 2차 조사에서 들어온 답변을 정리하면서 새로운 의견이 제시되었는지, 의견이 수렴되고 있는지 판단한다.

(7) 극단적인 의견과 새로운 의견이 제시되었으면 3차 조사를 한다. 그렇지 않으면 2차 조사에서 그친다. 대체로 2~3회 조사를 한다.

(8) 조사를 통하여 수렴된 의견과 수렴되지 않은 쟁점을 정리한다.

이 방법은 주제에 맞는 전문가 패널을 어떻게 구성하느냐에 성패가 달려 있다. 전문가는 15~50명 사이의 숫자가 좋다. 연구하고자 하는 주제에 대하여 많은 경험이 있거나 연구 업적이 있는 사람으로 구성한다. 그리고 주제에 대하여 중립적이고 객관적인 의견을 가진 사람을 중심으로 구성하고, 의견의 대립이 있을 것으로 예상되면 다양한 의견이 표현될 수 있도록 안배에 신경을 쓴다.

델파이 방법에서는 설문지 설계가 중요하다. 설문지를 설계할 때에는 다음과 같은 요소를 고려해야 한다.

- 설문을 통하여 알고자 하는 것이 무엇인가?
- 설문 방법은 어떻게 할 것인가?우편, 이메일 등
- 몇 차례 질문을 할 것인가?
- 설문지의 질문 개수는 몇 개로 할 것인가?
- 1회 설문에 응답자로부터 얼마나 시간을 요구할 것인가?
- 응답자에게 어떤 보상을 할 것인가?

델파이 방법은 다음과 같은 특징이 있다.

- 익명성 : 응답자가 익명으로 의견을 표현할 수 있다. 직접 얼굴을 마주하지 않기 때문에 특정인의 눈치를 보지 않고 자유롭게 의견을 표현할 수 있다.
- 반복성 : 동일 주제에 대하여 반복적으로 질문을 한다. 적어도 2회 이상의 질문을 동일 주제에 대해 받게 되면 응답자는 좀 더 신중하게 되고, 앞서 자신의 의견을 정정할 수 있다.
- 피드백 : 다른 사람들의 의견을 참고할 수 있다. 다른 사람들의 의견을 참고하여 나의 의견을 수정할 것인지 아닌지 결정할 수 있다.

다음은 한국교육개발원의 한 연구실에서 사용하였던 델파이 방법 사례이다.

1. 연구 주제 : 한국의 창의성 교육을 위한 방안 도출
2. 전문가 그룹 : 20명, 이메일로 응답
3. 1차 질문 : 창의성 교육을 위하여 어떤 교육이 필요한지, 주관적으로 기술하여 줄 것을 요청한다. 초등학교 과정, 중학교 과정, 고등학교 과정별로 생각나는 아이템을 기술한다.
4. 1차 답변 정리 : 1차 질문에서 거론된 아이템을 정리하여, 가장 많이 거론된 것들을 각 교육과정별로 5가지씩 선정한다.
5. 2차 질문 : 선정된 아이템을 제시하며 각 아이템별로 구체적인 방안을 요청한다. 예를 들어, 학생의 창의성을 평가하자는 아이템에 대하여 구체적인 방안을 요청한다.
6. 2차 답변 정리 : 아이템별로 제시된 방안을 정리하여, 가장 많이 제시된 것 3개를 선정한다.
7. 3차 질문 : 각 교육 아이템별로 다른 사람들이 제시한 교육방안을 보면서 자신의 의견을 다시 제시한다.
8. 3차 답변 정리 : 각 교육 아이템별로 다시 제시된 방안을 도출한다.
9. 결과 통보 : 응답했던 전문가들에게 감사의 인사와 함께 최종 결과를 통보한다.

교차 영향 분석법

일반적으로 미래를 변화시키는 요소, 즉 주어진 문제의 동인 driving force은 여러 가지이다. 이러한 다수의 동인들은 각각 독립적으로 움직이는 것처럼 보이지만, 자세히 살펴보면 상호 연관되어 영향을 주고 있다. 그리고 미래는 이러한 다수의 요소들이 시간적인 순서에 따라서 상호작용하는 가운데 형성되어 간다.

교차 영향 분석법cross-impact analysis은 이러한 다양한 요소들 사이의 상호작용을 연구하는 데 유용하다. 1966년에 T. 고든Theodore Gordon 등이 제시한 방법인데, 그 후에 여러 가지로 변형되어 다양한 문제에 적용되었다.

교차 영향 분석법은 다음과 같은 단계로 진행한다.

(1) 관련 요소 정의 : 주어진 문제에 관련된 요소를 정의하고, 상호 영향을 미치는 요소들을 정의한다.

(2) 영향 표현 구조 : 요소별로 연관성과 상호 관계를 어떻게 표현할 것인지 결정한다. 일단 각 요소들로 구성된 그래프로 표현하든지 또는 행렬 테이블로 표현할 수 있다.

(3) 영향 평가 방식 : 각 요소 사이의 연관성을 세부적인 자료가 있으면 조건부 확률로 표현할 수 있고, 그렇지 않으면 단순한 연관성을 yes 또는 no로 표현할 수 있다. 또는 영향의 정도를 점수로 표현할 수 있는데, 예를 들어 다음 예에서는 영향 정도를 0~2 사이로 표현했다 등이다.

(4) 영향 평가 종합 : 각 요소 사이에 나타난 영향을 종합하여 가장 중요한 요소가 무엇인지 파악하고즉, 독립적으로 영향을 일으키는 요소, 이 영향이 어떻게 전파되는지 파악한다.

(5) 결과 도출 : 영향을 가장 많이 일으키는 독립 요소들과 이에 영향을 받는 요소들 사이에 교차 영향을 조사하고, 결과적으로 시간 변화에 따라서 미래 상황을 도출한다.

예를 들어, 20년 후의 직업 형태를 예측해보자. 가장 먼저 할 일이 미래 직업에 영향을 주는 요소동인를 찾는 것이다. 이 작업은 문헌 조사, 전문가 패널, STEPPER, 트렌드 분석 등의 방법을 이용할 수 있다. 이러한 과정을 통하여 다음과 같은 동인을 찾았다고 가정해보자.

출산율, 노령화, 빈부차, 로봇, 자동화, 소통, 중국

이제는 이것들의 상호 영향을 조사해볼 필요가 있다. 상호 영향 속에 동인들의 변화와 그에 따른 미래를 예측해볼 수 있기 때문이다. 대부분 상호작용 그림을 이용하거나 행렬matrix 형태의 테이블을 이용하여 분석한다. 좀 더 정확한 정량적인 데이터가 있을 때에는 확률과 조건부 확률을 이용하여 분석하기도 한다. 이 과정에서 동인들 중 다른 동인에 영향을 가장 많이 주는 독립변수를 찾을 수 있다. 그리고 여기서 나타난 독립변수를 중심으로 미래를 예측할 수 있다.

그림 7-1
각 요소들 사이의 상호작용

표 7-1 | 행렬 형태로 표현한 요소들

↗	출산율	중국	로봇	소통	노령화	빈부차	자동화	독립성 합계
출산율		0	0	0	+2	0	+2	+4
중국	0		0	0	0	0	+2	+2
로봇	0	0		+1	0	0	+2	+3
소통	0	0	0		0	+1	0	+1
노령화	0	0	0	+1		0	+1	+2
빈부차	+1	0	0	+1	0		0	+2
자동화	0	0	+1	0	0	+1		+2
종속성 합계	+1	0	+1	+3	+2	+2	+7	

다음은 'TV 산업의 미래'를 예측한다고 할 때 활용한 교차 영향 분석법 사례이다. 여기서는 상호작용 다이어그램으로 표현하고 있다3차원 미래 예측법을 활용한 미래 경영 사례 1 참조.

TV를 중심으로 한 마인드 맵 형식의 상호작용 다이어그램을 활용하여 8가지 변수들의 주요 동선을 배열한 결과, other devices,

그림 7-2
상호작용 다이어그램

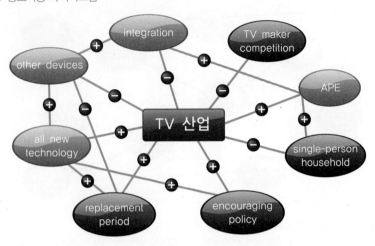

APE, integration, all new technology 등 4가지 핵심 동인을 중심으로 미래 TV의 변수들이 밀접하게 연결되는 양상을 보였다.

모델링과 시뮬레이션

모델링과 시뮬레이션modeling and simulation, 모의 실험은 대상 시스템 주어진 문제의 실제 상황과 비슷한 행동을 하는 모형을 만들어 실험하는 것이다. 모델이란 현실 세계에서 관심 있는 중요한 특성을 추출하여 현실과 비슷하게 만든 수식 또는 모형을 말한다. 아파트 분양을 위해서 실제 아파트와 비슷하게 만들어 보여주는 모델하우스도 모델이고, 자동차의 공기 저항을 실험하기 위하여 만드는 모형도 모델이다. 아파트 모델하우스는 고객들에게 보여주기 위한 목적도 있지만, 임시로 제작하는 과정에서 문제점을 발견하고 개선해 나가는 목적도 있다.

모델링과 시뮬레이션 방법은 대상 사물이 실제 상황에서 어떤 행동을 보일 것인지 알고 싶을 때 이용한다. 그러기 위해서는 문제와 관련 있는 중요 요소를 추출해야 하고, 그것들을 이용하여 모형을 만들어야 한다.

한편, 이미 제작된 모델을 이용하여 실험할 수도 있다. 예를 들어, 일반적인 시스템의 동적인 변화system dynamics를 알고 싶을 때에는 소프트웨어 Vensim PLE를 이용하여 실험해볼 수 있다. 이미 우리가 알고 있듯이 인구는 미래를 결정하는 매우 중요한 요소이다. Vensim 소프트웨어에 출산율과 사망률을 입력하고 실험을 하면, 50년 후 또는 100년 후의 인구 분포를 알 수 있다Nelson Repenning, *Formulating Modeling of Simple Systems Using Vensim PLE 3.0*, MIT, 1998.

다음의 수식을 살펴보자. 이 수식도 물론 모델이다.

$$z = 2x + y + 20$$

이 수식은 기본 점수를 20점으로 하고, 학생의 시험 성적(x)과 숙제 성적(y)을 조합하여 최종 점수를 계산하는 모델이다. 이것을 프로그램으로 만들면 컴퓨터를 통해 자동으로 최종 성적을 계산할 수 있다.

이 성적이 학생의 진짜 실력을 표현하느냐 그렇지 않느냐는 이 모델이 얼마나 현실을 잘 표현하느냐에 달려 있다. 수식으로 된 모델은 학생의 최종 성적을 내기 위하여 시험 성적과 숙제 성적을 조합하여 만든 것이다. 하지만 학생의 최종 성적은 시험이나 숙제 성적뿐만 아니라, 출석이나 교실에서의 참여도와도 관련이 있다. 그러나 이 수식 모델은 이것들을 제외하였다. 따라서 이 수식 모델은 현실을 제대로 반영한다고 볼 수 없다.

미래 예측에서 모델링과 시뮬레이션 방법을 이용하면, 모델을 만들고 모의실험을 하는 과정에서 대상 문제나 시스템에 대한 이해를 명확히 하고 영감 또한 얻을 수 있다. 또한 결과를 예상하고 결과를 변화시키기 위한 변수파라미터가 무엇인지를 파악할 수 있다. 결국 이 변수가 주어진 예측 문제의 핵심 동인일 가능성이 높다. 이와 같이 대상 시스템의 동적인 행동을 연구하는 분야를 시스템 다이내믹스라 부른다.

이 방법을 이용하기 위해서는 먼저 대상 시스템의 영역을 정의하고, 주어진 문제와 관련된 중요 요소를 추출해야 한다. 현실 세계는 너무 많은 것이 관련되어 있기 때문에 모든 것을 고려할 수 없고, 그 많은 요소 중에서 선택해야 한다. 그런 다음에 이것들을 이용하여 모형을 만든다. 모형이 완성되면 필요한 데이터를 수집하여 모의실험을 한다. 그리고 실험 결과를 분석한다. 이 분석 과정에서 미래를 예측할 수 있고, 어느 요소가 미래를 변화시키는 핵심 동인인지 알아낼 수 있다.

다음 그림은 '입는 컴퓨터wearable computer의 미래'를 예측할 때 이용된 Vensim 모델의 일부이다3차원 미래 예측법을 활용한 미래 경영 사례 5 참조.

그림 7-3
Vensim을 이용한 입는 컴퓨터의 미래 예측

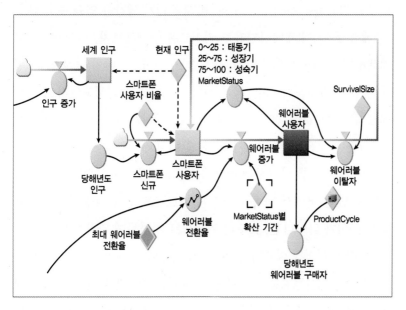

네트워크 분석

우리는 현재 거의 모든 지식이 네트워크network화된 세상에 살고 있다. 따라서 궁금한 것이 있으면 곧바로 컴퓨터나 스마트폰으로 검색해볼 수 있고, 손쉬운 검색을 통해 궁금한 사항에 대하여 대체적인 답을 얻을 수 있다. 미래에 대한 예측도 마찬가지 방법으로 할 수 있다.

세상의 거의 모든 지식이 구글과 네이버, 다음에 의하여 검색이 가능하다. 검색이 된다는 뜻은 지식들이 연결되어 있다는 뜻이다. 이 연결된 지식들을 분석analysis하면 미래에 대한 영감을 얻을 수 있다.

예를 들어, 대체에너지라는 키워드를 검색해보자. 대체에너지를 검색하면 당연히 태양광발전, 풍력발전, 바이오에너지, 조력발전, 원자력 등의 내용들이 나온다. 그런데 셰일가스가 검색되었다고 생각해보자. 이와 같이 전혀 예상하지 않은 단어가 자주 검색되어 나오면, 일단 관심을 가질 필요가 있다. 앞에서 우리는 환경 스캐닝을 통해 이머징 이슈를 발굴하는 방법을 배웠다. 이머징 이슈는 전혀 예상하지 않았던 곳에서 나올 수 있다. 네트워크 검색 과정에서 이처럼 낯선 단어가 나타나면, 요주의 키워드로 지정하여 관찰할 필요가 있다. 이것이 이머징 이슈가 될 수 있기 때문이다.

네트워크는 정보통신을 이용한 지식 검색뿐만 아니라 사회 현상을 분석하거나 생물 현상을 컴퓨터로 분석할 때에도 이용된다. 대상 시스템을 네트워크로 표현해놓고 그 네트워크의 특성을 연구하다보면, 대상 시스템의 새로운 특성을 발견할 수 있다. 예를 들어, 항공 시장의 미래를 예측한다고 해보자. 세계의 항공기 노선을 네트워크로 나타낼 수 있는데, 이 네트워크를 보면 주요 공항을 알 수 있다. 즉, 허브 공항이다. 현재 어느 공항이 허브 공항인지 알게 되면, 10년 후에 항공 시장의 판도 변화에 영감을 얻을 수 있다.

그림 7-4
미국 항공 운행 노선을 나타내는 네트워크

특허 분석

특허 분석patent analysis은 네트워크 분석의 일종이라 할 수 있다. 하지만 특허 등 지식재산이라는 특수한 지식을 분석한다는 점에서 구분된다. 지식재산에는 특허, 상표, 디자인 등이 있다. 지식재산은 특허청에 출원하고 등록한 후 공개된 기술적·영업적 비밀을 일정 기간 동안 보장받는 독점적인 권리이다. 이러한 지식재산의 출원과 등록 현황을 분석하면, 미래 기술의 동향과 시장 동향을 예측하는 데 매우 중요한 단서를 찾을 수 있다. 특허 분석은 다음과 같이 세 가지 방법이 있다.

특허 출원 분석

특허 분석의 첫 번째 방법은 관심 분야에 대한 특허의 출원이나 등록 건수를 분석하는 것이다. 일반적으로 특허 출원은 시장의 변화를 선행하는 경향이 있다. 즉, 특허 출원이 증가하면 그 분야는 신기술이 개발되어 더욱 발전할 가능성이 높다. 반대로 특허 출원이 감소하면 그 분야는 신기술 개발이 별로 없고, 따라서 신제품의 출시가 없어서 시장이 위축될 것을 예상할 수 있다.

예를 들어, 미래의 TV를 예측한다고 가정해보자. 현재 많이 사용하는 LED TV 산업이 계속하여 성장할 것인지, 아니면 다른 제품이 시장을 석권할 것인지 알 수 없다. 이때 할 수 있는 방법 중의 하나는 LED TV에 관한 특허 출원 동향을 조사하는 것이다. 만약에 특허 출원이 계속해서 증가하고 있으면 LED TV 산업은 당분간 성장한다고 볼 수 있다. 그러나 그림처럼 특허 출원 숫자가 줄어들면 시장도 점선처럼 축소될 가능성이 높다. 이것은 LED보다 우수한 다른 기술이 출현하여 그곳에 기술 개발이 집중되고 있다는 것을 알려준다.

그림 7-5
특허 출원 수와 시장의 관계

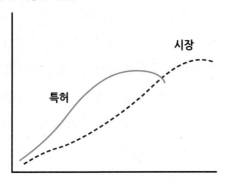

출처 : 백대성, "특허 출원 추이와 기술수명주기", 석사논문, 2012.

특허 포트폴리오 분석

특허 분석의 두 번째 방법은 특정 기업의 특허 포트폴리오를 분석하는 것이다. 특정 제품을 구성하는 기술과 특허 그리고 이것들의 관계를 표현한 특허맵patent map이 이용된다. 이것은 기업의 강점과 약점을 파악하고, 기술의 미래를 예측할 때 유용하다. 특허 포트폴리오 분석은 특정 제품을 생산하기 위한 핵심 특허를 얼마나 보유하고 있는지 분석한다.

여기서는 특허의 개수가 중요하지 않고, 경쟁 기업과 싸울 수 있는 핵심 특허를 얼마나 보유하고 있느냐가 관건이다. 이러한 분석을 하기 위해서는 제품에 대한 특정 기술을 이해하고, 그 기술에 대한 특허 상황을 나타내는 특허맵을 작성해보는 것이 좋다. 특허맵은 국내외의 특허 및 특허 출원 상황을 마치 지도처럼 도표나 기호, 그림 등으로 나타낸 것으로, 우리 기업의 특허 상황과 경쟁 기업의 특허 상황을 정확히 비교 파악할 수 있다.

요즘은 특허로 인한 분쟁이 심화되고 있어 새로운 제품을 개발하거나 할 때 특허맵의 작성은 매우 유용하다. 경쟁 기업과의 특허 소송이 일어나 패하게 되면 순식간에 어려움에 처할 수 있기 때문이다.

예를 들어, A제품을 생산하기 위해서는 100개의 중요한 특허가 있어야 한다. 그런데 그중에 중요한 특허가 5개가 빠져 있다는 것을 특허 포트폴리오를 통해 알게 되었다. 만약 이러한 상황이면, 우리 기업은 다른 기업의 특허 공격에 취약할 수밖에 없다. 당연히 우리 기업의 미래는 어둡기 때문에 서둘러 취약점을 보완하는 전략을 세워야 한다.

다음 그림은 특허맵의 예를 보여주고 있다.

그림 7-6
미국의 특허맵

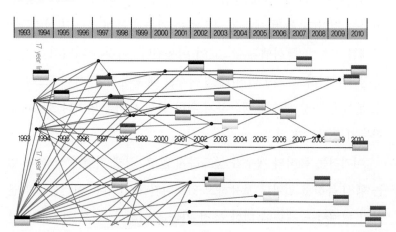

132년의 세월 동안 미국의 대표 기업 자리를 차지하던 코닥이 2012년 파산했다. 1880년에 설립된 코닥은 지속적으로 신기술을 개발하여 세계 필름 시장에서 독보적 위치를 구축하였다. 1970년대에는 디지털카메라 기술을 개발하여 디지털 혁명에 앞서가는 듯했다. 그러나 디지털카메라의 미래를 내다보지 못하고 기술을 사장한 채 수입이 좋은 아날로그 광학 필름에 치중하였다. 특히, 광학 카메라의 일종인 일회용 카메라 사업을 시작하였는데, 이 분야 선발 주자인 폴라로이드에게 특허 침해 소송을 당하며 8억 7,000만 달러라는 천문학적인 배상금을 물어주어야 했다.

결국 코닥은 침해 배상액, 소송비, 침해 카메라 수거비, 생산 설비 처리비 등의 엄청난 손실을 떠안고 일회용 카메라 시장을 접어야 했다. 이와 같은 코닥의 비극은 코닥이 자신들의 특허 포트폴리오 관리를 소홀히 하며 사업을 시작했기 때문이다. 즉, 일회용 카메라 기술에 관한 특허맵을 작성하고, 자신들의 특허 포트폴리오를 분석하여, 자기 자신 및 상대방의 강점과 약점을 분석하면서 특허 전쟁에 대비했어야 했다.

개방성 분석

특허 분석의 세 번째 방법은 기업의 개방성 여부를 분석하는 것이다. 역사적으로 볼 때 어느 시기에서든지 폐쇄 국가는 멸망했고 개방 국가가 번성하였다. 기업의 전략에서도 마찬가지이다. 폐쇄주의를 택하는 기업은 결국 쇠퇴하고, 개방주의를 택하는 기업이 번성하는 경우가 많다.

저자는 2011년에 처음 스마트폰을 구입하면서 고민했다. 어느 제품을 살 것인가? 이왕이면 앞으로 널리 이용될 기계에 익숙해지길 원했다. 그 당시에는 스마트폰을 처음 내놓은 애플의 아이폰이 세계 시장을 휩쓸던 시절이었다. 뒤늦게 뛰어든 구글과 삼성의 안드로이드폰이 겨우 애플의 아이폰에 맞서고 있었다. 애플은 사상 최대의 매출 실적과 이익률을 보이며 승승장구 거침이 없었다. 그러나 그때 저자는 안드로이드 제품을 구입했다. 안드로이드 연합군의 승리를 점친 것이었다. 애플의 아이폰은 폐쇄형인 반면에 안드로이드폰은 개방형이기 때문이었다. 그리고 신문에 안드로이드폰의 승리를 예측하는 글을 썼다〈동아일보〉, 2011. 7. 27. 개방형 기술은 아무나 그 기술을 응용하여 새로운 응용 제품을 만들 수 있기 때문에 경쟁이 치열하고 발전이 빠르다. 몇 년이 지난 지금 안드로이드폰과 아이폰의 시장 점유율이 그 결과를 보여주고 있다.

최근에 미국의 전기자동차 회사인 테슬라는 자신들이 보유한 특허를 모두 공개하고, 누구나 사용할 수 있게 하겠다고 선언했다. 매우 대담한 결단이다. 아마 전 세계의 전기자동차 시장을 활성화시키고, 전기자동차 기술의 플랫폼을 확보하기 위한 전략으로 보인다.

현재의 세계 전기자동차 시장은 춘추전국시대라 할 수 있다. 어느 특정 회사가 강자로 부상하지 못한 상태이다. 그리고 관련 기술의 표준화도 되어 있지 않은 상태이다. 테슬라는 특허를 공개함으로써, 전 세계 전기자동차 관련 기술의 표준을 주도하게 될 것이다. 사람들이 테슬라의 기술을 이용하고 거기에 익숙해지다보면, 그 기술을 바탕으로 새로운 기술이 나오게 될 테고, 그 이후에 개발되는 기술들은 테슬라 기술을 바탕으로 발전하게 되며, 모든 기술의 플랫폼은 테슬라 기술이 되는 것이다. 그러다보면 세계 전기자동차 기술의 플랫폼은 테슬라의 손에 들어가리라 예측할 수 있다.

빅데이터

빅데이터big data는 대용량 데이터를 분석하여 패턴, 상관관계, 경향성, 정보와 지식 등의 유용한 가치를 추출하는 방법이다. 현대사회는 컴퓨터와 통신수단의 발달로 인간의 거의 모든 생활이 기록될 수 있다. 과거에는 인간의 행동을 기록할 수 없었다. 그에 따른 도구들이 없었기 때문이다. 그러나 현대에는 대용량 컴퓨터, 스마트폰, 사물인터넷, 신용카드, CCTV 카메라 등의 도구들이 발전하여 개인 정보를 기록할 수 있게 되었다. 빅데이터는 이렇게 기록된 대규모 데이터를 분석하여, 유용한 사실을 찾아낸다. 그동안에는 막연하게 생각하던 인간의 기본적인 행동 패턴, 사고 작용의 경향성, 대중의 심리와 행동 등이 데이터 분석에 의해서 정확하게 알려지고 있다.

빅데이터는 말 그대로 생성되는 데이터의 양과 주기 등이 기존 데이터에 비해 너무 크고 방대하기 때문에, 종래의 방법으로는 수집·저장·검색·분석이 어렵다. 빅데이터는 각종 센서와 네트워크의 발달로 데이터가 늘어나면서 나타났다. 컴퓨터 및 정보처리 기술의 발달로 디지털 환경에서 생성되는 빅데이터를 분석할 경우, 질병이나 사회 현상의 변화에 관한 새로운 시각이나 법칙을 발견할 수 있다. 이러한 시각이나 법칙은 미래를 결정하는 핵심 동인이 될 수 있다. 또한 빅데이터를 통해 인간 행동을 미리 예측할 수도 있다.

빅데이터의 대부분은 비정형적인 텍스트와 이미지 등으로 이루어져 있고, 시간에 따라 빠르게 변화한다. 따라서 데이터의 전체를 파악하고 일정한 규칙을 발견하면, 그것은 미래 예측을 위한 중요한 가치value가 된다. 이러한 이유로 빅데이터에서 가치 창출이 강조되고 있다.

빅데이터에서는 다음 세 가지가 중요하다.

- 정보 저장 기술 : 인간의 일상생활을 기록하기 위한 대용량의 저장 장치와 저장 기술이 필요하다.
- 정보처리 기술 : 대규모로 저장된 데이터로부터 유용한 정보를 추출하기 위해서는 정보처리의 목적, 데이터 처리 방법, 컴퓨팅 시설과 소프트웨어에 대한 고려가 필요하다.
- 정보 분석 기술 : 빅데이터에서 유용한 정보를 도출하기 위해서는 통계, 경영, 미래 예측 등의 융복합적인 알고리즘의 개발과 통찰이 필요하다.

서울 시내의 심야 시간에는 버스가 없다. 버스가 끊어지면 택시를 잡기 위하여 이리 뛰고 저리 뛰는 일이 벌어진다. 서울시는 오래전부터 심야버스를 신설하려고 시도했다. 그러나 버스 회사들이 나서지 않았다. 승객이 없어서 적자가 날 것이 뻔했기 때문이다. 최근에 서울시는 빅데이터를 이용하여 심야버스 노선을 설계하였다. 심야 시간에 무선전화 통화량이 많은 지역을 경유하는 버스 노선을 만든 것이었다. 결과는 대성공이었다. 이것이 바로 빅데이터에 의한 예측의 성공 사례이다.

다음은 빅데이터를 이용한 미래 예측 사례이다.

- 선거 결과 예측 : 실제 투표가 있기 전에 인터넷과 SNS에 거론되는 후보자의 이름을 분석하여 실제 선거 결과를 예측한다.

- 독감 유행 예측 : 초기에 병원을 방문하는 환자의 패턴과 추세를 분석하여 대규모 유행 여부를 예측한다.
- 범죄 예방 순찰 : 빅데이터를 분석하여 범죄 발생을 암시하는 정보를 추출한 후, 순찰 중인 경찰에게 제공하여 예상되는 범죄 현장에 미리 도착하여 범죄를 예방하는 효과를 얻는다.

다음은 구글 트렌드google trends에서 제공하는 구글 독감 트렌드 예상치와 미국의 질병통제센터에서 공개한 인플루엔자 의사환자 데이터를 나타낸 그래프이다. 그림을 보면 구글 검색어를 기반으로 한 독감 예상치와 기존 미국의 독감 유행 데이터가 매우 유사하다는 것을 알 수 있다. 이처럼 구글의 독감과 관련된 검색어 빈도를 집계하면 전 세계 여러 국가 및 지역에서 독감이 얼마나 유행할지를 예측할 수가 있다구글 독감 트렌드, http://www.google.org/flutrends/.

그림 7-7
인플루엔자 의사환자 데이터와 구글 독감 트렌드 예상치

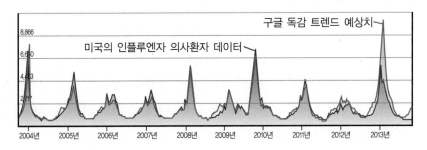

출처 : 인플루엔자 의사환자(ILI) 데이터, 미국 질병통제센터

텍스트 마이닝

텍스트 마이닝text mining이란 문헌 자료, 인터넷 데이터, 소셜 미디어, 신문 기사 등과 같은 비정형화되어 있는 데이터에서 정보나 지식을 추출하는 방법이다. 학교에서 학생의 정보학번, 이름, 성별, 학년, 성적 등처럼 미리 정해진 틀에 맞추어 만들어진 것을 정형화된 데이터라 하고, 이런 것들은 데이터베이스에 저장된다. 신문 기사, 페이스북에 올라온 문장, 논문 내용처럼 일정한 형식이 아니고 저자가 서술식으로 작성한 정보를 비정형 데이터라 한다. 비정형 데이터는 데이터베이스에 저장하지 못하고 파일 형태로 저장한다.

텍스트란 논문이나 신문 기사처럼 자연어한국어, 영어 등로 기술된 비정형화된 데이터를 말한다. 유용한 정보란 미래를 결정할 수 있는 핵심 동인이나 규칙 등을 말한다. 텍스트 마이닝은 자연 언어로 기록된 자료 속에서 정보를 뽑아내기 때문에, 특별히 자연어 처리 기술컴퓨터가 영어, 한국어 등을 읽게 하는 기술에 바탕을 두고 있다. 이 점이 빅데이터와 다르다.

텍스트 마이닝은 자연어 처리에 중점을 두고 있으며, 빅데이터는 대규모 데이터정형화 또는 비정형화 처리에 중점을 두고 있다. 물론 텍스트 마이닝은 문서의 크기가 커지면 빅데이터로 간주될 수 있다. 또한 데이터베이스는 정형화되어 있는 데이터를 이용하고, 텍스트 마이닝은 비정형화된 데이터를 이용한다는 점에서 차이가 있다.

인간의 말은 각 언어별로 어휘적, 문법적 특성이 있다. 그리고 표현의 형태가 매우 다양하고 복잡하여 일괄된 규칙으로 규정하기 힘

들다. 이러한 언어로 표현된 텍스트를 컴퓨터로 분석 처리하고, 그 속에서 유용한 정보를 추출해내는 기술이 텍스트 마이닝이다.

텍스트 마이닝을 통해 방대한 정보 뭉치에서 의미 있는 정보를 추출해내고, 다른 정보와의 연계성을 파악한다. 컴퓨터가 인간의 언어로 기술된 정보를 분석하고, 그 안에 숨겨진 정보를 추출해내기 위해서는 대용량 언어 처리와 복잡한 통계 및 알고리즘이 적용되어야만 한다.

텍스트 마이닝에는 자연어 처리, 정보처리, 시각화, 데이터베이스, 기계 학습 등의 기술이 이용된다. 가장 중요한 기술은 문서에서 주어진 문제에 관련된 특성feature을 추출하고, 이것으로부터 패턴을 찾아내어 해석하는 것이다. 텍스트 마이닝의 세부 단계는 다음과 같다.

- 문서 검색 : 주어진 문제에 관련된 문서를 찾아서 검색한다.
- 특성 추출 : 선택된 문서로부터 주어진 문제에 관련된 특성을 추출한다.
- 정보 마이닝 : 추출된 특성으로부터 패턴을 파악한다.
- 정보 해석 : 추출된 패턴을 주어진 문제에 맞게 해석한다.

다음은 텍스트 마이닝 방법을 이용하여 미래를 예측한 사례이다.

- 자살률 예측 : 음주율, 이혼율, 범죄율 변화, 인터넷에 나타나는 문장 등을 분석하여 자살률 예측
- 백화점 진열대 위치 설계 : 고객들의 매출 전표를 분석하여 함께 구매하는 제품 그룹을 파악하고, 동일 그룹 제품을 동일 진열대에 배치
- 소셜 미디어 분석으로 주가 예측 : 페이스북, 트위터, 카톡 등에 등장하는 문장 속의 감정 단어들의 패턴을 추출하여 주가 예측

• 소셜 미디어 분석으로 유행 색깔 예측 : 인터넷, 페이스북, 트위터 등의 소셜 미디어에 나타나는 감정 단어를 분석하여 내년에 유행할 컬러 예측

미래 바퀴

미래 바퀴futures wheel는 특정 사건의 발전과 그 영향을 예측하는 사고thinking 과정을 도와주는 방법이다. 어떠한 사건이 발생했을 때 파생되는 요소들을 보여준다. 미래 바퀴는 그림과 같이 초기 사건을 중앙에 표시한다. 그 다음 1차, 2차, 3차로 파생되는 연결고리를 순서대로 도형화한다. 이것은 브레인스토밍에도 이용할 수 있다.

그림 7-8
사건으로 인한 영향이 중앙에서부터
바퀴 모양으로 파급해나가는 미래 바퀴

트렌드
또는 사건

미래 바퀴를 이용하는 절차는 먼저 가능성 있는 사회 트렌드나 잠재성이 있는 사건을 중앙에 배치한다. 그리고 그 사건으로 인한 영향이 어떻게 나타날 것인지를 중앙에서부터 바퀴 모양으로 꼬리에 꼬리를 무는 형태로 확장해나간다. 예를 들어, 다음과 같은 질문을 꼬리에 꼬리를 물고 던지면서 토론을 진행하고 이를 도식화한다.

"만일 실제로 이런 일이 일어난다면, 그 다음에는 어떤 일이 일어나겠습니까?"

"그 다음에는?"

"또 그 다음에는?"

미래 바퀴와 비슷한 방법으로 마인드맵이 있다. 마인드맵은 초기 트렌드나 사건의 영향을 순차적으로 정형화하지 않고 표현하는 반면, 미래 바퀴는 1차 간, 1, 2차 간, 2, 3차 간 영향 사이에도 관계를 가지며 원형을 유지한다.

그림 7-9는 '디스플레이 산업의 미래'를 예측할 때 사용한 미래 바퀴 사례이다. 고화질 대형 화면과 모바일 기기에서 파생되는 영향을 도식화하고 있다3차원 미래 예측법을 활용한 미래 경영 사례 4 참조.

그림 7-9

미래 바퀴를 활용한 디스플레이 산업의 미래

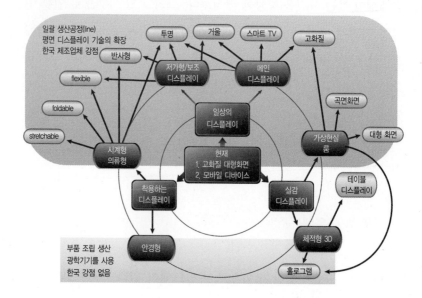

3차원 미래예측으로 보는 **미래 경영**

목표 탐색형
미래 예측법

기술 단계 분석 | 기술–사회–경제 분석 | 게임 이론 | 로드맵 | 시간 SWOT |

백캐스팅 | 시나리오 방법 | 비전 세우기

이 장에서는 미래를 예측하는 방법 중에서 목표 또는 비전 설정을
강조하는 방법들을 살펴본다. 미래를 예측할 때는 3~6개의 방법을 이용하여 예측한다.
여기에 사용되는 방법은 이미 다른 방법에 의하여 핵심 동인이나 변화 패턴이 추출된 다음에
이용하는 경향이 있다. 이 방법 역시 주어진 문제에 적합한 방법을 선택하기 위해서는 문제에 따른
다양한 방법들의 개념을 알고, 그것들의 장단점을 파악하는 것이 필요하다.

기술 단계 분석

지난 20년간 우리의 생활은 많이 변했다. 무엇이 이와 같은 변화를 가져다주었을까? 정치인가, 경제인가, 아니면 환경인가? 물론 정치, 경제, 환경도 생활의 변화를 가져다주었다. 하지만 가장 직접적으로 우리의 생활을 변화시킨 것은 기술이다. 지난 20년 동안 인터넷의 발전과 휴대전화, 스마트폰, SNS 등의 발전은 크게 우리의 삶을 바꿔놓았다. 따라서 미래를 내다보기 위해서는 이러한 기술을 중요시해야 한다.

기술 단계 분석TSA : Technology Sequence Analysis은 주어진 문제와 관련된 기술 중에서 가장 핵심적인 기술을 파악하고, 이 핵심 기술들의 동향과 전망 그리고 실현 시기 등을 살펴봄으로써 미래를 예측하는 방법이다. 목표로 하는 기술의 완성에 도달하기 위하여 중간에 있는 매개 기술들의 개발 시점에 대한 예측이 중요하다. 이 방법은 사회 발전에서 기술의 중요성이 강조되기 시작한 1980년대부터 널리 사용되기 시작했다.

TSA는 다음과 같이 두 가지 요소가 핵심이다.

- 기술 연계도 : 기술 사이의 상호 관계를 나타내는 그림으로서, 기술의 선후 관계를 알아야 하기 때문에 기술에 대한 정확한 이해가 필수적이다.
- 기술 실현 시기 : 관련 기술이 개발되어 다음 단계에 활용될 수 있는 시기를 나타내는 내용이다. 여기에는 확률 모델이 이용될 수 있다.

예를 들어, 미래의 TV를 예측한다고 해보자. TV를 구성하는 요소는 많이 있다. 그중에서 어떤 것이 가장 중요한 핵심 동인일까? 화면을 어떻게 구현하면 시청자가 실감을 느낄 수 있을까 생각해본다. 3D 입체 기술을 생각해볼 수 있다. 특수 안경을 사용하지 않고 입체감을 느끼는 디스플레이 기술이 나온다면 가히 혁명적일 것이다.

TV의 핵심 기술이 3D 입체 기술이라면, 이 기술에 대하여 집중적으로 분석한다. 이 기술을 구성하는 요소에는 어떤 것이 있는가, 그리고 이것들은 어떠한 기술 트리 형태를 가지고 있는가, 또 이 기술들은 언제 실현될 것인가를 분석한다. 이것이 바로 핵심 기술 분석이다.

그림 8-1
3D 입체 기술의 핵심 기술 분석

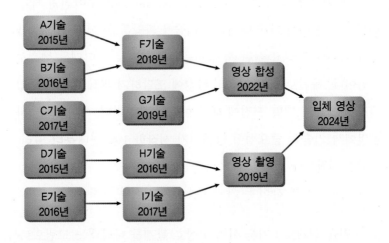

그림 8-2는 '입는 컴퓨터wearable computer의 미래'를 예측할 때 나오는 TSA 분석의 예이다3차원 미래 예측법을 활용한 미래 경영 사례 5 참조.

그림 8-2

입는 컴퓨터의 TSA 분석

기술 – 사회 – 경제 분석

기술–사회–경제TSE : Technology - Society - Economy 분석은 특정 신기술 또는 신제품의 미래를 예측하기 위하여 저자가 고안한 방법이다. 이 방법은 특정 기술이 개발되었을 때 이 기술이 사회에서 받아들여지고, 경제성을 가지고 발전할 것인지 검토하기 위해 쓰인다. 이 방법을 적용할 때 출발점은 새로운 기술 또는 제품이다. 그림을 통해 살펴보자.

다음 그림은 특수 안경을 사용하는 3D TV의 미래를 예측하기 위한 것이다. 기술 또는 제품이 나왔을 때, 첫 번째로 사회에서 받아들여질 것인가를 보여준다. 제품의 효용성, 편의성, 문화의 관점에서 볼 때 편의성에서 적합하지 않다. 따라서 10년 이내에 대량생산체제로 이어지지 못하여 경제성을 확보하지 못할 것이다.

그림 8-3
특수 안경을 사용한 3D TV의 미래 예측

T(기술)	S(사회)	E(경제)
특수 안경을 사용한 3D TV 	• 효용성(○) • 편의성(×) • 문화(○)	• 1~5년 : 소량 생산으로 비경제적이다. • 6~10년 : 경제성이 떨어진다.

다음 그림은 무선충전 전기자동차의 미래를 예측해보기 위한 것이다. KAIST에서 새로 개발한 무선충전 전기자동차는 달리는 중에 길에 깔린 전기선으로부터 충전을 받는다. 이미 경북 구미시에 설치 운행 중인 것으로 기술적으로나 상업적으로 효용성을 인정받고 있다. 그러나 이 전기자동차가 과연 사회에서 받아들여지고, 경제성을 가질 것인지는 미지수이다. 그림을 통해 볼 때 사회적인 관점에서 기존 배터리 충전식 전기자동차와의 경쟁에서 경쟁력이 미지수이다. 따라서 경쟁사들은 자기들의 방식을 고집하며 각자의 전기자동차를 생산하고 경쟁할 것이다. 그러나 시간이 흐르면서 무선충전 전기자동차는 소형 차량에는 적용되지 않지만, 노선버스에 적용하는 사례가 늘어나고, 결국 10년 안에 경제성을 갖출 것으로 보인다.

그림 8-4
무선충전 전기자동차의 미래 예측

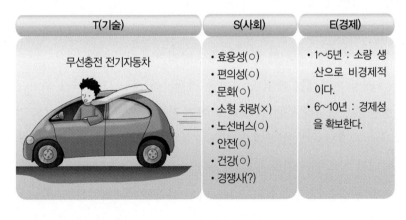

게임 이론

어떤 경우에는 내 결정에 의해서만 결과가 나오는 것이 아니라, 경쟁 상태에 있는 상대방의 결정에 의해서도 결과가 영향을 받는 경우가 있다. 즉, 나와 상대방이 서로 게임을 하는 듯한 상황이다. 이러한 상황을 수학적으로 묘사하여 체계적으로 연구하는 분야를 게임 이론game theory이라 부른다. 게임 이론은 기업이나 어느 집단의 미래를 예측할 때, 상대방의 행동을 고려하여 예측해야 하는 경우에 이용한다.

다시 말해서, 게임 이론은 서로 상충적이고 경쟁적인 조건 아래서 경쟁자 간의 경쟁 상태를 모형화하여, 참여자의 행동을 체계적으로 분석한 후 나의 최적 전략을 선택하게 도와주는 모델이다. 게임 이론은 1944년 폰 노이만John von Neumann 등이 제안하여 경제학·경영학·정치학·심리학 분야 등에도 널리 적용되고 있다.

게임 이론에는 게임 당사자를 경쟁자라 하고, 경쟁자가 취하는 행동을 전략이라 부른다. 그리고 어떤 전략을 선택했을 때 게임의 결과로서 경쟁자가 얻는 것을 이익 또는 성과라고 한다. 나의 전략뿐 아니라 상대방의 전략에 따라서 이익이 달라지기 때문에, 상대방이 어떤 전략을 선택하더라도 나는 나의 이익을 극대화하는 전략을 선택한다. 그리고 이런 선택의 결과를 얻는 것이 미래 예측이다.

게임의 세 가지 요소는 다음과 같다.

• 게임의 경기자 : 게임에 참여하는 주체가 명확히 정해져야 한다.

- 게임의 규칙 : 게임을 운영하는 규칙이 명확히 공지되어야 한다.
- 게임 결과의 보상 : 결과에 대한 보상이 공개되어야 한다.

축구에서 승부차기를 하는 경우, 키커는 골키퍼를 염두에 두고 어느 방향으로 공을 찰 것인지를 결정한다. 골키퍼는 키커가 어느 쪽으로 공을 찰지 예측하여 키커가 공을 차는 순간에 몸을 날린다. 키커가 찬 공의 방향이 골키퍼가 몸을 날린 방향과 일치하게 되면 성공적인 방어가 될 것이고, 키커가 찬 공의 방향이 골키퍼가 생각한 방향과 반대이면 키커가 득점하게 될 것이다. 결국 승부차기의 성패는 키커와 골키퍼의 상호작용에 달려 있는 셈이다. 게임 이론은 이러한 전략적 상황을 다루고 있다. 내가 승리하면 상대방은 손해를 보게 되는 것이 게임 이론의 전제 전략이다. 게임 이론으로 문제를 묘사하면 문제를 좀 더 정확히 이해하고, 경쟁자들 사이의 상호작용을 파악할 수 있는 장점이 있다.

그림 8-5
축구의 승부차기 게임 이론

로드맵

로드맵road map은 1993년에 미국에서 이용되기 시작하여 첨단 기술의 개발을 위한 전사적인 프로세스 관리 도구로 활용되고 있다. 또한 최근에는 국가 전체의 기술 발전에 대한 청사진을 구체화하고 표현하는 수단으로 많이 이용되기도 한다. 기존에는 기술 개발이 조직이나 회사의 프로젝트 관리 수준에서 추진되었으나, 기술이 복잡해지고 융복합화되면서 통합적으로 관리해야 할 필요성이 증대되고 있다. 이러한 필요성에 의하여 로드맵 방법이 더욱 활발하게 이용되고 있고, 동시에 미래 예측에도 이용되고 있다.

로드맵은 먼저 기술의 연관도에서 출발한다. 기술의 연관도는 기술의 상호 관계와 기술 개발의 선후 관계를 나타낸다. 그리고 각 기술의 동향을 예측하고, 이를 위해 계획·실행되어야 하는 중간 지향점을 그림으로 그린다. 이렇게 함으로써 세부 기술을 이해하고, 기술들 사이의 관계를 좀 더 명확히 이해하며, 기술을 예측할 수 있다.

로드맵을 작성하기 위해서는 먼저 대상 기술 또는 시스템의 범위를 정한다. 그리고 정의된 범위 내에 있는 작업이나 기술의 선후 관계를 조사 분석한다. 선행 기술이 완성되어야 그 다음 기술에 진입할 수 있는데, 이와 같이 선행 기술과 그 선행 기술의 완성 시점을 예측하다보면, 현재 기술로부터 최종 목표 기술에 도달하는 데 걸리는 시간을 예측할 수 있다. 그리고 목표에 도달하기까지 극복해야 할 과정들을 예측할 수 있다.

그림 8-6은 로드맵 작성의 예를 보여주고 있다.

그림 8-6
미래의 기술 동향을 예측하기 위한 로드맵

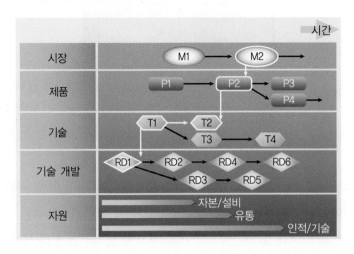

시간 SWOT

SWOT은 그림 8-7에서 보듯이 주어진 문제의 강점과 약점, 미래에 대한 기회와 위협 요인을 도식적으로 표현하는 방식이다. 이렇게 도식화함으로써 특정 기업 또는 산업의 미래를 예측할 수 있다. 저자는 이 SWOT을 시간적인 변화로 표현함으로써 미래를 예측하는 방법을 제안한다.

그림 8-7
SWOT 분석

그림 8-8은 우리나라 헬스케어 산업의 SWOT 분석을 나타낸 것이다. 물론 이것은 현재 시점(2014년)에서 작성한 것이다. 그림 8-9는 2014년과 2024년의 SWOT을 동시에 보여주고 있다. 2014년 SWOT을 10년 후로 이동하여 그 시점에서 분석한 것이다. 이렇게 함으로써 현재와 미래의 차이를 알 수 있고, 그 차이를 메우기 위한 전략이 나올 수 있다. 이처럼 현재와 미래를 연결하는 것이 바로 미래 전략이다.

그림 8-8
헬스케어 산업의 SWOT 분석(2014년)

그림 8-9
헬스케어 산업의 시간 SWOT 분석

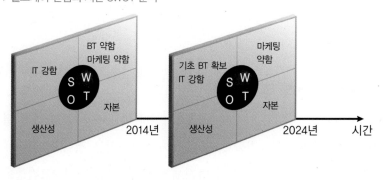

그림 8-10은 'TV 산업의 미래'를 예측할 때 '시간 SWOT'을 이용하여 예측하는 사례이다3차원 미래 예측법을 활용한 미래 경영 사례 1 참조.

그림 8-10
시간 SWOT을 이용한 TV 산업의 미래 예측 결과

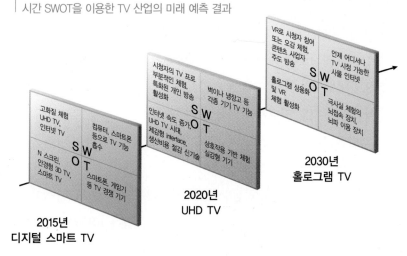

백캐스팅

백캐스팅backcating은 먼저 희망 미래desired futures 또는 preferred futures 를 설정하고, 그 희망 미래에 도달하기 위하여 필요한 작업, 의사결정, 전략, 정책, 자원, 기술 등을 조사하여 분석하는 것이다. 그렇게 함으로써 현재 상태에서 희망 미래에 도달하기 위한 모든 조건들을 파악할 수 있고, 그것들이 언제 현실화될 것인지 예측할 수 있다.

백캐스팅은 앞에서 살펴본 로드맵과 유사한 면이 있지만, 로드맵은 기술 중심으로 분석을 하는 데 반해 백캐스팅은 기술을 포함한 전반적인 내용을 분석한다. 그리고 백캐스팅은 분석의 방향이 희망 미래로부터 현재로 오는 역방향 분석이 강조된다.

백캐스팅을 통해 현재로부터 희망 미래에 도달하는 과정들이 결정되는데, 이것들을 체계적으로 정리하면 미래 전략이 된다. 미래 전략은 현재로부터 희망 미래에 도달하게 해주는 전략이다. 이때 전략의 목표점에 희망 미래가 있다는 점이 강조된다.

그림 8-11은 비전으로부터 백캐스팅 기법을 이용하여 미래를 예측하는 것을 보여주고 있다.

공무원 연금의 적자가 심각한 문제로 대두되고 있다. 현재의 제도를 그대로 유지하면 매년 적자 폭이 커져서, 향후 10년간 세금에서 50조 원을 보조해주어야 한다는 예측이 나온다. 그림 8-11은 2025년에 균형 상태를 달성한다는 목표를 설정하고, 이에 도달하기 위한 수입과 지출의 관리 단계를 가상적인 데이터를 이용하여 보여주고

그림 8-11

2025년 공무원 연금의 균형 상태를 예측하기 위한 백캐스팅 방법

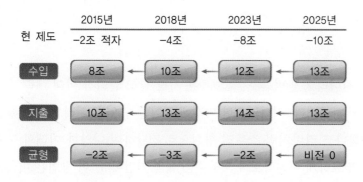

현 제도	2015년	2018년	2023년	2025년
	-2조 적자	-4조	-8조	-10조
수입	8조 ←	10조 ←	12조 ←	13조
지출	10조 ←	13조 ←	14조 ←	13조
균형	-2조 ←	-3조 ←	-2조 ←	비전 0

있다.

예를 들어, 2015년에는 수입 8조 원, 지출 10조 원으로 2조 원의 적자이다. 점진적으로 수입을 늘리고 지출을 줄여서 2025년에는 균형 상태로 만들 수 있는지 예측을 하고 있다. 이러한 과정에서 각 단계별로 목표를 실현할 수 있는지 평가해본다. 그러면 목표 시점인 2025년에 목표를 달성할 수 있는지 예측해볼 수 있다. 여기에서 예로 든 숫자들은 추정값들이다.

시나리오 방법

시나리오 방법scenario method은 가장 널리 알려진 미래 예측 방법 중의 하나이다. 시나리오란 미래에 일어날 수 있는 여러 가지 상황을 영화나 드라마처럼 스토리 형식으로 전달하여 다양한 미래의 모습을 명료하게 이해하도록 도와주는 예측 기법이다. 이 방법은 미래를 구체적으로 예측하기보다 미래를 묘사하는 데 더 주안점을 둔다. 그래서 다른 예측 방법에 의해서 예측된 내용을 표현하는 수단으로 이용되는 경우가 많이 있다.

시나리오 방법은 1950년대에 미국 랜드 연구소의 허먼 칸Herman Kahn을 중심으로 군사 전략을 개발하기 위한 방법으로 개발되었다. 그 후에 다양한 분야에서 여러 가지 형태로 변형되어 이용되고 있다. 특히, 10년 이상 20년의 미래를 묘사하는 데 유용한 방법으로 인식되고 있으며, 다른 방법으로 예측된 다수의 대안 미래를 표현하는 도구로 이용되기도 한다.

스토리 형식으로 전개되기 때문에 대안적인 미래alternative futures에 대한 이해를 하기 쉽고, 미래를 서술식 또는 그림을 이용하여 묘사함으로써 읽는 사람에게 예측 내용을 쉽게 전달하고 영감을 갖게 해준다. 불확실성을 고려한 시나리오는 전략적인 의사결정을 도와주는 도구로서 관심이 증대되고 있는데, 다양한 길을 탐색하고 각각의 길에 대한 대응방안을 제시할 수 있도록 해준다. 예를 들어, 낙관적인 시나리오와 비관적인 시나리오를 제시하여 정확한 의사결정을 유도할 수 있다.

시나리오 작업은 대체로 다음과 같은 단계를 거친다.

(1) 주어진 문제에서 중심 주제를 결정한다.

(2) 미래에 영향을 주는 관련 요소들을 찾는다.

(3) 관련 요소들 중에서 핵심 동인을 결정한다.

(4) 핵심 동인들의 조합에 의해서 대상 문제를 몇 개의 대안적 미래로 분리한다.

(5) 분리된 미래별로 스토리를 구성하여 이해하기 쉽게 서술한다.

(6) 각 시나리오별 미래 모습으로부터 전략적 함의를 도출한다.

다음은 '게임 산업의 미래'를 예측할 때 활용한 시나리오의 한 예이다. 이 시나리오에서는 게임 산업의 지속적인 성장이 이루어지는 미래를 묘사하고 있다3차원 미래 예측법을 활용한 미래 경영 사례 2 참조.

게임 업체 대표 최승부 씨는 최근 투자금이 밀려들어 즐거운 비명을 지르고 있다. 1인 가구가 대세를 이루면서 소셜 미디어 게임을 통해 사회적 소통을 하려는 인구가 크게 늘었다. 거기에 노년층이 새로운 게임 마니아 계층으로 등장하면서 '실버 게임방'이 성황을 이루고 있다. 사회적 압력도 크게 줄어들었다. 컴퓨터 게임이 가장 유용한 교육 기자재로 인정을 받으면서 부모는 자녀에게 교육 게임을 권한다. 게임 시스템이 대한민국 전체 수출액의 10%가 되면서 게임 산업에 대한 정부와 일반 국민의 기대감이 커졌다. 게임 업체와 소비자 단체가 공동으로 게임 중독의 구체적인 기준을 마련하는 데도 성공해 그 기준만 지키면 게임 규제를 더 이상 걱정할 필요는 없다. 최승부 씨는 향후 10년을 바라보며 어느 정도까지 사업의 덩치를 키울지 고민만 하면 된다.

비전 세우기

비전 세우기visioning는 달성하고자 하는 미래를 설정하면서 미래를 예측하는 것이다. 목표를 명확히 하고, 목표를 달성하기 위한 전략을 제시함으로써 강력한 리더십을 확보할 수 있다. 리더십을 통해 희망하는 미래를 제시하고, 그 미래가 이루어지게 함으로써, 결국 미래 예측이 성공하게 만든다.

비전이 결정되면 이것을 달성하기 위한 구제적인 타당성 검토와 계획을 수립한다. 이때 많이 사용하는 방법이 백캐스팅backcasting이다. 백캐스팅은 먼저 목표를 설정하고, 그것에 도달하기 위한 세부적인 계획을 세운다.

앨런 케이Alan Kay는 "미래를 가장 정확하게 예측하는 방법은 그러한 미래를 창조해내는 것이다."라고 말했다. 이 말은 비전 세우기와 일맥상통하는데, 기업의 미래를 가장 정확하게 예측하는 방법은 비전을 달성하는 것이다.

비전을 세우는 과정은 다음과 같이 세 가지가 있다.

- 미래 예측으로부터 비전 결정 : 현재 상황이 지속된다는 가정 하에 미래를 예측하고, 예측된 미래로부터 희망 미래preferred or desired futures를 설정하여 비전으로 결정한다.
- 조직의 리더가 결정 : 회사나 기관의 대표가 사전에 비전을 설정하고 조직원들에게 선포한다.
- 구성원의 의견 수렴으로 결정 : 비전을 세우는 워크숍 등을 하

여 구성원들이 희망하는 미래를 조사하여 결정한다.

과거 1970년대 우리나라에는 표어가 많았다. 특히, 초등학교 담에는 구호가 많이 붙어 있었는데, 그중 가장 기억에 남는 것이 "천 불 소득, 백억 불 수출"이었다. 일인당 국민소득을 1,000달러로 하고, 국가의 연간 수출액을 100억 달러로 끌어올리자는 말이었다. 이 구호는 국가의 비전을 나타낸 것으로, 동시에 우리나라의 미래를 예측한 것이었다. 결국 우리 국민들은 이미 이것을 달성했다. 지금은 일인당 국민소득이 3만 달러 가까이 되고, 연간 수출액은 1조 달러이다. 미래 예측이 맞아 떨어진 것이다.

3차원
미래 예측법과 전략

미래 예측 오류 | 3차원 미래 예측법 | 미래 전략 3단계

앞에서 언급한 바와 같이 미래는 너무 복잡하고 동적이기 때문에 제대로 인식하고
예측하기 어렵다. 그러나 미래를 예측해야 할 필요성은 끊임없이 요구되고 있다.
하지만 정확한 예측은 사실상 불가능하기 때문에 예측하는 데 오류가 발생할 수밖에 없다.
이 장에서는 이러한 오류를 줄이기 위한 노력을 제시한다. 먼저 오류를 범하는 사례를 살펴보고,
이러한 오류를 피하기 위한 3차원 미래 예측법을 제시한다.
3차원 미래 예측법이 만능이 될 수는 없을 것이다. 하지만 미래를 예측하는 데 있어
오류를 크게 줄일 수 있다.

미래 예측 오류

우리가 앞에서 살펴본 바와 같이 미래 예측은 정확하지 않다. 따라서 많은 사람들이 미래를 예측하는 데 실패하였다. 다음은 역사 속에서 예측 오류를 범한 대표적인 사례들이다.

- 1943년 IBM 회장 토머스 왓슨은 "컴퓨터에 대한 수요는 전 세계적으로 5대에 불과할 것이다."라고 하였다. 하지만 이러한 예측을 무시하고 스티브 잡스는 개인용 컴퓨터 시장을 개척하였다.
- 1962년 비틀즈의 녹음을 거절한 데카 레코딩 사는 "우리는 그들의 음악을 좋아하지 않는다. 기타 치며 노래 부르는 그룹들의 인기는 곧 시들해질 것이다."라고 하였다. 하지만 비틀즈는 1960년대를 풍미했을 뿐만 아니라 지금까지도 그들을 모방하는 그룹들이 생겨날 정도로 전설이 되었다.
- 1968년 8월 2일자 〈비즈니스위크〉 지에 "이미 50종 이상의 외국산 자동차가 판매되고 있는 미국에서 일본의 자동차 산업이 발붙일 수는 없을 것이다."라는 기사가 실렸다. 하지만 도요타의 렉서스는 2013년, 2014년 계속해서 미국 내 자동차 브랜드 1위를 차지하는 등 1위의 시장 점유율을 유지하고 있다.
- 1977년 DEC 컴퓨터 사장 켄 올슨은 "어느 누구라도 개인이 자신의 집에 컴퓨터를 사놓을 이유는 없다."라고 말했다. 하지만 빌 게이츠와 스티브 잡스는 각각 마이크로소프트 사와 애플 사를 창업하며 PC 시대를 열었다.
- 1895년 영국 왕립연구소의 켈빈경은 "공기보다 무거우면서 날 수 있는 기계는 없다."라고 단언하였다. 하지만 그로부터 10년도 안 되어 라이트 형제는 비행 시험에 성공하였다.
- 1927년 워너브라더스 영화사를 창설한 워너 회장은 "누가 배우의 목소리를 듣고 싶어 하겠는가?"라며 계속하여 무성영화가 인기를 끌 것이라 예언했다. 하지만 찰리 채플린의 유머도, 에이젠슈타인의 역동적인 영상미도 유성영화의 세상에서는 살아남을 수 없었다.

이러한 예측 오류의 원인에는 여러 가지가 있다. 각기 다른 특성이 있는 문제와 장단점이 뚜렷한 미래 예측 방법들은 서로 맞아야 좋은 예측 결과를 기대할 수 있다. 그런데 이러한 결합이 이루어지지 않아서 부정확한 결과를 가져오는 경우가 많다. 또한 사회는 계속해서 변한다. 예를 들어, 아무리 동일한 분야의 문제라 하더라도 과거의 문제와 오늘의 문제는 다를 수밖에 없다. 사회가 변하여 패러다임이 바뀌면 더 이상 동일한 문제가 아닌 경우도 있다. 이때는 예측 방법을 바꾸지 않으면 안 된다. 이처럼 주어진 문제와 예측 방법이 적합하지 않을 때 오류가 발생한다.

미래를 변화시키는 핵심 요소를 무시하거나 생략했을 때, 새로운 변수가 등장PC, 페이스북, 스마트폰, SNS 등했는데도 이러한 요소들을 고려하지 않았을 때, 데이터의 오차측정, 변환, 해석가 많을 때에도 어김없이 예측 과정에 오류가 발생한다.

다음은 예측 오류를 유발하는 심리적인 요인들이다.

- 고정관념의 함정anchoring trap : 현재 트렌드나 자신의 경험에 집착하여 다른 것을 거들떠보지 않으려 함으로써 범하는 오류이다.
- 자기 과신의 함정overconfidence trap : 자신의 예측 능력을 과신하여 다른 중요 요소를 무시하는 경우이다.
- 기억력의 함정recallibility trap : 자신의 기억을 지나치게 고려하여 다른 것을 무시하는 경우이다.
- 신중함의 함정prudence trap : 지나치게 신중하여 앞서서 나가려 하지 않는 경우이다. 이런 현상을 양떼 효과herding effect라 부르기도 한다. 애플의 스티브 잡스가 스마트폰을 출시하기 전에 이미 많은 사람들은 이러한 지능형 이동통신기기의 출현을 예상했고, 일부 회사노키아, LG 등에서는 이와 유사한 제품을 이미 출시하기도 했다. 그러나 자신감이 없었기 때문에 과감하게 홍

보를 하지 못했다. 결국 애플이 과감하게 치고 나오자 선두를 빼앗겼다.
- 증거 확인의 함정confirming evidence trap : 처음부터 마음속에 잠정적인 가설을 가지고 있으면서, 이에 부합되는 증거만 찾고 이런 증거만 모아서 자신의 가설을 증명하는 경우이다.

출처 : 나준호, "미래 예측을 빗나가게 하는 5가지 심리적 함정", LG경제연구원 보고서, 2007. 9. 7.

3차원 미래 예측법

이 세상에 존재하는 모든 사물은 다음 세 가지 3차원 요소와 관련되어 있다.

- 시간time : 시간의 흐름 속에서 특정 시간에 존재한다.
- 공간space : 공간 속에서 특정 위치 또는 특정한 모양을 가지고 있다.
- 분야field : 사물의 특성에 따라서 고유한 분야와 연결되어 있다.

이 세 가지 3차원 요소는 이 세상 모든 사물에 관련되어 있기 때문에, 이 요소들의 변화는 바로 사물의 변화를 가져온다. 이 3차원 요소를 통해서 사물을 보면 3차원적이고 입체적으로 사물을 볼 수 있다. 예를 들어, 볼펜이라는 사물을 이 요소들을 통해 보면, 볼펜은 오늘 현재 시점인 2015년에 존재하고시간, 대한민국에서 기다란 형태로 존재하며공간, 플라스틱 재질로 글 쓰는 도구로 이용된다분야.

그럼, 이 세 가지 3차원 요소를 변화시켜보자. 볼펜은 어떻게 변화할까? 볼펜은 10년 후의 시점, 즉 2025년에 존재하고시간, 사우디아라비아에서 둥그런 형태로 존재하며공간, 전자 재질로 글쓰기와 지압용 도구로 이용된다분야.

이처럼 세 가지 요소를 변화시키니 시간의 변화를 가져왔고, 미래 시간으로 이동하더니, 미래의 현실이 되었다. 다시 말해서, 미래 시점의 공간과 분야가 되었다. 이것이 바로 볼펜의 미래 모습을 예측한 것이다. 이와 같이 미래를 예측하는 방법을 '3차원 미래 예측법'이라 부른다.

그림 9-1
세상을 보는 세 가지의 3차원 요소(3차원 창의력)

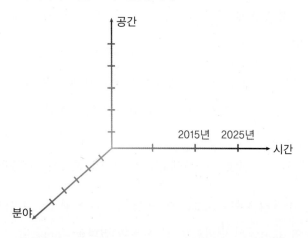

3차원 미래 예측법은 5단계로 되어 있다. 이 단계를 따라서 미래를 예측하면 오류를 줄일 수 있다. 이 방법의 큰 장점은 문제와 관련된 요소들을 빠뜨리지 않고 모두 고려한다는 점이다. 그리고 다른 예측법과 결합하여 사용하기가 용이하다는 점이다.

그럼, 각 단계별로 설명을 해보자.

1단계 문제의 정의

우리는 앞에서 어떤 문제가 주어지면 그 문제를 정의하는 것이 가장 중요하다고 말했다. 문제를 제대로 정의하지 못해 문제 해결을 요청한 사람_{발주자}과 소통이 안 되는 경우가 종종 있다. 3차원 미래 예측법의 첫 단계는 문제의 정의를 도와준다.

먼저 문제를 3차원 요소를 통하여 인식하고, 그에 따라서 정의한다. 이해를 돕기 위해 셰일가스의 출현에 따른 변화와, 그에 따른 미래 예측 후, 그를 이용한 미래 전략 수립까지 살펴보자. 셰일가스는 2000년대 들어서 경제성을 가지고 개발된 새로운 에너지원으로, 앞으로 인류에게 많은 영향을 줄 중요한 요소이다.

문제의 정의
- 시간 : 2025년(10년 후)
- 공간 : 한국
- 분야 : 셰일가스 관련 산업

이것을 그림에서 3차원적으로 표현해본다. 문제를 중요한 3차원 요소의 관점에서 정확히 정의할 수 있고, 시각적으로 표현할 수 있어 한눈에 살펴볼 수 있기 때문이다. 현재 시점에서 10년 후인 2025년을 시간 축 위에 표시한다. 그리고 공간 축 위에 한국이라는 공간 요소를 표시하고, 셰일가스라는 요소를 분야 축에 표시한다.

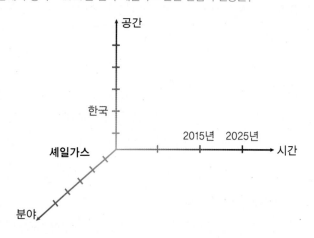

그림 9-2
1단계 문제의 정의 - 2025년 한국 셰일가스 관련 산업의 전망은?

2단계 관련 요소 정의

이 단계에서는 정의된 문제와 관련된 모든 요소를 찾는다. 이 세상에는 완전히 동떨어져 있는 문제는 없고, 다른 사물이나 요소들과 반드시 연결되어 있다. 이러한 요소들은 우리의 문제에 영향을 줄 수 있으며, 이러한 모든 요소를 찾아낸다. 이때 3차원 요소의 관점에서 찾으면 도움이 된다.

시간 축 위에서 문제와 관련 있는 변수가 어떤 것이 있는지 찾는다. 예를 들어, 경제 활성화는 셰일가스의 소비와 관련이 있다. 따라서 GDP와 경제성장률은 관련된 독립변수가 될 수 있다. 또한 인구와 국가적인 행사선거, 국제 경기 등도 영향을 줄 수 있다. 이 요소들은 거의 정해진 것들이고, 일방적으로 영향을 받기 때문에 독립변수로 간주하여 시간 축 위에 표시한다.

공간 축 위에서도 문제와 관련 있는 변수를 찾는다. 우리나라는 고립된 나라가 아니다. 우리나라의 셰일가스 사용은 미국, 중국, 일

3차원 미래 예측으로 보는 미래 경영

본, 유럽 등과 관련이 있다. 이들 나라의 경제 상황과 셰일가스 생산량은 깊은 관계가 있다. 공간 축에는 공간적인 변화 또는 경쟁자를 고려한다.

분야 축 위에서는 문제와 관련 있는 어떠한 변수가 있을까? 셰일가스는 새로운 에너지원이다. 당연히 다른 에너지 상황과 관련이 있다. 석유, 신재생에너지, 태양광, 원자력 등과 연관되어 있다. 그리고 석유화학제품의 기본 원료인 에틸렌을 만드는 나프타와도 관련이 있다. 나프타는 석유에서 뽑아내는 물질이다. 셰일가스에서도 에탄을 추출해낼 수 있고, 이 에탄을 이용하여 에틸렌을 만들 수 있다. 이처럼 플라스틱이나 섬유를 생산하는 석유화학산업의 기본 원료인 에틸렌을 석유와 셰일가스에서 만들어내기 때문에 석유와 셰일가스는 매우 깊은 관련이 있다.

그림 9-3
2단계 관련 요소 정의 - 셰일가스와 다른 에너지원

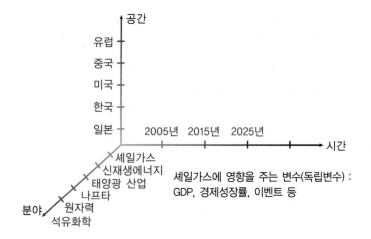

3단계 과거 데이터 수집

미래 예측은 궁극적으로 과거 데이터를 이용하는 작업이다. 과거 데이터를 수집하고 분석하여 변화의 패턴을 찾아낸다. 앞서 결정해 놓은 관련 요소에 관한 모든 과거 데이터를 수집한다.

그럼, 데이터는 얼마나 오래된 값을 수집할 것인가? 미래 예측 기간과 동일한 기간만큼 수집할 것을 제안한다. 예를 들어, 10년 후를 예측하고 싶다면, 과거 10년의 데이터를 수집 분석하면 된다.

시간 축 위에 문제에 영향을 주는 독립변수를 정해놓는다. 예로 든 셰일가스와 관련해서는 소비 측면에서 GDP, 경제성장률, 인구 등이 있다. 공간 축 위에는 우리나라에 영향을 주는 나라들을 표시한다. 미국, 중국, 유럽, 일본 등이다. 그리고 분야 축 위에는 석유화학, 나프타, 태양광, 석유 등의 요소를 놓는다.

이러한 요소들을 표 9–1과 같이 표시한다. 이 테이블은 정해진 시간 속에 공간과 분야를 평면 위에 표시한 것이다. 이 테이블 속에 정해진 시간에서의 가능한 데이터를 삽입한다. 이때 데이터가 정성적일 수 있고, 정량적일 수 있다. 데이터는 숫자가 아니더라도 언어로 기입할 수 있다. 표 9–1의 테이블은 문제를 단순화하기 위해서 적은 요소들만 고려하여 작성한 것이다. 이 작은 테이블은 2005년의 과거 데이터를 보여주고 있다. 여기서 사용하는 데이터들은 설명을 위한 것일 뿐, 정확한 것이 아님을 밝혀둔다.

표 9-1 | 평면 위에 놓인 공간과 분야의 요소들(2005년)

호황	나프타	No	중국
호황	나프타	No	미국
호황	나프타	No	한국
태양광 산업	석유화학	셰일가스	

10년의 과거 데이터를 수집한다고 하면, 10개의 과거 테이블을 작성한다. 그리고 현재 데이터 테이블이 추가된다. 그림 9-4와 9-5는 과거 10년 전 데이터 테이블과 현재 데이터 테이블을 보여주고 있다. 2006~2014년까지의 테이블은 생략했다. 한편, 독립변수의 과거 데이터는 그림 9-6과 같이 별도의 테이블로 정리한다. 여기에는 과거 10년 동안 독립변수인 GDP, 경제성장률, 인구는 물론이고 월드컵 등의 이벤트 관련 자료 등을 기입한다.

그림 9-4
과거의 데이터 수집(2005년)

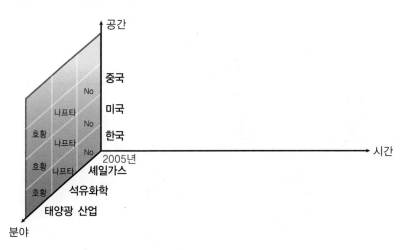

그림 9-5
현재의 데이터 수집(2015년)

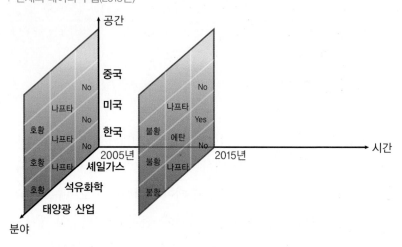

그림 9-6
독립변수의 과거 데이터

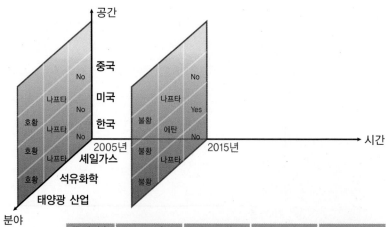

독립변수	2005년	2006년	⋯	2015년
GDP	7,913억 달러	8,874억 달러	⋯	1조 5,000억 달러
경제성장률	5%	4.2%	⋯	2.8%
인구	4,800만 명	4,850만 명	⋯	5,100만 명
이벤트		지방선거	G20 정상회의 등	

4단계 미래 환경 설정

우리는 앞의 2단계에서 시간 축 위에 독립변수를 찾아놓았다. 그리고 3단계에서는 독립변수의 과거 데이터를 찾아놓았다. 이곳에서는 독립변수의 미랫값을 예측한다. 독립변수란 주어진 문제와 별개의 요소로서 문제에 영향을 주는 것들이다. 그래서 이것들은 별도의 예측 방법에 의해서 정해져 있든지 이미 정해져 있는 것들이다. 예를 들어, 향후 10년간의 GDP와 경제성장률은 이미 다른 기관에서 예측값을 발표해놓은 것이 있어, 이 값을 가져다 사용하면 된다.

또한 각종 선거와 이벤트들도 이미 정해진 것들이 많다. 국회의원 선거와 대통령 선거 일정은 법에 정해져 있다. 그리고 월드컵과 올림픽, 체조 선수권 대회 등 국제 행사도 정해져 있다. 이런 것들이

그림 9-7
4단계 미래 환경 설정 – 독립변수의 예측

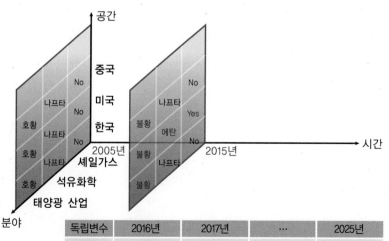

독립변수	2016년	2017년	…	2025년
GDP	1조 5,500억 달러	1조 6,000억 달러	…	2조 6,250억 달러
경제성장률	2.8%	2.2%	…	1.8%
인구	5,100만 명	5,120만 명	…	5,130만 명
이벤트		대통령 선거	올림픽 등	

문제에 영향을 주는 것이라면, 이 단계에서 그림 9-7과 같이 미래 독립변수 테이블에 정리해둔다. 이러한 독립변수의 미랫값은 주어진 문제의 미래 환경이 된다.

5단계 미래 예측

이제 미래를 예측하는 단계이다. 여기서는 이미 준비해놓은 데이터를 이용하여 10년 후의 미래를 상상해본다. 우리는 앞 단계에서 관련 요소들을 모두 찾았고, 그 요소들의 과거 10년간의 데이터를 수집하고 정리하였다. 그리고 주어진 문제에 영향을 주는 독립변수를 정하였고, 그것들의 과거 데이터와 미래 환경 데이터를 정리하였다. 이제 이 데이터를 보면서, 미래 10년 후의 데이터를 만들어본다. 10년 후의 데이터를 만드는 방법에는 여러 가지가 있다.

그중 한 방법은 아래 표에서 보듯이 과거 데이터와 독립변수 데이터를 참고하여 미래 테이블을 작성하는 것이다. 여기에서는 과거 데이터의 패턴을 분석 추출하는 것이 필수적이다. 물론 패턴 추출 과정은 다분히 정성적이다. 다시 말해서, 데이터를 종합하여 직관적인 예측 판단을 내리는 방식이다. 표에서는 2025년의 테이블을 완성하여 미래를 예측하였다.

표 9-2 | 2025년의 미래 테이블

호황	에탄	Yes	중국
호황	에탄	Yes	미국
침체	나프타	No	한국
태양광 산업	석유화학	셰일가스	(2025년 미래 예측)

예측 내용은 2025년의 테이블에 표시되어 있다. 예측 대상이 우리나라이기 때문에 테이블의 한국 칸을 보면 된다.

또 다른 방법은 미래 데이터를 예측할 때 기존의 미래 예측 방법을 접목시키는 것이다. 3차원 방법의 가장 큰 장점은 예측 과정이 체계화되었고, 관련 요소를 추출하는 과정이 3차원적이며 입체적으로 되어 있다는 점이다. 따라서 중요한 과정과 요소를 실수로 빠뜨릴 가능성이 줄어든다.

이와 같이 필요한 요소들을 모두 찾아놓고 과거 데이터를 수집해놓았기 때문에, 이 데이터를 시나리오, 델파이, 패널 토론, 회귀 분석 등의 다른 미래 예측 방법과 접목시킬 수 있다. 예를 들어, 4단계까지 수집된 데이터를 제시하면서 델파이 기법 또는 전문가 패널 방식을 이용한다면 훨씬 정확한 예측이 가능하다.

그림 9-8
5단계 미래 예측 완료

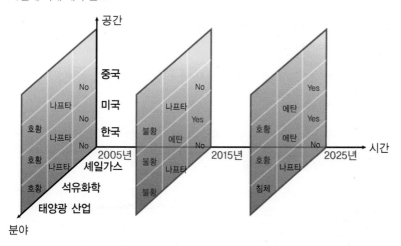

미래 전략 3단계

우리는 앞에서 10년 후 우리나라의 셰일가스 관련 산업에 대하여 예측을 했다. 일반적으로 미래 예측을 하는 목적은 미래에 대한 희망을 갖기 위해서이다. 미래 전략은 현재와 희망 사이의 간격을 좁히는 작업이다. 즉, 미래 전략을 수립하기 위해서이다. 따라서 여기에서는 간단하게 미래 전략을 수립하기 위한 단계를 살펴본다. 미래 전략을 수립하기 위해서는 우선 미래를 예측해보고, 그 다음에 희망하는 미래를 정해야 한다. 이것이 바로 미래 설계이다. 미래 전략 3단계를 정리하면 다음과 같다.

- 0단계 미래 전략을 위한 준비 : 미래 예측, 희망 미래 설계를 준비한다.
- 1단계 미래 예측 : 현 상태로 그냥 놓아둘 때의 미래의 전개 모습을 그려본다.
- 2단계 희망 미래 설계 : 예측된 미래를 보면서 원하는 모습을 설정한다.
- 3단계 미래 전략 수립 : 희망 미래에 도달하기 위한 전략을 수립한다.

미래 예측

그림 9-9를 보면서 설명해보자. 그림에 예측된 미래가 있다. 3차원 미래 예측 과정은 앞에서 자세히 설명했기 때문에 여기에서는 반

복하지 않기로 한다.

미래를 탐구한다는 것은 3차원 좌표의 시간 축 위에서 이동하는 것이라 말할 수 있다. 그런데 시간 축 위를 이동할 수 있게 해주는 것은 과거 데이터의 '패턴'이다. 시간 축을 '미래 레일futures rail'이라 생각하면, 미래를 탐구하는 것은 패턴을 이용하여 레일 위를 '슬라이딩sliding'하는 셈이다. 그리고 미래 예측은 미래 레일 위를 전방향forward으로 슬라이딩하는 것이라 할 수 있다. 미래 예측은 과거로부터 현재를 거쳐서 미래로 나아가며 세상을 보는 작업이다.

그림 9-9
미래 예측 : 전방향 슬라이딩(forward sliding)

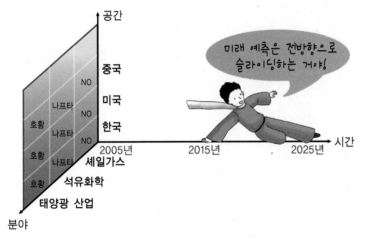

희망 미래 설계

여기에서 우리는 미래 모습을 표 9-3처럼 만들고 싶다고 가정하자. 즉, 태양광 산업은 침체에서 '활성화'로 바꾸고, 석유화학의 원료는 나프타에서 '에탄'으로 변경하고자 한다. 아울러 셰일가스 생산도

'Yes'로 하고 싶다. 이것이 바로 우리의 희망 미래이다. 희망 미래를 3차원으로 표시한 것이 그림 9-10이다.

표 9-3 | 2025년의 희망 미래 테이블

호황	에탄	Yes	중국
호황	에탄	Yes	미국
활성화	에탄	Yes	한국
태양광 산업	석유화학	셰일가스	(2025년 미래 예측)

그림 9-10
희망 미래 설계 : 목표 설정

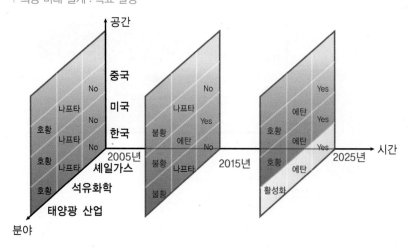

미래 전략 수립

미래 전략은 기본적으로 현재와 희망 미래 사이의 차이를 메우기 위해 세운다. 우리는 앞에서 희망하는 미래를 설계하였다. 이제 이것과 현재 사이의 차이를 좁히기 위해 전략을 세워야 한다. 예를 들어, 다음과 같은 전략을 세울 수 있다. 그림 9-11에서는 이것을 현재에서 출발하여 희망 미래로 가는 화살표로 표시하였다.

- 전략 1 : 셰일가스 수입
- 전략 2 : 해외 셰일가스전 개발
- 전략 3 : 석유화학 시설 개선 – 나프타 원료 → 에탄 원료 사용으로 전환
- 전략 4 : 태양광 기술 효율 2배로 혁신

그림 9-11
미래 전략 : 목표를 달성하기 위한 전략

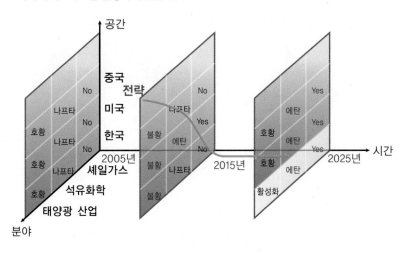

우리는 앞에서 미래 예측으로부터 희망 미래목표 또는 비전를 정하고, 그것에 도달하기 위한 전략을 수립하는 것을 미래 전략이라 정의했다. 따라서 다음과 같이 정리할 수 있다.

- 미래 탐구 : 미래 레일시간 축 위에서 슬라이딩하는 것이다. 미

래를 연구하는 것은 과거 패턴이라는 수레를 타고 현재와 미래
사이를 슬라이딩하는 작업이다.

- 미래 예측 : 미래 레일 위를 전방향forward으로 슬라이딩하는 것
  이다. 미래 예측은 과거로부터 현재를 거쳐서 미래로 나아가며
  세상을 보는 작업이다.
- 미래 전략 : 미래 레일 위를 후방향backward으로 슬라이딩하는
  것이다. 미래 전략은 미래의 시점에서 거꾸로 현재를 바라보
  며, 현재의 의사결정에 영향을 주는 작업이다.

그림 9-12
미래 전략 : 후방향 슬라이딩(backward sliding)

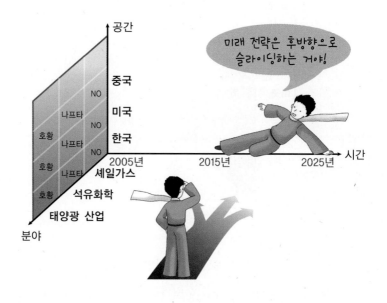

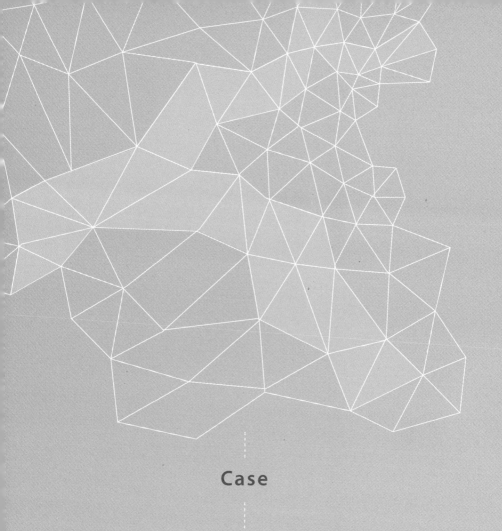

Case

3차원 미래 예측법을 활용한 미래 경영 사례

TV 산업의 미래 | 게임 산업의 미래 | 전기자동차 산업의 미래 | 디스플레이 산업의 미래

입는 컴퓨터의 미래 | 지식재산권 법률 시장의 미래

지금까지의 미래 예측 방법을 바탕으로 TV 산업, 게임 산업, 전기자동차 산업,
디스플레이 산업. 입는 컴퓨터, 지식재산 법률 시장의 미래를 예측해보고 미래 전략을 세워본다.
먼저, 미래 예측 5단계에 따라 실제 미래 예측을 해보고, 이 미래 예측 결과를 종합하여
어떻게 관리하고 통합할지를 결정한다. 마지막으로, 바람직한 미래를 이루기 위해
각 산업의 미래 전략을 세워본다. 여기에서 보는 미래 예측 보고서는
학습 목적상 미래 예측 방법의 적용 과정 등이 상세히 서술되어 있지만,
실제 현장에서 사용하는 보고서는 예측 과정을 생략하고 결론만 제시하는 경우가 많이 있다.
여기에 있는 사례들은 문제 정의, 관련 요소 추출, 핵심 동인 결정, 미래 예측,
예측 결과 통합의 미래 예측 5단계에 따라서 구성되어 있다.

Case
01

TV 산업의 미래

19세기 말부터 축적되어온 영상 재현 기술은 기술혁신을 거듭하여 지금의 텔레비전으로 거듭났다. 그야말로 텔레비전은 미디어 기술혁신의 결정체라고 할 수 있다. 텔레비전 방송은 1940년대부터 시작되었고 우리나라는 1956년, 전파를 통해 오디오와 비디오 신호를 순식간에 먼 곳까지 보내면서 인류 사회를 지구촌global village으로 만들었다. 인류는 TV라는 새로운 매체의 출현으로 정보의 손실 없이 가장 완전하게 커뮤니케이션을 할 수 있는 면대면face-to-face 상황과 같은 수준의 실재감을 느끼게 되었다.

하지만 과거와 달리 텔레비전은 인터넷, 태블릿 PC, 스마트폰 같은 새로운 매체의 출현으로 시청률이 떨어지고 있으며 최근에는 매출도 줄고 있다. 과연 TV가 미래에도 존재감을 상실하지 않고 거실을 차지하고 있을지는 미지수이다. 이에 TV의 미래가 어떻게 될지, 폭발하는 미디어 경쟁 시대에 TV가 나아가야 할 길은 무엇인지에 관하여 국내 TV 산업을 중심으로 다각적으로 예측하고자 한다.

출처 : KAIST 과학저널리즘대학원 미래 예측 보고서

미래 예측 1단계 : 문제 정의

문제 정의를 위해 다음 10가지 질문을 작성한다.

질문	내용
1. 프로젝트 목적	2030년경 국내 TV 산업의 미래 예측
2. 사용자	정부 방송 통신 담당, TV 업계 정책 입안 결정자 등
3. 자원(프로젝트 기간, 예산)	기간 약 2개월, 국내 TV 산업의 미래로 한정

Case 3차원 미래 예측법을 활용한 미래 경영 사례

질문	내용
4. 예측 대상 시간 범위	약 20년 후의 미래
5. 프로젝트 참여자	송충규, 박광수, 김진욱, 홍석준, 이재욱
6. 이해관계자	TV 제조업계, 방송사, TV 관련 협회, 방송통신위원회 등
7. 가용 데이터	TV 제품 개발 전략 및 방송 통신 정책 결정에 활용
8. 예측 방법	문헌 연구, 브레인스토밍brainstorming, 환경 스캐닝 environmental scanning, 시나리오scenarios, 트렌드 분석trend analysis, SWOT, 3차원 미래 예측법 등
9. 소통(사용자, 이해관계자)	• 팀원 간 : 라인 및 메일로 수시 의견 교환, 오프라인 미팅 • 사용자와 이해관계자 : 메일 또는 유선으로 조언 구함
10. 결과물 제출	ppt 발표 후에 책자로 제출

텔레비전의 정의

텔레비전television은 그리스어 'tele멀리'와 라틴어 'vision본다'의 합성어로 과거에는 방송국이 수집한 영상과 음성을 전파나 전용선을 통해 원거리에서 수신·재현하는 전자 제품으로 정의하였다. 하지만 현재는 방송을 수신TV 튜너나 인터넷 같은할 수 있는 기능이나 장치가 내장된 프로그램 또는 기기로, 영상·음성·문자 등 멀티미디어적인 정보를 송신자와 수신자가 주고받을 수 있는 원거리 쌍방향 통신 대중매체로 정의하고 있다.

텔레비전의 역사

- 1925년 영국 발명가 존 로지 베어드John Logie Baird, 1888~1946 : 최초 기계식 TV 개발
- 1927년 미국 필로 테일러 판즈워스Philo Taylor Farnsworth, 1906~1971 : 최초 전자식브라운관 TV 발표
- 1929년 영국 BBC 기계식 TV 방송 시작

- 1936년 영국 BBC 전자식 TV 방송 시작
- 1953년 미국 RCA 컬러 브라운관 실용화. NBC, CBS 전자식 컬러 TV 방송 시작
- 1956년 한국 HLKZ-TV 최초 흑백 TV 방송 시작
- 1966년 한국 금성사 최초 흑백 TV 양산모델명 VD-191
- 1976년 삼성 컬러 TV 개발 성공, 생산
- 1981년 12월 국내 컬러 TV 방송 시작
- 1995년 3월 한국 27개 채널 케이블 방송 시작
- 1999년 LG 국내 최초 LCD TV 출시
- 2005년 일본 NHK UHD-TV 시연
- 2009년 1월 1일 국내 IP-TV 시작
- 2010년 삼성 LG 3D TV 출시
- 2011년 삼성 LG 3D 스마트 TV 출시
- 2012년 한국 3D OLED TV 출시
- 2013년 디지털 TV 방송 개시

◀ 텔레비전을 시연하고 있는 존 로지 베어드
◀◀ 텔레비전을 통해 전해진 상의 모습

▶▶ 세계 최초의 전자식 텔레비전

▶ 세계 최초의 전자식 컬러 텔레비전

출처 : 네이버캐스트/텔레비전

텔레비전의 세대별 분류

- 1세대 : 흑백 방송
- 2세대 : 컬러 방송
- 3세대 : 디지털 방송HD TV
- 4세대 : 3D, UHD 방송
- 5세대 : 홀로그램 방송

텔레비전의 화면 재현 방식에 의한 분류

- 브라운관 텔레비전
- 액정 텔레비전
- 플라스마 텔레비전
- 프로젝션 텔레비전
- OLED 텔레비전

텔레비전의 해상도에 따른 분류

- SD 텔레비전Standard Definition television : 480개의 주사선, 화면 4 : 3 비율일 경우 640×480 해상도로 약 30만 화소에 해당한다.
- HD 텔레비전High Definition television : 720개의 주사선, 16 : 9의 화면 비율, 해상도는 1,280×720으로 약 92만 화소에 해당한다.
- Full-HD 텔레비전Full-High Definition television : 1,080개의 주사선, SD 4배, HD 2배 이상 화질로 16 : 9의 화면 비율, 해상도는 1,920×1,080으로 약 210만 화소에 해당한다.
- UHD 텔레비전Ultra-High Definition television : 70mm 영화 수준의 화질 8K해상도 7,680×4,320, HD 화면 16배 크기와 다채널~22.2ch 음질

로 극사실적highly realistic 최고 품질을 제공하는 TV이다. 4K해상도 3,840×2,160/8K UHD는 현재의 HD보다 4~16배 선명하다.

텔레비전의 기타 분류

- DMB TVDigital Multimedia Broadcasting TV : 영상이나 음성을 디지털로 변환하는 기술을 이용하여 송출하고 휴대폰, 내비게이션, 스마트폰, 태블릿 등으로 수신하는 텔레비전이다. 이동 중에 시청이 가능한 DMB는 전송 수단에 따라 위성 DMB와 지상파 DMB로 나뉜다.

- IP TV : 방송국에서 송출되는 영상 및 음성을 지상파나 케이블용 안테나가 아닌 인터넷 회선을 통해 전달받아 TV에 표시한다. 실시간 방송과 VOD를 볼 수 있으나 앱의 설치나 SNS 기능 등은 지원하지 않는다. 방송 채널을 고르면 스트리밍으로 전송해주는 방식이며 콘텐츠를 원하는 시간에 볼 수 있다.

- 스마트 TV : OS와 CPU를 갖춘 컴퓨터에 인터넷과 TV 기능이 합쳐진 텔레비전으로 각종 앱을 설치해 웹 서핑 및 VOD 시청, 소셜 네트워크 서비스, 게임 등 다양한 기능을 활용할 수 있고 사용자와 TV가 정보를 주고받을 수 있다.

- 3D TV : 평면의 화상을 특별한 안경을 통하여 입체적으로 재현하는 텔레비전stereoscopic television을 말한다.

- 웹 TV, 공유 동영상 TV : 인터넷을 기반으로 하는 방송으로 웹에 동영상을 올려 공유하거나 실시간 중계를 할 수 있고, 트위터나 페이스북 등 SNS를 결합하여 쌍방향 소통이 가능하며 전 세계로 방송도 가능하다. 컴퓨터나 스마트폰으로 시청이 가능하며 유튜브YouTube, 판도라 TV, 다음 tv팟 등 방송이 가능한 플

랫폼을 제공하고 있어 누구나 동영상을 올릴 수 있다. 시청자
는 곧 제작자가 되며 1인 미디어로 각광받고 있다.

텔레비전 방식의 비교

구분	지상파 TV	케이블 TV	IP TV	스마트 TV
전송 인프라	전파 내부 안테나	케이블망 STB 별도	인터넷망 STB 별도	인터넷망 TV에 기능 내장 STB 별도
방향성	단방향	단방향	양방향	양방향
사업 모델	폐쇄적	폐쇄적	폐쇄적	개방적
콘텐츠 제공자	방송국	방송국, 사업자	방송국, 사업자	방송국, 사업자 인터넷 사용자
기타		콘텐츠 자체 제작	실시간 시청 가능	OS 탑재 애플리케이션

출처 : 정보통신산업진흥원, 2011. 12.

미래 예측 2단계 : 관련 요소 추출

브레인스토밍brainstorming

관련 요소를 추출하기 위해서 조원들 간 취합된 정보를 바탕으로
브레인스토밍을 진행한다. 각자 서로의 정보를 공유하고 각자의 의
견과 견해를 이야기한다. 또한 SNS를 통해 정보를 다시 공유하면서
수시로 브레인스토밍을 한다. 브레인스토밍을 하는 동안에 여러 기
관에서 하는 'TV 산업의 미래' 관련 세미나 등에 참여하여 다양한 정
보를 얻을 수 있으면 더욱 좋다.

TV의 2가지 미래

TV의 미래를 2가지로 나눠야 할 필요성이 있어 전통형 TV와 확장형 TV로 구분한다.

- 전통형 TV : 기능과 형태에서 전통적인 TV의 모습을 갖춘 텔레비전을 말한다. 형태와 기능에서 약간의 변화는 있어도 수신, 영상, 음성 장치 등이 일정한 하우징housing 안에 내장되어 있다.
- 확장형 TV : 이 TV는 유리창, 가구, 벽, 냉장고 등 어떤 사물에 포함되어 있어 형태가 없으며 공중파나 케이블 수신으로 보는 것이 아닐 수도 있다. 대개 인터넷 스트리밍 기반의 확장형 TV는 시간과 공간을 초월하여 언제 어디서나 볼 수 있으며 대부분 콘텐츠 사업자가 주도하는 TV를 일컫는다.

브레인스토밍을 통해 얻은 결과

- 미래의 TV 산업은 전통형 TV와 확장형 TV로 양분되어 변화되고 성장 발전할 것이다

    기술 발전이 가속화되면서 IP TV가 국내에 2008년 선보였으며 2년 만인 2010년 3D 스마트 TV가 상용화되었다. 2013년 UHD TV가 상용화 초기를 맞아 새로운 TV 시대를 열어가고 있다. 이런 추세라면 더욱 실감나는 화면을 위해서 전통형 TV는 대형화의 길을 걸을 것이며, 확장형 TV는 플렉서블 디스플레이를 이용한 두루마리형 TV 아니면 또 다른 형식예를 들어, 홀로그램의 디바이스를 통해서 발전해갈 것이다.

- 전통형 TV는 상호작용을 통한 참여 및 체험 등 교육이나 엔터

테인먼트에 강점이 있을 것이다

기술적으로 N 스크린 시대에 맞추어 다수의 디스플레이가 연결되는 중심에 설 것으로 보인다. 또한 새로운 TV 시장의 선점을 위해 현재 시장에 도입되고 있는 UHD TV의 빠른 보급에 정부가 정책적인 힘을 더할 것으로 보인다. 더욱 향상된 고화질 UHD가 향후 10년 내에 주된 시장을 형성할 것이다. 전혀 다른 새로운 TV 시장 개척을 위해 홀로그램 TV에 대한 연구가 지속되어 15년 이내에 상용화 단계에 들어갈 것으로 보인다.

• 확장형 TV는 SNS 미디어와 결합되어 창조적인 문화 형성에 기여할 것으로 기대된다

통합적인 기술 결합으로 언제 어디서나 이어지는 유비쿼터스 시대에 합류할 것이다. 단순히 콘텐츠 소비형 TV가 아니라 콘텐츠를 생산하고 실시간 전달하며, 이를 재배열해 새로운 흐름을 만드는 도구로 만들어갈 것으로 기대된다. 확장형 TV의 성공의 핵심은 얼마나 많은 참여자가, 얼마나 양질의 콘텐츠를 생산하고, 또 얼마나 많은 콘텐츠가 재생산되며, 재배열될 수 있느냐에 달려 있다.

TV 산업 현황

우리나라는 과거 미국과 일본이 주도하던 TV 시장에서 2000년대 이후 DMB TV, IP TV를 비롯해 3D TV, UHD TV 등 빠른 기술 도입과 실현으로 전 세계 TV 시장의 주요 플레이어로 성장했다. 2013년 1분기 삼성전자27.1%와 LG전자16.3%는 세계 시장 매출 점유율 1, 2위를 차지하며 43%가 넘는 점유율을 기록하였다.

하지만 미래의 TV 시장은 밝지 않다. 세계 TV 시장 규모는 2012년,

디바이스에서 동영상을 보는 데
사용하는 주당 평균 시간

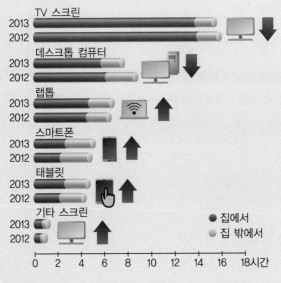

출처 : 에릭슨 컨슈머랩, "TV and Media 연구", 2013.

2013년 연속 줄어들고 있다. 국내 TV 시장 규모도 10년 만에 처음으로 줄었다. TV 산업이 장기 불황 국면에 들어가는 것이 아니냐는 우려가 나오는 것도 무리가 아니다. 2013년에 약 4% 줄어든 세계 TV 시장 규모가 2014년에도 축소될 가능성이 크다. TV를 통하지 않고, 다른 스크린을 통하여 동영상을 시청하는 경향이 두드러지고 있다.

환경 스캐닝environmental scanning

TV의 변화는 시청 행태와 삶의 양식, 실감형 체험 욕구, 화질, 인터페이스, 통신, 환경 등을 기반으로 하는 기술적 요소에 기인한다. 그리고 이의 배경이 되는 정치, 경제적 요소를 통해 TV의 변화가 결정될 것이다.

TV 시청 패턴의 변화

2000년 초만 해도 TV의 시청 패턴은 TV 편성표와 1~2대의 TV에 의존하는 제한적인 방식이었다. 요즘의 TV 시청은 주어진 상황에 가장 적합한 기기소스를 선택하는 방식으로 옮겨가고 있다. 예를 들어, 점심시간이나 퇴근 시간에 스마트폰의 DMB TV를 통해 뉴스를 시청하고, 집에서는 유튜브나 IP TV를 통해서 원하는 드라마를 다운로드해서 보는 일이 일상이 되고 있다. 이용자들은 다양한 기기를 이용해 원한다면 하루 종일 콘텐츠를 즐길 수 있기 때문에, 전통적인 TV의 시청 곡선은 점차 꺾이는 추세가 확연하다.

맞춤형 개인 미디어 TV

TV는 사용자가 원하는 대로 화면의 메뉴 크기 및 위치를 조정하고 콘텐츠 유형도 사용자가 원하는 대로 구성하는 방식으로 변하고 있다. 안면 인식이나 음성 인식 기능을 활용해 TV 앞에 사용자가 누구인지 식별한 후 해당 사용자에 맞게 GUI를 제시하는 방식이 현실화 단계에 이르고 있다LG 구글 TV. 사용자의 시청 습관, 성향을 학습한 후, 특정 시간대에 사용자가 좋아할 만한 콘텐츠/서비스를 추천하는 기능도 상용화를 앞두고 있다삼성 On TV, Social TV. 리모컨에 'Next' 버튼을 누르면 다음 채널로 넘어가는 것이 아니라, 사용자의 성향을 감안해 좋아할 만한 콘텐츠로 이동하는 기능도 있다소니 Smart Watch.

TV 시청을 보완하는 N 스크린

N 스크린은 동일한 콘텐츠를 TV, 스마트폰, 자동차 등에서 공유할 수 있는 네트워크 서비스이다. 우리나라의 젊은이들은 TV를 시청하지 않으면서도 드라마 등 방송된 내용을 숙지하고 있는 것으로 나

타났는데, 인터넷과 모바일 등 다른 것들이 TV를 대체하고 있기 때문이다. 특히, 스마트 TV는 인터넷이 연결되어 언제든지 원하는 시간에 원하는 콘텐츠를 내려받아 볼 수 있고, SNS, 앱콘텐츠 포함까지 이용할 수 있다. 즉, 시청 시간에 구속을 받지 않고 있다. 하지만 스마트 TV보다 스마트폰을 통한 TV 활용이 점점 커져가는 현실이고, 거실의 TV를 보다가 스마트폰 TV로 번갈아보는 경우도 많아서 N 스크린 서비스는 점점 확대될 전망이다.

기술적 요소의 변화

TV는 고화질, 대형화면으로 진화

TV 화면은 계속 커질 것으로 보인다. TV는 리모컨 하나로 사용자들이 쉽고 편안하게 콘텐츠를 이용할 수 있고, 많은 정보를 한꺼번에 볼 수 있는 장점이 있다. 요즘 사용자는 웹을 통한 정보와 콘텐츠의 이용까지 할 수 있다. TV가 제공할 수 있는 가치가 훨씬 광범위해지면서 '대화면 디스플레이' 개념은 필수가 될 것으로 보인다.

TV, 가구 인테리어로 건축물과 결합

유럽 가구 회사 IKEA는 'Uppleva'라는 이름의 스마트 TV를 출시한다고 발표했다. 이제 TV는 가구 회사의 관점에서 보면 인테리어에 속한다. 그만큼 TV 자체의 기술 장벽이 낮아졌다는 의미이기도 하다. 실제로 TV 제조에 필요한 기술들이 중국, 대만 OEM 제품들로 가능하고 스마트 TV 모듈은 각종 콘텐츠 앱이 기성품처럼 널려 있는 것이 현실이다. 역설적으로 '진입장벽의 제거'는 이제 TV 자체의 혁신적 변화를 예고하는 신호탄일 가능성이 높다.

TV 방송에 사용되는 54~806MHz 대역은 와이파이WiFi의 2.4GHz 대, 5GHz대의 대역에 비해서 도달 거리가 3배, 투과율은 9배, 커버리지 면적은 16배에 이를 정도로 우수하다. 수십 킬로미터의 광역 무선 인터넷과 수백 미터의 커버리지를 갖는 '슈퍼 와이파이'로의 활용도 가능해질 전망이다.

정치·경제적 제반 여건의 변화

변화하는 비즈니스

콘텐츠 사용을 위한 비용 지출에 대해 시청자의 논리도 바뀌고 있다. 프리미엄급 서비스 요금으로 보지도 않는 많은 채널을 제공받는 패턴에서 벗어나, 특정 VOD 서비스를 선호하는 양상을 보이고 있다. 이와 같은 경향은 방송 콘텐츠의 비즈니스 모델을 변화시키는 것은 물론이고, TV를 거실에서 벗어나도록 하는 결정적인 역할을 할 것이다. 반면에 노트북, 스마트폰, 태블릿 등의 사용은 급속히 증가하고 있는 상황이다.

TV 시장의 변화

삼성, LG, 소니 등 전통적인 TV 제조업체들은 더 선명한 화질 구현과 더 얇은 패널을 만들기 위해 각축을 벌이며 기술적 측면에서 끊임없는 진화를 거듭하고 있다. 그러나 TV 제조와 전혀 상관없던 애플과 구글이 다양한 콘텐츠를 제공하는 TV를 내세우며 새롭게 시장에 진입하고 있다. 따라서 TV 시장의 글로벌 리더였던 삼성과 LG도 콘텐츠 확보에 주력하며 스마트 TV를 만들어야 했다. 기존의 거대

TV 브랜드 메이커들이 주도하던 전통형 TV 시장은 다량의 콘텐츠를
확보한 사업자가 주도하는 확장형 TV로 재편될 수 있다.

TV의 STEPPER 요소 STEPPER of TV

각종 문헌 조사, 브레인스토밍, 환경 스캐닝, 트렌드 분석을 바탕으
로 STEPPER 방법론을 이용하여 다음과 같은 관련 요소를 추출한다.

요소	내용
Society (사회 요소)	• other devices(다른 기기들 : 인터넷, 게임, 스마트폰 등) • creativity & SNS media(SNS를 이용한 창의적인 개인 방송) • Audience Participation & Experience(APE : 시청자 참여와 체험 프로그램, a call-in show), side effect(신기술 부작용) • TV replacement period(TV 교체기, TV 방식 전환기) • interactive education & entertainment(오감 체험 상호작용 교육, 오락)
Technology (기술 요소)	all new technology(모든 새로운 기술) : N 스크린, network(네트워크 속도 증가), interface(체감형 가상현실, virtual reality), display(고화질 입체 : 3D, UHD, 홀로그램), cost down(생산비용 절감 기술), integration(기기에 TV 통합) & ubiquitous(TV disappear)
Environment (환경 요소)	global warming(지구온난화로 CO_2 감축 친환경 TV)
Population (인구 요소)	• single-person household(1인 가구) • generation age-cohort(세대 간 방송 선호, 개인 미디어화) • population change(고령화), low fertility(저출산, 인구 감소)
Politics (정치 요소)	encouraging policy(TV 산업 장려 : UHD, 홀로그램 등 실감형)
Economy (경제 요소)	TV maker competition(중국, 일본 등 경쟁국의 TV 업체), distribution(방송 사업자에서 CP(contents provider)로 콘텐츠 공급 방식의 변화), add on service(학습, 오락 등 실감형 부가 사업 창출), tax increases & CF(전기 요금, 시청료, 상업 광고), income polarization(소득 양극화)
Resource (자원 요소)	electricity shortage(원전 폐기 전력 부족, 절전형 TV)

동인과 변수 추출 finding drivers and variables

앞의 STEPPER 요소들에서 TV의 미래에 영향을 미칠 수 있는 주요한 핵심 요소들 10개의 인과관계, 종속관계를 살펴서 독립변수 7개를 다음과 같이 찾아낸다. 또한 각 요소가 TV의 미래에 ⊕요인인지 ⊖요인인지를 표시한다.

분야	핵심 요소	독립변수
Society	⊖ other devices ⊕ replacement period ⊕ APE	other devices APE
Technology	⊖ integration ⊕ all new technology	all new technology
Politics	⊕ encouraging policy	encouraging policy
Economy	⊖ TV maker competition ⊕ add on service ⊖ distribution	TV maker competition distribution
Population	⊖ single-person household	single-person household

상호작용 다이어그램

TV를 중심으로 한 마인드 맵 형식의 상호작용 다이어그램을 활용하여 8가지 변수들의 주요 동선을 배열한 결과, other devices, APE, integration, all new technology 등 4가지 핵심 동인을 중심으로 미래 TV의 변수들이 밀접하게 연결되는 양상을 보였다.

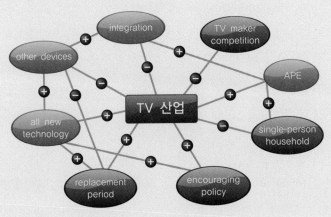

미래 예측 3단계 : 핵심 동인 결정

TV의 핵심 동인 결정 Driving Forces of TV

미래 예측 2단계에서 추출한 핵심 요소와 독립변수를 다이어그램을 통해 살펴보면서 TV 산업의 미래에 가장 큰 영향을 미칠 4가지 핵심 동인을 다음과 같이 최종 선정한다.

other devices	APE	integration	all new technology

핵심 동인 선정 이유

• other devices : 게임, 스마트폰 등 다른 기기의 증가는 TV 시청, 구매율 하락 요인

• APE : 시청자 참여와 체험 프로그램 등은 TV 시청, 구매율 상승 요인

- integration : 사물에 TV가 결합되면서 TV 구매율 하락 요인
- all new technology : N 스크린, network속도 증가, interface체감형, virtual reality, display고화질 입체 : 3D, UHD, 홀로그램, cost down생산비용 절감 신기술 등 새로운 기술은 TV 산업을 활황시키는 요인

미래 예측 4단계 : 미래 예측

2030년 TV 산업의 미래 예측, 시간 SWOT

시간 SWOTtimed SWOT 기법을 적용하기 전에 2015년, 2020년, 2030년의 3개의 시간 틀을 설정하고 4개의 핵심 동인의 변화를 시간대별로 표기한다.

핵심 동인을 시간대별 변화를 통해 알아본 매트릭스

핵심 동인	시간		
	2015년 디지털 스마트 TV	2020년 UHD TV	2030년 홀로그램 TV
other devices	스마트폰, 게임기 등 TV의 경쟁 기기	상호작용 기반 체험, HCI(Human Computer Interaction) 실감형 기기	극사실 체험의 뇌 접속 장치, 뇌파 이용 장치
APE	고화질 체험 UHD TV, 인터넷 기반 TV	시청자의 TV 프로 부분적 체험, 특화된 개인 방송 활성화	VR(Virtual Reality)로 시청자 참여, 오감 체험, 콘텐츠 사업자가 주도하는 방송
integration	컴퓨터, 스마트폰 등으로 TV 기능 흡수	냉장고, 벽, 유리, 가구 등에 TV 기능 이식	언제 어디서나 TV 시청 가능한 사물 인터넷
all new technology	N 스크린, 안경형 3D TV, 스마트 TV, HCI	인터넷 속도 증가, UHD TV 시대, 체감형 interface, 생산비용 절감 신기술	홀로그램 상용화 및 VR 체험 활성화

또한 각 시간대별로 대표하는 핵심 단어를 다음과 같이 정의한다.

2015년 디지털 스마트 TV	2020년 UHD TV	2030년 홀로그램 TV
• other devices : 스마트폰, 게임기 등 TV 경쟁 기기 • APE : 고화질 체험 UHD TV, 인터넷 TV • integration : 컴퓨터, 스마트폰 등으로 TV 기능 흡수 • all new technology : N 스크린, 안경형 3D TV, 스마트 TV	• other devices : 상호작용 기반 체험 실감형 기기 • APE : 시청자의 TV 프로 부분적인 체험, 특화된 개인 방송 활성화 • intergation : 벽이나 냉장고 등 각종 기기 TV 기능 • all new technology : 인터넷 속도 증가, UHD TV 시대, 체감형 interface, 생산비용 절감 신기술	• other devices : 극사실 체험의 뇌 접속 장치, 뇌파 이용 장치 • APE : VR로 시청자 참여 또는 오감 체험, 콘텐츠 사업자 주도 방송 • intergation : 언제 어디서나 TV 시청 가능한 사물 인터넷 • all new technology : 홀로그램 상용화 및 VR 체험 활성화

이제 시간 SWOT 기법을 사용하기 위하여 각 시간대별 4가지 핵심 동인의 변화를 SWOT 요소에 대입하여 2015년, 2020년, 2030년의 TV 산업의 미래를 예측하고 그 결과를 그림에 나타낸다.

시간 SWOT을 이용한
미래 예측 결과

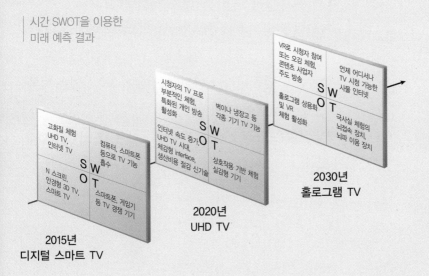

2030년 TV 산업의 미래 예측, 3차원 미래 예측법

1단계 : 문제 정의

- 시간 : 2015년, 2020년, 2030년
- 공간 : 한국
- 분야 : TV 산업

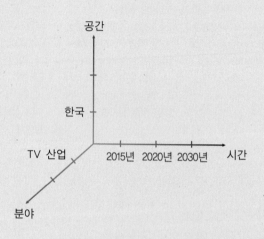

2단계 : 관련 요소 정의

- 시간 : 독립적 변수−other devices, APE, integration, all new technology
- 공간 : 한국은 고립된 나라가 아니다. 한국의 TV 산업은 미국, 중국, 일본 등과 관련이 있다.
- 분야 : TV 산업은 다른 콘텐츠 산업이나 다른 IT 기기 산업과 관련이 있다.

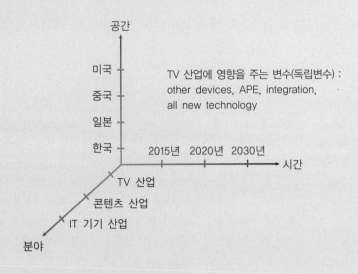

3단계 : 과거 데이터 수집

미래 예측이란 궁극적으로 과거 데이터를 이용해서 하는 작업이다. 과거 데이터를 수집하고 분석해야 변화의 패턴을 찾아낼 수 있다. 과거 데이터를 3차원 그래프 위의 테이블에 기입한다. 그리고 독립변수들의 데이터는 별도의 테이블로 작성한다.

독립변수	2005 ~ 2010년
other devices	아이폰, 아이팟, 태블릿 PC
APE	확장형 TV, 웹 TV
integration	TV 수신기 내장 PC, 스마트폰
all new technology	플라스마 TV, 프로젝션 TV, OLED TV, HD TV, 인터넷 속도 증가

4단계 : 미래 환경 설정

앞의 2단계에서 시간 축 위에 독립변수를 찾아놓는다. 그리고

3단계에서는 독립변수의 과거 데이터를 찾아놓는다. 여기서는 독립변수의 미랫값을 예측한다.

독립변수	2015년	2020년	…	2030년
other devices	스마트폰, 게임기 등 TV 경쟁 기기	상호작용 기반 체험, 실감형 기기		극사실 체험의 뇌접속 장치, 뇌파 이용 장치
APE	고화질 체험 UHD TV, 인터넷 TV	시청자의 TV 프로 부분적인 체험, 특화된 개인 방송 활성화		VR로 시청자 참여 또는 오감 체험, 콘텐츠 사업자 주도 방송
integration	컴퓨터, 스마트폰 등으로 TV 기능 흡수	벽이나 냉장고 등 각종 기기 TV 기능		언제 어디서나 TV 시청 가능한 사물 인터넷
all new technology	N 스크린, 안경형 3D TV, 스마트 TV	인터넷 속도 증가, UHD TV 시대, 체감형 interface, 생산비용 절감 신기술		홀로그램 상용화 및 VR 체험 활성화

5단계 : 미래 예측

앞에서 조사한 과거 데이터와 독립변수의 데이터를 참고하여 다음 그림과 같이 2020년과 2030년의 테이블을 작성한다. 이것이 바로 미래 예측이다.

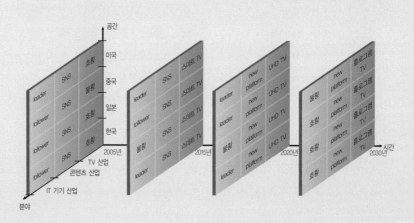

2030년 TV 산업의 미래 예측, 시나리오

4가지 핵심 동인이 TV 산업에 주는 영향을 고려하여 2030년경에 있음직한 미래를 Optimistic낙관, Pessimistic비관, Neutral중립의 3가지 유형의 미래를 설정하여 시나리오별로 예측한다. 또한 실현 가능성이 큰 미래에 따라 Probable Futures유력 미래, Plausible Futures타당 미래, Possible Futures가능 미래로 구분한다.

TV는 공존한다 : Neutral, Probable Futures

K 전자 TV 사업부 박 부장이 사무실 의자에 앉아서 휘파람을 불자 대형 유리창이 TV 화면으로 변신하며 뉴스가 나온다. 유리창은 각종 장치의 디스플레이로도 활용되면서 TV가 된다. 뉴스에서 TV 산업이 위기이긴 하나 몰락하지는 않을 것으로 보도하고 있다. 사실 홀로그램 TV의 기술 수준이 대세에 이를 만큼 발전하지 못해서 매출에 영향이 있지만 UHD TV에 여러 가지 확장 기능을 추가한 신제품을 출시하면서 판매를 촉진시키고 있어 어느 정도 팔리고 있다. 물론 젊은 층은 TV를 구매하지 않고 설령 TV를 구매한다 해도 HMDHead-mounted display 3D TV 등으로 옮겨가고 있다. 하지만 인구 고령화로 전통적인 TV 형태의 구매층이 여전히 존재하면서 아직도 그들의 거실에서 TV를 볼 수가 있는 것은 다행이다. 현재 출시되고 있는 홀로그램

삼성의 휘어지는 UHD-TV

TV가 HD 수준의 화질에 입체감과 구현 속도가 떨어지지만 새로운 체험을 위한 구매도 꾸준히 늘고 있다.

수십 년 전부터 방송은 콘텐츠 사업자 중심으로 재편되고 있는데, 공중파나 케이블 TV 방송사도 확장형 TV에 진출하고 있다. 그들은 시청자 참여 및 체험 프로그램을 활성화해서 기존 시청자를 묶어두고 인터넷 기반의 확장형 TV를 보는 시청자를 홀로그램 TV로 끌어오는 전략을 취하고 있다. 그들이 새로운 구매층으로 떠오르면 TV 사업부는 명맥을 유지하면서 다른 기기들과 공존할 수 있을 것이다. 최근 K 전자는 남미나 동남아 등으로 UHD TV 수출이 늘고 있는데, 박 부장은 이것도 당분간은 안심할 근거가 된다고 믿고 있다.

TV는 살아난다 : Optimistic, Plausible Futures

K 전자 TV 사업부 박 부장은 저녁에 해외여행을 떠나기 전에 집안에서 잠시 휴식을 취하고 있다. 목이 말라 냉장고에서 음료수를 꺼내자 문에 붙은 TV가 켜지면서 주식 현황을 알려주는 주가 정보 프로그램이 나타난다. 박 부장은 주가 그래프를 보며 물을 마신다. 사실 TV는 이미 개인 미디어를 넘어서 냉장고, 가구, 벽, 유리창 등 각종 사물에 통합된 지 오래고, 언제 어디서든 볼 수 있는 기본적인 정보 수신 장치가 되었다. 사람들이 굳이 전통적인 TV 제품을 구매할 필요성이 사라진 것이다.

이처럼 전통적인 TV가 집안 거실에서 점점 형체가 사라지면서 제조사는 수십 년 전부터 위기의식을 느꼈고 위기를 극복할 대안은 홀로그램 TV밖에 없다고 믿었다. 마침내 UHD 화질 수준의 실물 입체 재현 능력을 갖춘 홀로그램 TV가 출시되었고 언론과 소비자는 대단한 만족감을 표했다.

　홀로그램 TV가 예전처럼 안방과 거실의 중심을 차지하면서 TV는 기사회생하였다. 홀로그램이 보여주는 360도 전방위 입체감은 사람들에게 엄청난 문화적 충격으로 다가왔다. 여기에 방송사의 홀로그램 TV의 입체 특성을 이용한 시청자 참여 및 체험 프로그램은 이전에 경험하지 못한 놀라운 것이었다. 드라마, 쇼 프로, 예능 프로, 쇼핑, 인기 스타와 즉석 만남, 여행, 요리, 공작 체험 등이 큰 인기를 끌고 있는데, 홀로그램 TV를 구매해야만 이용이 가능하다.

TV는 사라진다 : Pessimistic, Possible Futures

　K 전자 TV 사업부 박 부장은 한숨을 쉬면서 자사 1층 전시장에 놓인 홀로그램 TV를 보고 있다. 사람들이 TV는 보고 있지만 TV가 잘 팔리지 않는 불편한 현실이 수십 년째 이어지면서 TV 사업부가 드디어 해체 위기에 처해 있다. 십 년 전만 해도 UHD TV로의 전환기와 월드컵, 올림픽 등 스포츠 시즌의 교체 주기에 맞춰 반짝 특수를 누리기도 하였지만 요즘은 수출과 내수에서 판매 실적이 매년 악화되고 있다. TV 사업부는 흡수되거나 해체되어 사라질 것이라는 소문이 나돌고 있으니 답답할 뿐이다.

　TV 판매가 줄어드는 원인은 여러 가지이다. 중국 등 경쟁 TV 제조국의 고품질 저가 공세에 밀리는 영향도 있지만 저출산 고령화로 인구가 감소된 탓과 TV를 구매하지 않는 1인 가구의 증가도 그 이유이다. 무엇보다 TV 외에 즐길 수 있는 다른 기기들이 너무 많이 쏟아져 나온 것과 TV가 다른 기기에 옵션처럼 통합되어버린 것이 가장 큰 원인이라 할 수 있다.

현 상황을 역전시킬 대안은 홀로그램 TV인데, 이 기술이 사람들의 기대치를 따라주지 않고 있다. 홀로그램 TV는 기술적인 한계를 극복하지 못했고, 그나마 출시된 제품도 1인 가구나 개인이 구매하기에는 가격과 제품의 크기가 부담이 되고 있다. 점점 전통적인 TV는 집안 거실에서 사라지고 노년층의 거실에서만 발견되고 있다. 박 부장은 조만간 TV 사업부는 사라질 것으로 생각하고 다른 자리를 알아보고 있다.

미래 예측 5단계 : 예측 결과 통합

TV 산업의 전반적인 미래

앞에서 살펴본 바에 따라서 전통적인 형태의 TV는 2014년에서 최대 2020년까지 6년간은 현재의 디지털 HD 방식의 스마트 TV나 3D TV가 유지될 가능성이 크다. 이때까지 제조업체의 기존 TV의 매출은 정체나 하락세가 될 것으로 보인다. 하지만 같은 시기에 4K UHD TV나 3D UHD TV도 서서히 상용화되기 때문에 매출이 늘어날 수도 있다.

2020년까지 UHD로 대부분 전환이 이루어질 것으로 예상되며, 2020년경에 8K UHD TV가 대세를 이룰 전망이다. 아울러 무안경 방식의 홀로그램 TV도 성공적으로 출시가 되면 대세가 될 수 있다. 하지만 현재로서는 2030년경에나 홀로그램 TV가 제자리를 잡을 것으로 예측된다.

전통형 TV 못지않게 확장형 TV의 성장세도 크게 늘어갈 것이다. 확장형 TV는 주로 하드웨어를 갖추지 못한 콘텐츠 사업자가 주도하기에 소프트웨어만 있을 뿐 따로 형태를 갖추지 않아서 진입장벽이 낮다. 콘텐츠와 인터넷 기반만 갖추면 방송할 수 있다. 이러한 장점은 시간과 공간을 초월하여 언제 어디서나 TV를 볼 수 있게 하고, 또한 시청자가 직접 제작하거나 프로그램 참여가 가능한 쌍방향성으로 나타난다. 앞으로 확장형 TV는 무궁무진하게 변신과 변화를 거듭하면서 크게 발전할 것으로 예측된다.

예측 결과 통합

미래학자 제임스 데이터James Dator 교수는 미래가 4가지 패턴four generic alternative futures 중 하나에 속할 것으로 언급한 바 있다. 이에 따라 지금까지 살펴본 방법론과 예측 자료를 토대로 TV 산업의 미래를 전망했을 때, 조정과 재도약 중 하나를 따르게 될 것으로 파악되며 예측의 제1안으로 '조정', 예측의 제2안으로 '재도약'을 설정하여 기술해본다.

조정disciplined society

정부, 방송사, TV 제조업체가 시대의 흐름을 정확히 파악하고 몰락을 방지하기 위한 적절한 정책을 펴고 업계의 경영 혁신, 신제품 개발

조정

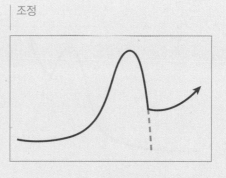

등 발 빠른 대처를 한다면 전통적인 TV 산업은 붕괴되지 않고 1차, 2차 조정을 거치면서 유지될 것으로 보인다.

앞에서 살펴본 바와 같이 삶의 양식이 변화함에 따라서 TV의 시청 행태가 변하고 있고 다양한 IT 기기의 출현 등은 방송사와 TV 제조업체에 위협이 되고 있다. 또한 TV와 관련이 없던 애플과 구글마저 콘텐츠 제공을 통한 TV 산업에 진입하면서 어떤 형태로든 전통적인 TV 시장의 글로벌 리더들을 위축시킬 것으로 보인다.

위기를 극복할 타개책으로 업계는 UHD TV와 곡면 OLED TV 등을 출시하면서 시장의 반응을 보고 있지만, UHD 화질을 만족시킬 만한 콘텐츠의 부족과 높은 가격 문제 등이 발목을 붙잡고 있다. 그럼에도 앞으로 올림픽, 월드컵이 열리고 UHD TV 가격도 하락하는 등 TV 교체 주기가 도래하면 TV 산업의 성장 곡선도 1차 조정을 보일 것으로 예측된다. UHD로 대부분 전환이 이루어질 것으로 예상되는 2020년까지는 오르락내리락하겠지만 일정 수준은 유지할 것으로 보인다.

재도약 transformative society

앞에서 TV 산업의 성장 곡선은 정점을 찍고 서서히 하락 추세가 지속될 것으로 보이나, 2014년부터 UHD TV의 보급이 늘어나면서 2016년경부터는 소폭의 상승과 하락을 반복하면서 일정 수준으로 유지되는 조정을 거칠 것으로 기술하였다. 하지만 2020년까

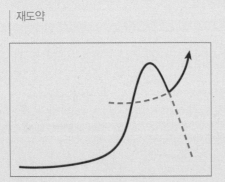

재도약

지 UHD로 전환이 모두 끝나면 정점을 찍고 다시 하락할 것으로 보인다. 2020년 이후에 TV 제조업체는 새로운 흐름을 만들 혁신적인 제품을 출시할 것으로 보이며, 시대의 요청에 따라 무안경 방식의 입체 영상을 재현하는 TV를 내놓을 것이다. 현재의 홀로그램 기술은 여러 면에서 수준 이하로 떨어져 있으나 15년 후에는 크게 달라질 수도 있다.

예측의 2안인 '재도약'의 근거는 2020년 이후에 상황을 반전시킬 홀로그램 같은 고화질 입체 영상 기술이 완벽하게 완성이 된다는 전제에서 출발한다.

미래 전략 수립

바람직한 TV 산업의 미래

앞에서 다양한 방법론을 통하여 미래를 예측하였고 이제 통합 결과에 따라 TV 산업의 바람직한 미래를 위한 목표를 설정해본다.

TV의 미래는 기술 혁신에 달려 있다

방송사의 콘텐츠를 보기 위해 거실의 TV 앞에 온 가족이 몰려 있던 시대는 사라지고 있다. 원하는 시간에 방송사의 콘텐츠를 향유할 수 있는 다양한 디바이스의 등장은 시간에 맞춰 TV를 보아야 했던 습관을 없앴으며 TV 앞에 머무는 시간을 대폭 축소시켰다.

그럼에도 곧 UHD TV 시대가 열릴 것으로 보여, 사람들을 다시 TV 앞으로 끌어모을 것이고 전환기에 TV 판매는 신장될 것이다. 혁신적인 신기술만이 TV 산업의 성장 동력이 될 것이다. 관련 업계는 UHD TV 이후를 생각할 것이다. 홀로그램이 아니더라도 세상이 깜

짝 놀랄 만한 새로운 기술을 선보인다면 그 기술이 TV 산업을 이끄는 원동력이 될 것이 분명하다.

TV의 미래는 신기술에 적합한 콘텐츠에 달려 있다

내수와 수출 등 지속 가능한 TV 산업을 위해서 UHD와 홀로그램 같은 혁신적인 신기술이 적용된 TV가 출시될 것이다. 그런데 신기술이 적용된 TV는 기존 체계와 판이 달라지기 때문에 콘텐츠의 부족을 겪을 수 있다. 현재도 안경형 3D TV가 콘텐츠 부족으로 시장을 키우지 못하고 있다.

UHD TV도 UHD의 화질을 만끽할 수 있는 콘텐츠가 부족할 것으로 예상되면 구매를 꺼려할 수도 있다. 마찬가지로 홀로그램 TV 시대가 와도 신기술에 적합한 콘텐츠가 없다면 자칫 좋은 기회를 놓칠 수 있다. 콘텐츠의 중요성은 이미 업계에서도 인지하고 있다. TV 산업에서 콘텐츠의 중요성은 두말할 필요가 없다.

콘텐츠가 주도하는
미래의 TV

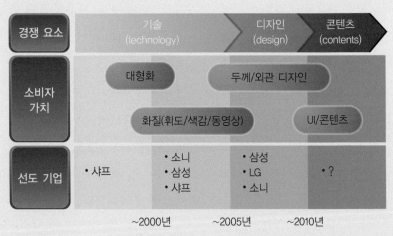

참고 문헌

《뉴스 미디어 역사》, 커뮤니케이션북스, 2012.

네이버 지식백과

이동인, "TV의 역사…전자기업 흥망과 함께한 세월", 매일경제, 2011. 11. 4.

박상일, "특집 : UHD TV 방송기술개발 로드맵", 방송공학회지, 제17권 제4호, 2012. 10.

안충현, "UHD(Ultra_High_Definition) TV 기술개발 동향", 방송공학회지, 제13권, 2008. 3.

정세윤 · 조숙희 · 이웅돈 · 김성훈 · 최진수 · 홍진우, "UHD TV 기술현황과 전망", 전자공학회지, 제36권 제4호, 2009. 4.

네이버 캐스트

지식경제용어사전

매스컴대사전

"TV와 모바일, 경쟁자일까 파트너일까", LG Business insight, 2013. 4.

"2013년 미디어 이용 행태와 전망", 닐슨코리안클릭, 2013.

"TV 전성시대! 그러나 TV의 미래에 TV는 없다", 방송통신위원회 블로그, 2012. 7. 13.

백강녕, "TV 혁신 없던 올해… 국내 판매 10년 만에 첫 감소", 조선비즈, 2013. 10. 15.

"TV and Media 연구", 에릭슨 컨슈머랩, 2013.

"2013년 미디어 이용 행태와 전망", 닐슨코리안클릭, 2013.

"미국 샌프란시스코에서 전시된 5년 뒤 미래형 TV의 모습", 방송통신위원회 블로그, 2012. 7. 13.

"'슈퍼 와이파이' 뜨거운 감자로…", 매일경제, 2013. 5. 28.

한영수, "애플이 TV 산업에 진입한다면?", K모바일 LG경제연구원, 2010. 1. 29.

백인성, "삼성 3D TV 시력 저하 등 부작용(미 NBC)", 경향신문, 2011. 5. 26.

게임 산업의 미래

1980년대 오락실 게임인 '스트리트 파이터', '보글보글'은 동네 아이들을 오락실로 내몰았다. '슈퍼 마리오'라는 가정용 비디오 게임의 출시는 아이들의 손에 게임기를 쥐게 만들었다. 1990년대에는 개인용 PC의 보급과 맞물려 '테트리스' 게임이 인기를 끌며 사무실의 점심시간 분위기를 바꾸어놓았다. 인터넷의 발달과 함께 1990년대 이후에는 여러 사람과 가상의 공간에서 게임을 하는 온라인 게임이 활성화되었다. 요즘은 '아이러브 삼국지'라는 소셜 시대에 걸맞는, 혼자 플레이를 하더라도 메신저에 등록된 친구들과 순위 경쟁을 하며 더 재미있게 게임을 즐기는 모바일 게임이 인기를 얻고 있다.

2012년 우리나라 게임 산업 규모는 2011년과 비교하여 10.8% 성장한 9조 7,525억 원으로 집계되었다《2013 게임백서》, 문화체육관광부와 한국콘텐츠진흥원. 이대로라면 우리나라 게임 산업 규모는 2014년 10조 원을 넘길 것으로 예상되고 있다. 또한 한류 관련 업체들의 지식재산권 수입 중 80%가 게임 분야에서 발생하였다"우리나라 지적재산권 수지 현황 및 향후과제", 한국은행, 2013.

이처럼 게임 산업은 우리나라의 대표적인 문화 콘텐츠로 급속히 성장했다. 하지만 최근 우리나라의 게임 산업은 위기에 처해 있다. 과도한 게임 중독으로부터 청소년을 보호하기 위해 온라인 게임 서비스 이용 시간을 일부 제한하는 '셧다운shut-down 제도'를 도입하였고, 알코올·마약·도박과 함께 정부가 '게임'을 4대 악에 포함시켰기 때문이다. 즉, 게임 산업에 정부 주도로 규제가 가해지고 있는 상황이다. 또한 합계출산율이 최저인 상태에서 고령 인구가 늘어나고 있어 미래 게임 산업의 암울함을 엿볼 수 있다.

소셜 미디어가 점점 발전하는 이 시대에 우리나라 게임 산업의 미래가 어떻게 될지 다각적으로 예측하고자 한다.

출처 : KAIST 미래전략대학원 미래 예측 보고서

3차원 미래 예측으로 보는 미래 경영

미래 예측 1단계 : 문제 정의

문제 정의를 위해 다음 10가지 질문을 작성한다.

질문	내용
1. 프로젝트 목적	2030년 게임 산업의 미래 예측
2. 사용자	게임업계 리더와 정책 결정자
3. 자원(프로젝트 기간, 예산)	기간 15일, 예산 10만 원(실제 전문적 보고서 작성 시 약 1억 원 예상), 시간적 조건이 가장 큰 제약 조건
4. 예측 대상 시간 범위	mid(2030년)
5. 프로젝트 참여자	최영일, 장우영, 이규연, 박기홍
6. 이해관계자	모바일게임협회, 한국콘텐츠진흥원의 자료 제공받음
7. 가용 데이터	업계 방향성 탐색을 위해 필요한 기초 자료로 활용 가능성이 많음
8. 예측 방법	외삽적 연구 방법, 3차원 미래 예측법, 트렌드 기법, 시나리오 기법(향후 정밀한 예측을 위해서는 델파이 분석법 보완 필요)
9. 소통(사용자, 이해관계자)	온·오프라인 미팅(5차례의 오프라인 미팅)
10. 결과물 제출	책자 및 PPT

게임의 정의

게임이라는 말의 학술적 정의에 대해 통일적 견해를 얻지는 못했지만 다음과 같이 3가지 정도로 정의할 수 있다.

- 게임은 적어도 두 명 이상의 플레이어끼리 대립 구조를 가져, 룰에 따라서 정량화가 가능한 결과에 이르는 시스템을 말한다.
- 게임은 적어도 두 명 이상의 플레이어가 목적의 달성을 위해서 각각 사용 가능한 자원의 매니지먼트를 실시하는 것이다.
- 승패를 정하기 위한 룰과 환경 또는 타인과의 상호작용을 바탕

으로 한, 일반적으로 즐거움을 위해 행하는 활동이다.

여기에서는 게임의 의미를 컴퓨터 게임computer game으로 정의한다. 즉, 컴퓨터 게임은 놀이 참여자가 전자 기기의 조작을 통해서 특정 행위를 하여 정해진 목표를 완수하거나, 인공지능, 인터넷을 통한 다른 사용자 또는 다수의 사용자와 겨루는 활동이다.

게임의 역사

- 1960년대 컴퓨터 게임 : 1958년 최초의 컴퓨터 탄생 이후 테니스 게임, 체스 게임 등 출시
- 1970년대 아케이드 게임
- 1980년대 콘솔 게임 : 콘솔 게임 도입으로 전자오락실 중심에서 가정, 사무실 등으로 게임 이용 공간이 확대되었고 산업적으로도 고도화됨
- 1990년대 컴퓨터 온라인 게임
- 2000년대 중반 닌텐도의 체험형 게임기 Wii 등 출시 : 게임에 친숙하지 않던 여성과 고령자층에게도 인기를 끌며 게임 사용자층이 일반 대중으로 확대
- 2010년 이후 모바일 게임과 소셜 네트워크 게임 활성화

미래 예측 2단계 : 관련 요소 추출

게임의 STEPPER 요소STEPPER of Game

브레인스토밍brainstorming 및 STEPPER 방법론을 이용하여 게임 산업에 관련된 모든 관련 요소를 추출한다.

요소	내용
Society(사회 요소)	게임 친화적 문화, 미디어 발달, 교육 방식의 변화
Technology(기술 요소)	통신의 발달, 디자인, 소셜 미디어의 발달
Environment(환경 요소)	환경오염, 전자파, 생물 다양성 문제
Population(인구 요소)	인구의 감소, 노인의 증가, 1인 가구의 증가
Politics(정치 요소)	게임 규제, 게임 산업 장려 정책
Economy(경제 요소)	경제 성장, 서비스 도구 발달, 서비스 종사자 증가
Resource(자원 요소)	태양광, 에너지 부족, 에너지 효율 증가

동인과 변수들의 추출 finding drivers and variables

앞선 단계에서 추출한 STTEPER의 모든 요소들을 관련된 요소들끼리 결합하여 주요한 7가지 변수 social media, policy, social pressure, growth rate, fertility rate, HCI, game market 들을 선정한다.

그리고 게임이라는 주제어를 중심으로 한 마인드맵 형식의 상호작용 다이어그램에 배치하여 요소 사이의 인과관계, 종속관계를 찾아내고 주요한 동인이 될 수 있는 독립변수, 종속변수를 나열한다.

동인과 변수들의 추출을 위한
상호작용 다이어그램

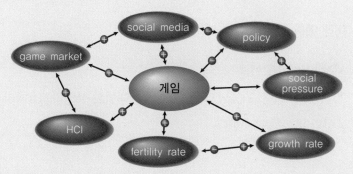

미래 예측 3단계 : 핵심 동인 결정

브레인스토밍을 통하여 2단계에서 추출한 7가지 변수 중에서 주요한 핵심 요소로 고려된 HCI, population, social media, policy & social pressure를 게임 산업의 4가지 핵심 동인으로 선정한다.

게임의
4가지 핵심 동인

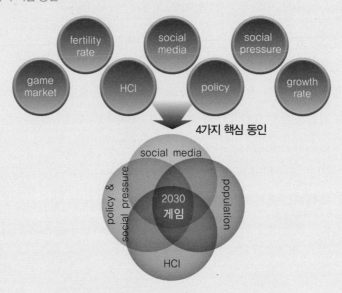

4가지 핵심 동인

미래 예측 4단계 : 미래 예측

시간 SWOT 방법론timed SWOT method

2015년, 2023년, 2030년의 세 가지 시간대별로 설정하고 4가지 핵심 동인의 변화를 예측한다.

시간대별 핵심 동인의 변화 예측

핵심 동인	시간		
	2015년	2023년	2030년
HCI	모바일 디바이스 발달	UHD급 모바일 디바이스, 웨어러블 디바이스가 주류	브레인 인터페이스 상용화
social media	소셜 미디어의 양적 발전	소셜 미디어가 인간관계 대체	능동적 소셜 미디어 발달
policy & social pressure	게임 산업의 규제, 게임 산업 활성화 정책	게임 산업의 규제, 게임이 교육을 대체	일상생활의 모든 활동이 게임화
population	합계출산율 최악 수준 지속	고령 인구 비율 증가	1인 가구 급증

그리고 시간 SWOT 기법을 사용하여 각 시간대별 4가지 핵심 동인의 변화를 SWOT 요소에 대입하여 2015년, 2023년, 2030년 게임 산업의 미래를 예측한다.

핵심 동인의 변화를 고려한
시간 SWOT 다이어그램

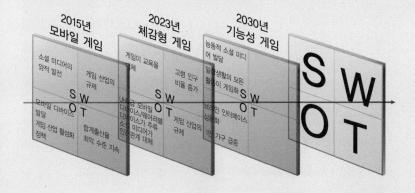

또한 각 시간대별로 대표하는 핵심 단어를 다음과 같이 정의하여
미래를 예측한다.

2015년 모바일 게임	2023년 체감형 게임	2030년 기능성 게임
• social media : 소셜 미디어의 양적 발전 • policy & social pressure : 게임 산업의 발전이 규제를 상쇄 • HCI : 모바일 디바이스의 발달 • population : 합계출산율 최악 수준 지속	• social media : 소셜 미디어가 인간관계 대체 • policy & social pressure : 게임이 교육을 대체 • HCI : UHD급 모바일 디바이스, 웨어러블 디바이스가 주류 • population : 고령 인구 비율 증가	• social media : 능동적 소셜 미디어 발달 • policy & social pressure : 일상생활의 모든 활동이 게임화됨 • HCI : 브레인 인터페이스 상용화 • population : 1인 가구 급증

2015년 : 모바일 게임mobile game

소셜 미디어의 발전은 모바일 디바이스의 보급에 큰 기여를 하고, 게임 콘텐츠에 대한 규제가 계속적으로 상존하지만 게임 시장의 규모는 천문학적인 비중을 차지할 것이다. 모바일 디바이스의 발달로 유저들은 좀 더 나은 UXUser Experience와 그래픽을 제공받음으로써 게임 유저들이 계속해서 증가할 것이다. 합계출산율은 계속적으로 감소하지만 모바일 게임을 즐기는 유저의 연령대가 넓어짐으로써 모바일 게임 산업의 발전에 큰 걸림돌이 되지는 않을 것이다. 더 구체적으로 모바일 게임의 미래를 예측해보면 다음과 같다.

• 모바일 게임은 게임 사용자층을 전 연령대로 확대시킬 것이다. 기존 게임 산업의 영역은 파괴되고, 기술적 진화가 이루어지며, 용도가 더욱 늘어날 것이다. 또한 전용 게임기와 달리 스마트폰 등 모바일 게임 기기는 개인이 상시 소지하면서 시간과 공간 제

약 없이 이용할 수 있다는 측면에서 강력한 도구가 될 것이다.

• 모바일 게임이 급성장하게 되면 콘솔 게임과 PC 게임 업체들이 모바일 게임 시장 진출을 위해 영역 파괴 경쟁을 할 것이고 일반 기업들의 모바일 게임 활용도가 증가할 것이다.

• 증강현실AR, 위치 기반 서비스, 소셜 네트워크 서비스 등 모바일 기기의 기술·서비스·비즈니스 모델과 게임이 결합되어 게임 산업의 진화가 촉진될 것이다.

현재 모바일 게임은 높은 성장률을 기록하며 게임 산업 내 비중이 급상승하고 있다. 전 세계 모바일 게임 시장 규모는 2009년 34억 달러에서 2014년 146억 달러로 연평균 33.6% 성장할 전망이고, 전체 게임 시장에서 모바일 게임이 차지하는 비중도 2009년 8.8%에서 2014년 26.8%로 약 3배 상승할 것이다.

세계 게임 시장 규모 추이 및 전망 (단위 : 10억 달러, %)

구분		2009년	2010년	2011년	2012년	2013년	2014년	연평균 성장률 ('09~'14)
세계 게임 시장		38.9	42.1	46.6	50.2	52.2	54.4	6.9
	모바일 (비중)	3.4 (8.8)	5.4 (12.9)	8.2 (17.6)	11.0 (21.8)	12.7 (24.2)	14.6 (26.8)	33.6 –
	온라인	9.9	11.9	13.5	15.0	16.0	16.9	11.2
	콘솔	23.6	22.8	22.9	22.3	21.6	20.9	-2.3
	기타	2.0	2.0	2.0	2.0	2.0	2.0	-0.1

• 페이스북 등 소셜 네트워킹 사이트 내 게임도 모바일 게임에 포함
• 2010년은 추정치, 2011~2014년은 전망치
출처 : "Multi-Channel Game-As-A-Service II : Ubiquitous Games In the Cloud", ThinkEquity, 2011. 1. 24.

국내 모바일 게임
시장 전망

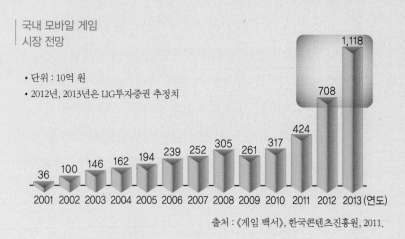

• 단위 : 10억 원
• 2012년, 2013년은 LIG투자증권 추정치

출처 : 《게임 백서》, 한국콘텐츠진흥원, 2011.

우리나라 모바일 게임 시장은 2013년 1조 원 규모를 돌파하였는데, 이는 카카오톡의 성장과 무관하지 않다. 카카오톡은 2012년부터 카카오 게임하기 서비스를 시작하였고, 모바일 게임의 이용 시간이 급격히 증가함에 따라 우리나라의 게임 시장도 급성장하였다. 또한 스마트폰, 태블릿 PC 등의 확산이 모바일 게임 성장을 이끌고 있는데, 스마트폰과 태블릿 PC의 연간 판매량은 3억 원대 규모이며 앞으

게임용 기기 및 콘텐츠 다운로드의
시장 규모 추이

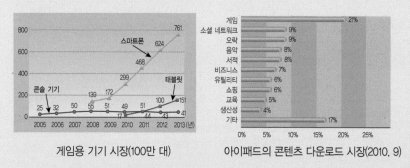

게임용 기기 시장(100만 대)   아이패드의 콘텐츠 다운로드 시장(2010. 9)

출처 : "IT Hardware & Global Telecom Equipment", Credit Suisse, 2011. 8. 31., "Video Games",
Macquarie, 2011. 7. 25., "해외콘텐츠시장조사(게임)", Cowen and Company, 2010.

3차원 미래 예측으로 보는 미래 경영

로도 고성장이 예상되고 있다. 모바일 기기용 애플리케이션 중에서는 게임이 인기 분야로 급부상하고 있다.

2023년 : 체감형 게임tangible game

소셜 미디어의 지속적인 발달로 직접적으로 인간관계를 유지하지 않더라도 체감형 시스템을 이용하여 실제 인간관계처럼 관계를 유지할 수 있고, 촉각과 후각 등의 느낌을 직접적으로 전달하는 체감형 게임은 교육을 대체하게 될 것이다. 또한 체감형 게임의 필수 요소인 시각적인 현실감은 UHD의 보급으로 더욱 선명할 것이고, 웨어러블 디바이스로 인해 현실세계와 가상세계의 구분이 불분명해질 것이다. 고령 인구의 급속한 증가로 인해 노년층에서도 체감형 게임을 재활과 사회적 경험의 도구로 인식하게 됨으로써 노년층에서 각광받을 것이다. 더 구체적으로 체험형 게임의 미래를 예측해보면 다음과 같다.

- 체감형 게임은 모바일 게임의 기술적인 한계를 넘어설 것으로 예상되는데, 소셜 미디어의 발달로 소셜에서의 인간관계가 현실세계의 인간관계를 대체하게 되어서 가상현실과 같은 시스템을 제공할 것이다.
- 체감형 게임이 교육 현장을 대체함으로써 전통적인 교육의 형태가 사라지고 학교라는 개념이 교육의 개념보다는 학생들의 교육을 도와주는 역할을 하게 될 것이다.
- UHD급 모바일 디바이스가 보급화되고 웨어러블 디바이스가 주류가 되면서 사람들은 좀 더 체감형 게임을 일상생활에서 밀접하게 경험하게 될 것이다.

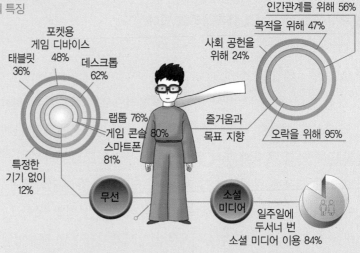

포켓용
게임 디바이스
48%

태블릿
36%

데스크톱
62%

랩톱 76%
게임 콘솔 80%
스마트폰
81%

특정한
기기 없이
12%

무선

인간관계를 위해 56%

목적을 위해 47%

사회 공헌을
위해 24%

즐거움과
목표 지향

오락을 위해 95%

소셜
미디어

일주일에
두서너 번
소셜 미디어 이용 84%

• 계속되는 고령 인구의 비율이 증가하면서 체감형 게임은 단순
히 즐기기 위한 부분보다는 고령 인구를 중심으로 재활과 치료
를 위한 목적에도 활용될 것이다.

2030년 : 기능성 게임 functional game

기존 소셜 미디어의 인간관계 대체에 앞서 사람의 모든 두뇌 기
능에 대한 기능 전달이 가능해짐으로써 생각만으로도 모든 관계가
이루어지는 능동적 소셜 미디어가 발달할 것이다. 사람들은 더 이상
게임을 여가 시간을 즐기기 위한 도구가 아닌 좀 더 나은 생활을 영
위하는 필수 요소로 인식하게 되고 게임을 생활화하게 된다. 그리고
기기에 의존하는 것이 아닌 브레인 인터페이스와 생체 칩을 이용하
여 모든 생체 기능들이 디바이스 자체가 됨으로써 인간의 능력을 끌
어올리는 도구로 자리 잡게 되고, 급속한 가상 시스템의 발달은 더

이상 사람들이 같이 모여서 생활할 필요성을 느끼지 못해 1인 가구가 급속히 늘어날 것이다. 그에 따라 모든 생활에서의 욕구가 기능성 게임의 발달로 인하여 충족될 것이다. 더 구체적으로 기능성 게임의 미래를 예측해보면 다음과 같다.

- 능동적인 소셜 미디어의 발달로 인해 단순한 체감형 게임보다는 브레인 인터페이스를 이용한 기능성 게임들이 등장하고, 이제 더 이상 게임을 즐기는 데 복잡한 컨트롤러와 화면이 필요하지 않을 것이며, 일상의 모든 활동들이 게임화될 것이다.
- 유희의 동물_{호모 루덴스}인 인간은 본능적으로 놀이를 추구하는데, 기존 가상세계의 오락에서 벗어나 다양한 현실 문제에 '게임화gamification'를 적용하려는 시도가 확대될 것이다.
- 놀이의 즐거움을 현실 업무에 접목하면서 몰입의 극대화가 가능하고, 일과 놀이가 결합되어 미래의 목표를 추구하면서 현재의 과정도 즐기는 'playboy' 활동은 행복감을 극대화할 것이다. 즉, 공자가 "知之者 不如好之者, 好之者 不如樂之者_{지지자 불여호지자, 호지자 불여낙지자}"라고 했듯이, 몰입의 즐거움이 능력 발현을

운동 목적의 기능성 게임의 예
출처 : 〈아름다운 교육신문〉,
2012. 3. 16.

극대화할 것이다.

- 게임은 스토리와 미적 요소를 통해 이용자의 자발적 참여를 유도하며, 몰입을 가능하게 하는 단계적 학습을 통해 문제 해결 역량을 제고할 것이다.
- 게임은 TV 시청, 휴식 등과 달리 고도의 집중력을 요구하지만, 자발적으로 참여하기 때문에 스트레스를 받으면서도 재미를 느낄 것이다. 즉, 낙관적 열중 상태에 빠져 행복감이 극대화되고, 승리를 자주 경험할 수 있도록 단계를 세분화해 자신감을 갖게 되며, 난이도가 일정하게 증가하기보다는 긴장과 이완을 반복할 것이다.
- 게임 인구의 증가와 게임 기술의 발달로 단순 오락 용도에서 벗어나 게임을 다양한 현실 문제에 적용하려는 '게임화' 시도가 확대될 것이다.
- 게임의 작동 원리, 상호작용, 구조 등을 활용하여 사용자의 자발적 참여 및 긍정적 행동을 제고하려는 '게임화' 현상이 마케팅, 건강관리, 교육, 사회 활동 등 다양한 분야에서 부상할 것이다.

미래 예측 5단계 : 예측 결과 통합

4가지 대안 미래 방법론 4 alternative futures method

4가지 핵심 동인의 변화를 고려하고 짐 데이터Jim Dator 교수의 4가지 대안 미래 방법론을 이용하여 2030년 게임 산업의 미래를 예측한다.

4가지 대안 미래를 위한 핵심 동인 매트릭스

구분	지속성장 (growth)	몰락 (collapse)	조정 (discipline)	재도약 (transform)
social media	발전	단조로움	다양	혁신
HCI	향상	일정	점진적 증가	창조
population	일정 증가	감소	현상 유지	꾸준히 증가
policy & social pressure	활성	금지	규제	권장

지속 성장 시나리오 : 청색 – 태평성대

게임업체 대표 최승부 씨는 최근 투자금이 밀려들어 즐거운 비명을 지르고 있다. 1인 가구가 대세를 이루면서 소셜 미디어 게임을 통해 사회적 소통을 하려는 인구가 크게 늘었다. 거기에 노년층이 새로운 게임 마니아 계층으로 등장하면서 '실버 게임방'이 성황을 이루고 있다. 사회적 압력도 크게 줄어들었다. 컴퓨터 게임이 가장 유용한 교육 기자재로 인정을 받으면서 부모는 자녀에게 교육 게임을 권하고 있다. 게임 시스템이 대한민국 전체 수출액의 10%가 되면서 게임 산업에 대한 정부와 일반 국민의 기대감이 커졌다. 게임 업체와 소비자 단체가 공동으로 게임 중독의 구체적인 기준을 마련하는 데도 성공해 그 기준만 지키면 게임 규제를 더 이상 걱정할 필요가 없다. 최승부 씨는 향후 10년을 바라보며 어느 정도까지 사업의 덩치를 키울지 고민만 하면 된다.

소셜 미디어 서비스 확대로 사람들의 접촉 빈도가 활발히 일어나고, 이는 새로운 서비스를 창출하는 선순환을 초래한다. 인체 멀티모달 인터페이스와 브레인 인터페이스, 증강현실AR과 가상현실VR 기술이 광범위하게 사용되어 모든 생활을 게임화하여 즐기게 된다. 모든 게임의 종류, 개수와 콘텐츠의 데이터 크기가 비약적으로 커지면서 더 이상 사람이 게임 내 세부 콘텐츠를 제작하지 않고 대상 분야에 대한 인공지능AI을 이용한 개인화된 콘텐츠의 자동 생산 방식이 일반화될 것이다.

1인 가구의 증가와 노령자의 증가는 가상현실을 통한 게임의 사용 빈도를 더욱 높일 것이고, 일상생활의 모든 활동이 게임화됨에 따라 게임 산업은 비약적으로 성장할 것이며, 가상현실로 인한 현실과의 구분이 모호해져 관련 법적 규제 도입 가능성이 대두될 것이다.

몰락 시나리오 : 흑색 ─ 사면초가

게임업체 대표 최승부 씨는 드디어 폐업을 결심했다. 경영난이 심해져 30년 동안 운영해온 사업을 접기로 한 것이다. 총인구가 정체에 들어서고 20세 미만 인구 비율이 급속히 줄어들어 게임을 즐길 절대 인구가 줄어든 것은 그나마 참아낼 수 있었다. 게임에 대한 시민과 사회의 인식이 돌변한 게 큰 문제였다. 영국과 미국에서 전자파의 유해성이 확실히 드러나면서 부모들은 TV와 휴대폰은 어쩔 수 없더라도 사용 시간이 긴 컴퓨터 게임을 못하게 자녀를 단속하고 있다. 전국게임소비자연합의 출범도 게임업계 쇠락에 결정적인 역할을 하였다. 이 연합의 표를 의식한 국회의원들이 다수 가입하면서 국회는 이미 반(反)게임 정서에 의해 장악되었다. 최승부 씨는 곳곳에서 들려오는 적대 세력의 노랫소리에 결국 항복하고 만 것이다.

인구의 감소와 HCI 기술의 정체는 사람들의 소셜 미디어 수요를 감소시킬 것이다. 전자파의 인체에 대한 심각한 위협이 확인되면서 게임과 관련된 전자 기기의 사용이 규제되어 관련된 기술 발달이 정체되고, 많은 게임이 불법화되어 게임을 내려받기 위한 음성적인 네트워크가 존재할 것이다. 인구의 감소와 노령화는 청년층 인구의 감소를 가져오고 전체적으로 게임 산업의 시장 규모를 축소시킬 것이다. 또한 폭력성, 선정성, 유해성, 비교육성에 관한 사회적 압력으로 게임 산업은 매우 위축될 것이다.

소셜 미디어 서비스의 광범위한 확대로 인한 개인 정보의 문제와 빅브라더 문제가 발생하여 소셜 미디어 서비스를 탈퇴하는 사람들이 발생할 것이다. 게임은 교육, 연구, 육체적/정신적인 치료, 재활을 위한 기능성 게임serious game 또는 에듀테인먼트edutainment 형태의 게임으로 존재할 것이고, 홀로그래픽 디스플레이, 집단 지능을 이용한 문제 해결 등 교육적 목적의 게임 이용이 보편화될 것이다. 영유아의 뇌 발달을 돕기 위한 게임, 알츠하이머 등의 뇌 관련 질환 치료, 정신과적인 치료 목적의 브레인 인터페이스의 사용이 확대될 것이다. 총인구의 감소가 시작되나 기대수명 증가로 인구에 의한 게임 산업의 영향은 미비한 것으로 나타나고, 폭력적·선정적인 오락성 게임은 허용되지 않지만 그 밖의 다양한 분야에 게임 산업의 역할이 긍정적이 될 것이다.

재도약 시나리오 : 자주색 – 상전벽해

게임업체 대표 최승부 씨는 요즘 머리가 혼란스럽다. 인지과학과 뇌과학의 발전으로 새로운 형태의 소셜 미디어와 플랫폼이 속속 등장하고 있기 때문이다. 이에 따라 게임을 둘러싼 사회적·법적 환경도 달라졌다. 다른 업체들이 신기술을 활용한 신종 게임을 출시하고 있어 업계 경쟁은 점점 심해지고 있다. 매일 아침마다 개발 팀에 스트레스를 주고 있지만 생각만큼 진전되지는 않고 있다. 그나마 몇 년 전 개발에 성공한 인공지능 가상 게임이 대박을 내면서 회사의 전체 매출은 늘었다. 기존의 게임 규제는 사라졌다. 인공지능과 가상현실, 홀로그램 게임에 맞는 새 규제법이 만들어지고 있다. 인구는 더 이상 중요하지 않다. 누가 새로운 제품을 만들어내느냐에 따라 울고 웃는 세상이다. 최근 최승부 씨는 게임 아이디어를 얻기 위해 과학영재학교에 거액을 기부했다. 하지만 효과가 있을지는 의문이다.

기술의 발달로 사람들 간의 만남의 방식이 다양해지고, 이를 뒷받침하기 위한 기업의 서비스 플랫폼이 대량으로 출시될 것이다. 안구 이식 AR/VR 임플란트가 광범위하게 확산되어 시공간 제약 없이 가상현실에서 게임을 즐길 수 있게 되고, 일부 사람들은 게임 내에서의 생활을 실생활보다 더 진짜 생활로 여기고 보다 많은 시간을 보낼 것이다. 브레인 인터페이스의 보편화로 게임에서의 승리와 이득을 얻기 위한 뇌 내 해킹 등의 범죄도 발생할 것이다. 출산율 회복으로 인한 인구의 감소는 진정세로 접어들었고, 이로 인해 젊은층과 노년층의 인구 비율이 균형을 이루기 시작할 것이다. 빅데이터로 인한 개인별 게임 규제로 '셧다운제'와 같은 법적·일률적 규제가 자취를 감출 것이다.

미래 전략 수립

게임업체 CEO나 이해관계자 입장에서는 게임이 내수와 수출의 주력 산업이 되는 것이 바람직한 미래이다. 하지만 그것만으로는 부족하다. 아무리 산업과 시장이 커지더라도 '중독 산업', '비교육 산업', '폭력 및 선정성 조장 산업'이라는 오명을 쓰고 성장하는 것은 결코 바람직한 미래라고 할 수 없다. '게임 산업의 건강한 성장'이 우리가 진정으로 원하는 미래이다. 이를 위해 우리는 '핵심 동인'과 '이머징 이슈'를 면밀히 관찰하고 관리해 나가야 한다. 바람직한 게임의 미래를 위해 관련 업계는 다음과 같은 전략 방향을 추구해야 한다.

- 1인 가구와 노년층에 적합하고 유용한 게임을 내놓아야 한다. 건전한 소통을 진작하고 외로움을 덜어주며 질병을 치유해주는 게임 산업을 구축해야 한다.
- 게임의 가장 큰 비판자 중 하나는 부모이다. 부모가 자녀에게 안심하고 권할 수 있는 방식과 콘텐츠를 지닌 게임을 개발해야 한다.
- 첨단 기술 리스크에 대비해야 한다. 미디어 기술과 인지과학, 뇌과학, 인공지능, 클라우딩 서비스 등이 비약적으로 발전하면서 지금과 전혀 다른 과학기술 위험을 초래할 수 있다. 게임 업체는 첨단 기술 안심 인증제를 도입해 리스크에 촘촘하게 대비해야 한다.
- 사회적인 압력을 줄이기 위해 게임의 위해성보다 유용성이 크다는 사실을 끊임없이 과학적으로 입증해 나가야 한다. 또 입증된 결과가 잘 전파되도록 견고한 커뮤니케이션 채널을 구축해야 한다.

바람직한 게임 산업의 미래

게임의 긍정적인 면은 강화되고, 부정적인 면은 없애는 것이 가장 바람직한 게임 산업의 미래가 된다.

- 긍정적인 면 : 게임의 동기부여 능력, 흥미 유발, 치료 및 교육용 게임 등
- 부정적인 면 : 과도한 게임 몰입, 전자파 노출, 오프라인 활동 저하 등

또한 육체적·정신적인 건강을 요하는 방향으로 게임을 개발하는 것이 필요하고, 게임 산업의 성장을 통한 타 산업 및 사회에 긍정적인 파급 효과를 기대할 수 있도록 방향 설정을 하는 것 역시 필요하다.

게임 산업의 올바른 미래를 위해서 시간 SWOT 방법론과 4가지 대안 미래 방법론에 의해 예측한 미래들에서 다음과 같이 비전을 설정하고, 이를 이루기 위해 단계별 목표를 정하고 실행해야 할 것이다.

| 게임 산업의
| 미래를 위한 비전

게임 산업의 비전

| 육체적·정신적인 건강을 위한 게임 | 더 나은 사회를 위한 게임 | 문제 해결을 위한 게임 |

참고 문헌

허용석, "게임산업의 3대 진화 방향과 시사점", 삼성경제연구소, 2011. 9. 15.

이성호, "게임화(gamification)의 확산과 선진 기업의 대응", 삼성경제연구소, 2012. 8. 9.

이원희, "게임산업의 신조류, 기능성", 삼성경제연구소, 2009. 6. 25.

박근서, "컴퓨터 게임의 역사와 게임 패러다임의 전환", 게임산업저널, 통권 제9호, pp. 118−142, 2005.

《게임산업백서》, 한국콘텐츠진흥원, 2013.

《글로벌 게임산업 트렌드》, 한국콘텐츠진흥원.

한국콘텐츠진흥원, "게임문화 가치 증진을 위한 지원정책 제안", KOCCA포커스 2012−13호.

한국콘텐츠진흥원, "멀티플랫폼 게임의 동향과 전망", KOCCA포커스 2011−17호.

ExergameStation's Channel, http://www.youtube.com/user/ExergameStation

전기자동차 산업의 미래

이곳에서는 '친환경 자동차 산업의 미래'를 예측한다. 설정된 미래 시점은 현재부터 9년 후인 2023년이다.

먼저, 미래 예측 5단계 방법론에 따라서 1단계인 미래 예측 문제 정의 10개 질문 리스트를 작성한다. 2단계에서는 STEPPER Society, Technology, Environment, Population, Politics, Economy, Resource의 하부 요소 중 관련 있다고 판단된 9개의 관련 요소를 추출한다. 3단계에서는 토론을 통하여 핵심 요소 두 가지를 경제 economy, 기술 engineering로 결정한다. 4단계에서는 3차원 미래 예측법을 사용하여 분석하고, 마지막 5단계에서는 미래 예측의 결과를 통합하여 앞으로 우리나라가 전기자동차 강국으로 가기 위한 미래 전략적 제안을 한다.

출처 : KAIST 미래전략대학원 미래 예측 보고서

미래 예측 1단계 : 문제 정의

일반적으로 문제가 발생하였을 때 그 문제 해결의 첫 걸음은 문제를 명확히 정의하는 것이다. 다음은 미래 예측 문제 정의의 10개 질문과 체크리스트이다.

질문	내용
1. 프로젝트 목적	전기자동차 산업의 미래
2. 결과 사용자, 용도	업계 관계자, 정책 결정자 등
3. 자원(기간 및 예산)	2개월
4. 대상 시간 범위	2023년경
5. 프로젝트 참여자	권용주, 권재범, 유윤주, 이장원, 조민제, 홍용준

질문	내용
6. 이해관계자	자동차 업체, 각국 정부 기관, 에너지 사업 관계자
7. 데이터, 정보 활용 가능성	문서, 논문, 기업 보고서, 특허
8. 예측 방법들과 통합 방법 결정	3차원 미래 예측법, Decision Making, SWOT, Visioning
9. 소통 전략	친환경 자동차 산업의 지속 성장 방안 논의, 이해관계자 면담
10. 결과물	글로벌 친환경 자동차 산업에 대한 보고서 제공

미래 예측 2단계 : 관련 요소 추출

아래 표는 STEPPER에서 전기자동차에 관련된 요소를 중요도에 따라서 나타낸 것이다.

구분	사회 (Society)	기술 (Technology)	환경 (Environment)	인구 (Population)
매우 중요	인프라	배터리 기술, 충전 기술	기후변화 (CO_2 발생)	인구수, 소비, 생산력
중요	언론, 통신·교통 사회보장	연구 개발, 지식재산, 공학	환경오염, 환경보전,	인구 분포
관계 있음	스타일, SNS, 게임, 오락, 관광	창업·벤처, 기술 경영, 도시	공장·토지· 해양 이용	출산, 고령화, 주택

구분	정치 (Politics)	경제 (Economy)	자원 (Resource)	
매우 중요	자동차 관련 정책	자동차 관련 세제	지하자원, 에너지, 전기	
중요	국제 관계, 주변 외교	보험, 산업구조, 제조업, 서비스업,	해양자원	
관계 있음	사이버 안보, 국가 정보	성장률, GDP/GNP, 빈부차	에너지 안보	

미래 예측 3단계 : 핵심 동인 결정

상호작용
다이어그램(diagram)

미래 예측 4단계 : 미래 예측

시간, 공간, 분야의 3차원 요소를 이용한 3차원 미래 예측법으로 2023년의 전기자동차의 미래를 예측한다.

1단계 문제 정의 : 2023년 전기 자동차의 전망

관심 영역

- 시간 영역 : 예측하고자 하는 대상 시간 2008년, 2013년, 2023년
- 공간 영역 : 예측하고자 하는 지역 미국, 중국, 유럽, 한국, 일본·
- 분야 영역 : 예측하고자 하는 대상 분야 배터리 및 부품, 충전 기술 및 인프라, 정부 정책 및 시장

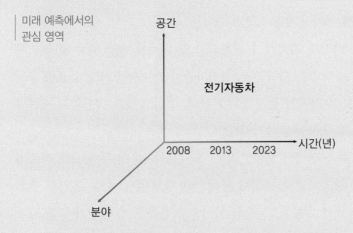

미래 예측에서의
관심 영역

공간

전기자동차

2008   2013   2023   →시간(년)

분야

2단계 관련 요소 정의 : 독립변수 추출

관련 영역

- 변수 : 변화와 관련되는 요소
- 독립변수 : 외부에서 주어지는 변수, 내가 임의로 조정할 수 없는 변수 시간·공간 영역의 요소 → 석유 가격, 탄소 배출권 거래 비용, 희토류 가격, 전기자동차 배터리 가격
- 종속변수 : 내가 조정 가능한 변수 → 배터리 및 부품, 충전 기술 및 인프라, 정부 정책 및 시장

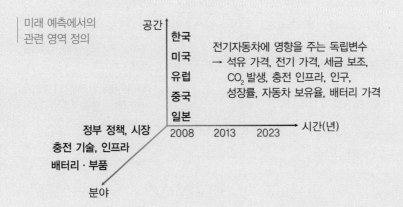

미래 예측에서의
관련 영역 정의

공간

한국
미국
유럽
중국
일본

전기자동차에 영향을 주는 독립변수
→ 석유 가격, 전기 가격, 세금 보조,
   CO_2 발생, 충전 인프라, 인구,
   성장률, 자동차 보유율, 배터리 가격

정부 정책, 시장
충전 기술, 인프라
배터리 · 부품

2008   2013   2023   →시간(년)

분야

3단계 데이터 수집 : 과거 2007~2009년

우선 완성차 회사에서 진행되고 있는 개발 예정 차량 및 전기자동차 관련 기술을 수집하고, 전기자동차 기술에서 가장 중요한 충전 기술에 대해 자세한 설명을 추가한다. 그리고 주요 국가별로 세분화하여 정책 및 동향을 파악한다.

자동차 산업에서 하이브리드 카와 전기자동차 등 차세대 자동차에 대한 관심이 2000년대에 들어 높아지고 있다. 이는 유가와 강화된 환경 규제 때문으로, 특히 신기술 선점을 통해 경쟁 구도를 새로 짜려는 각국 정부의 산업 정책까지 더해지면서 시장의 기대보다 빠르게 진행될 가능성이 높다.

2008년도 메이커별 전기자동차 개발 전략

구분	개발 차종	콘셉트카	양산 차량 및 일정
미쓰비시 (Mitsubishi)	i-MEV		2009년 7월 i-MEV 일본 출시
스바루(Subaru)	Stella EV	Rie	2009년 Stella EV 일본 출시
도요타(Toyota)	소형차 EV		2012년 출시 예정
닛산(Nissan)	Cube EV	Nuru, Pivo2	2010년 미, 일 출시 고려 중이나 차종 미정
르노(Renault)	Megane EV	Z. E. Concept	2011년 Megane EV
다임러(Daimler)	ForTwo ED	Blue Zero E-Cell	2009년 말 ForTwo EV
크라이슬러 (Chrysler)	Dodge EV	Zeo	2010년 EV 또는 PHEV 1기종 생산
현대자동차	i-10 EV		2010년 8월 인도에서 i-10 EV 시범 양산, 본격 시판은 2012년 이후 예상
기타	치루이(chery) Tiggo EV	BYD e6	Telsa Roadster(양산 중), Think City(양산 중)

출처 : 현대자동차, KARI, Fourin, 하나금융경영연구소.

충전 기술

- 전기자동차 상용화에 가장 중요한 요소인 충전 방식에 대한 다양한 기술이 개발되고 있다.
- 접촉식 충전 방식의 경우 효율은 높으나90% 수준, 감전에 대한 위험이 있고, 급속 충전기 비용이 매우 비싸며, 급속 충전을 위한 기저 전력을 공급하는 데 추가 비용이 많이 소요된다.
- 배터리 교환식 충전 방식은 전기자동차 초기 구입 비용을 절약할 수 있고 충전 시간을 단축할 수 있으나, 보유해야 하고 자동화된 배터리 교체 시설의 경우 과다한 설비 투자비가 필요하므로 효율성 검토가 필요하다.
- 비접촉 충전 기술은 효율80% 수준이 상대적으로 낮다. 하지만 안전성이 높고 주행의 자율성을 보장해줄 수 있어 현재 정차 중 비접촉 충전 기술뿐만 아니라 주행 중 비접촉 충전 기술에 대한 요구가 증대하고 있다. 따라서 보급을 위한 기술 개발이 활발히 이루어지고 있다.

우리나라

정책 동향

- 2009년 7월 그린 카 육성 계획을 발표하였고, 2015년까지 현 수준보다 16.5% 향상시킨 17km/L 연비를 달성하도록 하는 규제 계획을 발표하였다.
- 투자 계획은 하이브리드(2009), 플러그인 하이브리드(2013), 연료 전지카(2018) 등 개발을 위해 정부에서 4,000억 원을 투자하고 민간 기업에서 2조 1,000억 원을 투자할 계획이다.

- 소비자 지원 측면에서는 2009년 6월 하이브리드 카를 구입하는 소비자에게 310만 원의 취득세와 등록세를 면제해주는 세제 혜택을 주기로 했고, 2010년부터는 추가적으로 200만 원의 보조금을 지급하기로 했다.
- 최종적으로 정부안이 승인되면 하이브리드 카를 구입하는 소비자에게는 500만 원의 절감 혜택이 주어진다.
- 정부 주도의 그린 카 육성 계획에 따르면, 전기자동차의 경우 이미 2011년 상용화 계획을 발표하였고, 2015년 세계 시장에서 전기자동차 점유율을 10%로 설정하였다.

전기자동차 기술 및 업계 동향

- 우리나라의 친환경 자동차 경쟁력은 아직 경쟁사 대비 미흡한 수준으로 평가된다. 다만, 이미 경쟁력을 보유한 배터리 등의 핵심 부품과 선행 기술 국산화를 통해 경쟁 기반을 충분히 확보하고 있는 것으로 판단된다.
- 국내 하이브리드 관련 부품 업체는 현대모비스, 케피코, LS산전, LG화학, 삼성SDI, SK, 동아일렉콤, 동양계전, ADT, LS전선, 세원ECS, 뉴인텍, 우리산업 등이 있다.
- 현대차 그룹은 전기자동차 개발에 있어서 연료 전지차보다 개발 비중을 낮게 가졌던 것으로 파악된다.
- KAIST가 2009년부터 무선 충전 기술을 적용하여 주행 및 정차 중에도 충전이 가능한 비접촉 충전 방식의 원천 기술을 확보하였고, 2013년에 구미시에서 상용화를 시작하였다. 이격 거리 20cm에서 집전 용량 75kW, 80% 이상의 전력 전달 효율을 달성하고 전자파 문제와 같은 안전성 문제를 해결할 수 있는 원

천 기술을 확보하였다.

미국

정책 동향

미국 정부는 환경 규제와 관련해 두 가지 전략을 취하였다.

- 자동차 제조업체들이 연비와 배출 가스 저감 기준을 맞추도록 규제하는 것
- 완성차 업체와 부품 업체에 선행 기술을 육성하도록 저리 대출을 해주는 것

전기자동차 기술 및 업계 동향

- 미국의 빅 3인 GM, 포드Ford, 크라이슬러Chrysler를 비롯해 테슬라Tesla, 잽Zap, 혼다Honda, 도요타Toyota, 닛산Nissan, 미쓰비시Mitsubishi, 피스커Fisker, BYD 사들은 여러 종류의 전기자동차를 생산하였고, 2010년 신차를 출시하였다.
- 테슬라 사의 전기자동차가 세계적으로 관심을 끌고 있다.

유럽

정책 동향

- 2007년 유럽의회는 자동차 CO_2 배출량을 규제하는 법안을 발표하였다.
- 2020년 배기가스 저감 목표로 95g/km를 설정하고 있는데, 기존의 내연기관 개선을 통해 30~40% 절감한 105~110g/km까지는 가능할 것으로 추정된다.

중국

- 중국은 2009년 단일국 기준으로 미국을 제치고 세계 1위의 자동차 시장으로 올라섰다.
- 2009년 1월부터 13개 도시를 대상으로 전기자동차 시범 운행을 개시하여, 공공서비스 부문에 우선적으로 보급을 시작하였다.경제가 발달한 직할시와 연안부 등 13개 도시를 대상으로 3년 동안 공공부문 영역에서 대대적인 시범 운영이 계획됨-보조금 지급.

전기자동차 기술 및 업계 동향

- 전기자동차 인프라 측면의 준비는 아직 미미하나, 전기자동차 충전소 건설을 위주로 적극적인 실행안을 발표하였다.
- 충전 접속기 표준 제정 작업은 톈진 칭위안 전기자동차 유한회사가 발족하고, 중국 전력망 회사, BYD, 치루이Chery 등의 회사들이 공동 참여하였다.
- 중국의 완성차 메이커 중에서 자체적으로 전지를 생산하는 곳은 BYD가 유일하며, 치루이가 이어서 전지 생산 시설을 건설 중이다.

일본

정책 동향

일본 정부는 2015년까지 2007년 대비 15% 연비를 향상시키도록 한 규제안을 내놓았다. 이는 기존 연비 14.6km/L에서 16.8km/L로 향상시켜야 함을 의미한다.

전기자동차 기술 및 업계 동향

- 도요타는 프리우스 모델을 성공적으로 판매 중이며, 전기자동차 기술을 선도하고 있다.
- 닛산은 2010년 일본 및 북미에서 전기자동차를 발매하였고, 2012년에는 글로벌로 양산할 계획일본과 유럽 시장에서 각각 5만 대, 미국 시장에서 10만 대 생산체제 구축이다.

미래 예측에서의
과거 데이터 수집

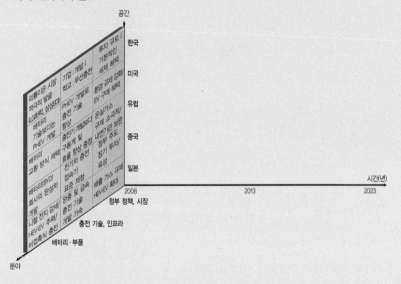

3단계 데이터 수집 : 현재

많은 대도시에서 전기자동차의 충전 인프라공공가 갖추어짐에 따라 전기자동차 운전자들이 보다 손쉽고 빈번하게 충전 시설을 이용할 수 있게 될 것으로 보인다. 전기자동차 제작과 충전 시설 확충에 대한 정부의 보조금이 줄어들 것으로 예상되며, 정부 지원의 감소로 인해 전기자동차의 시장 규모가 기존 예측에 비해 다소 줄어들고, 앞으로 전기자동차 부분의 투자 및 연구에 대한 의사결정에 영향을 줄 것으로 판단된다. 각 요소별로 현재의 상황을 설명한다.

기술 개발

배터리 기술 개발에 대한 투자 증가

- 전기자동차 제조 회사와 관련 산업에 대한 민간 부분의 투자가 줄어들 것으로 전망된다.
- 지난 4년간 자동차 배터리 제조 회사에 대한 투자가 지속적으로 이루어졌지만, 2013년에는 투자 대상에 변화가 있었다. 기존에 이루어졌던 배터리 전체 팩 개발업체에 대한 투자보다는 배터리의 구성 요소 또는 핵심 부품 기술 개발에 투자가 집중되고 있다.

48볼트 방식의 배터리에 대한 필요와 개발 환경

전기자동차에 보다 다양한 응용 기술이 투입됨에 따라 2013년에는 보다 강력하고 안정적으로 동력을 공급할 수 있는 48볼트 배터리에 대한 수요가 증가하였다. 따라서 기존의 12볼트 기반의 전기자동차 배터리 체계에 대한 변화가 전망된다.

전지셀 방식의 전기자동차 출시

그간 플러그인 배터리 방식의 전기자동차 개발과 판매가 예상 밖으로 저조하였다. 이에 따라 플러그인 배터리 방식보다 전지셀fuel cell 방식의 전기자동차 개발에 보다 많은 투자를 실시한 자동차 제조업체들이 전지셀 전기자동차의 상업화에 박차를 가할 것으로 전망된다.

2013년 전체 3,400여 대의 전지셀 방식의 전기자동차가 출시되었다.

배터리 교체 방식의 전기자동차와 비즈니스 보급

배터리 교체 방식은 배터리가 자동차에 포함되어 있지 않기 때문에 상대적으로 저렴하게 전기자동차를 보급할 수 있고, 소비자는 배터리 대여료와 충전 비용을 별도로 지불하면 된다. 그러나 이 방식의 선두 주자인 베터 플레이스Better Place 사가 어려움에 처해 있다가 2013년에 파산하였다.

배터리 충전 속도방식에 대한 논쟁 지속

지난 몇 년간 건설된 전기자동차 배터리 충전소에서는 주로 시간당 7.2kW까지 충전할 수 있는 Level 2 방식의 충전 설비가 설치되었으나, 최근 일부 배터리 충전소에서는 보다 단시간 동안 충전을 끝마칠 수 있는 DC 방식의 고속 충전기가 정부의 지원하에 설치되고 있다. 따라서 보다 다양한 방식의 배터리 충전소가 설치될 것이다.

천연가스의 공급 증대에 따른 전기트럭 시장 변화

- 최근 세일가스shale natural gas에 대한 광범위한 발견과 그로 인한 천연가스 가격의 하락에 대한 전망으로 천연가스를 트럭 연료로 활용하는 방안이 대두되고 있다. 실제로 2013년 이러한 전망으로 인해 플러그인 방식의 전기트럭에 대한 관심이 떨어졌다.
- 천연가스 방식의 트럭에 대한 관심은 필연적으로 천연가스 연료의 가격 상승을 가져오게 마련이다. 그럼에도 불구하고 천연가스 트럭에 대한 관심은 꾸준할 것으로 전망된다. 2013년 천연가스 방식의 트럭은 상대적으로 성장하였다.

우리나라

- 2012년에 판매된 신규 승용차 30대 중 1대가 친환경차였다_{하이브} 리드 및 전기자동차. 신규로 판매된 승용차 117만 대 중 3만 6,000대 3.1%가 친환경 자동차였던 만큼 국내 초기 시장 형성이 가시화 된 것으로 분석된다.

- 민간 상용 보급이 핵심으로 올해 처음 민간을 대상으로 전기자 동차 보급 사업이 진행되었다. 고가의 전기자동차와 충전 인 프라를 정부와 지방자치단체 보조금으로 구입할 수 있게 되었 다. 환경부는 상용 보급 시범 도시 3~4곳을 선정해 민간 보급 에 나서고 있다. 지방자치단체 실정에 맞는 보급 모델을 개발 해 사업을 추진한다는 계획이다.

전기자동차 기술 및 업계 동향

- 2차 전지 시장의 변화에 따라 국내 기업들도 성장하는 전기자 동차와 배터리 시장을 선점하기 위해 발 빠르게 움직이고 있 다. 실제 글로벌 시장 조사 업체인 네비건트 리서치는 자동차 용 2차 전지 분야에서 LG화학을 글로벌 경쟁력 1위 기업으로 평가했다.

- 삼성SDI는 미국과 일본의 전기자동차 배터리 시장을 선점해 소 형 2차 전지 시장에서의 주도권을 중형 2차 전지 시장에서도 이 어가겠다는 전략이다. 또한 BMW i3에 들어가는 자동차용 2차 전지 독점 공급업체로 선정되었다.

- SK이노베이션도 2012년 9월 전기자동차 1만 대에 공급할 수

있는 전극 800MWh, 조립 200MWh 규모의 생산 능력을 갖춘 서산의 배터리 공장을 가동하면서 글로벌 기업으로 도약하기 위한 발걸음을 재촉하고 있다.

- KAIST에서는 공진형 자기 유도 기술을 적용하여 주행 중 비접촉 충전 방식의 원천 기술을 확보하고 경북 구미시에서 상용화에 성공하였다.

미국

정책 동향

미국에서의 전기자동차 판매량은 2008년 10만 대에서 2010년 30만 대로 증가하였고, 2012년 40만 대를 돌파하였다. 하지만 미국의 자동차 업계 전망에 따르면, 정부가 세운 2015년까지의 전기자동차 100만 대 보급 목표는 2018년까지 연기될 확률이 높다.

전기자동차 기술 및 업계 동향

- 가격 인하, 업체들의 활발한 신차 출시 효과로 미국을 중심으로 확대되고 있다.
- 미국은 닛산 리프의 저가 트림 출시와 고성능 모델인 테슬라 모델 S의 호조, 환경 규제 대응을 위한 업체들의 시장 진입 확대 등으로 2013년 상반기에만 2만 대 이상 판매하였으며, 2012년 연간 판매 실적을 상회하였다. 이에 전기자동차 최대 시장으로 부상한 미국은 저가와 고급 시장으로 양분화되고 있다.
- 테슬라 자동차는 지난 분기에 비하여 판매액이 83% 상승함에 따라 1/4분기에 미화 1,100만 달러의 분기 이익을 최초로 기록하였다.

유럽

유럽의 경우 전기자동차 운전자들에게 국경에 관계없이 편리한 충전 시설을 활용할 수 있는 e-모빌리티e-mobility라는 개념이 이미 도입되었고, 이러한 개념이 보다 현실에 가까워질 것으로 전망된다.

전기자동차 기술 및 업계 동향

- 글로벌 자동차 부품업체 1위인 보쉬는 하이브리드 시스템, 플러그인 하이브리드 시스템, 신형 전지 등 친환경차 핵심 기술의 개발을 위해 자동차 업계 최고 수준인 매출액 대비 9.1%의 기술 개발 투자를 시행하고 있다.
- 3위 컨티넨탈도 연비를 10% 이상 개선한 48V 전기 시스템과 전기만으로 50km를 주행할 수 있는 독자 개발한 플러그인 시스템을 개발하였다.
- 변속기 전문업체인 ZF도 유도 모터 장착으로 출력과 토크가 향상한 전기자동차용 구동 기구와 타 부품업체와의 협력을 통해 차세대 트랙션 모터를 개발하였다.

중국

정책 동향

- 심각한 스모그를 겪은 베이징 시도 2015년까지 관용차량 8,000대를 친환경차로 교체할 계획을 발표했고, 중국 정부도 전기자동차 표준화 기준 및 안전 기준 제정 업무를 가속화하고 있다.
- 중국의 거시적 목표는 BEV와 PHEV의 누적 생산·판매량을

2015년까지 50만 대로 증대하고, 2020년에 500만 대를 돌파하는 것이다.

전기자동차 기술 및 업계 동향

• 중국은 지난 2009년 '자동차 산업구조 조정 및 진흥 계획'을 통해 2011년까지 전기자동차를 연간 100만 대 생산한다는 계획을 세웠으나 2011년 실제 생산량은 8,368대에 불과하여 목표치에 크게 미달하였다.
• 생산 부진의 가장 큰 원인은 내연기관 자동차 대비 높은 가격, 짧은 배터리 수명, 지역별로 상이한 충전 방식, 인프라 미비 등에 따라 판매 시장이 제대로 형성되지 않았기 때문이다.

일본

정책 동향

일본은 전기자동차 보급 목표를 신규 자동차 판매량 중 2020년 35~50%, 2030년 50~70%까지 끌어올린다는 두 단계 정책을 수립하였다.

전기자동차 기술 및 업계 동향

• 프라임 어스 EV 에너지 및 오토모티브 에너지 서플라이를 중심으로 니켈수소와 리튬이온 배터리 개발을 가속화하고 있다.
• 일본 IHI는 무선 충전 기술 벤처 회사와 제휴를 통해 자기 공명 방식을 이용한 무선 충전 기술을 상용화하여 2015년 전기자동차 전용 제품을 출시할 계획이다. 현재 전기자동차 전용의 무선 충전 장치는 IHI 외에도 도요타와 닛산이 개발 중이다.

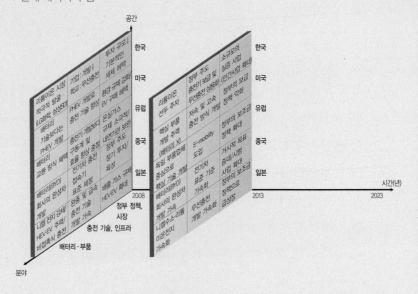

3단계 데이터 수집 : 독립변수

독립변수는 외부에서 주어지는 변수로 내가 임의로 조정할 수 없는 변수_{시간, 공간 영역의 요소}이다. → 석유 가격, 탄소 거래 비용, 리튬 가격, 전기자동차 배터리 가격 등

데이터 수집 – 독립변수

독립변수	2008	2009	2010	2011	2012	2013	2015	2017	2019	2021	2023(년)
석유 가격 (USD/bbl)	92	45	84	115	110	92	85	78	76	74	72
탄소 거래 비용 (kg/유로)	29	14	15	16	8	7	6	15	17	22	20
리튬 가격 ($/ton)	5,200	5,100	4,800	5,000	5,100	4,800	4,400	4,200	3,800	4,000	3,800
전기차 배터리 가격($)	36,000	33,000	28,500	24,000	20,000	30,000	12,000	10,000	8,200	7,200	5,000

4단계 미래 환경 설정 : 독립변수의 예측

석유 가격

중·장기적으로 유가가 하향 안정화될 것으로 전망되고 있다.

탄소 배출권

지구온난화를 막기 위해 탄소 배출권 시장 활성화에 부심하던 유럽연합EU의회가 EU집행위원회가 제출한 탄소 배출권 시장 활성화 방안을 부결시켰다. 탄소 배출권 매매 가격을 올려 거래를 활성화하는 게 핵심인 이 안이 기업들의 탄소 배출권 매입 부담을 높일 수 있다는 이유에서이다.

리튬 가격

- 글로벌 희토류에서 패권을 쥐고 있던 중국의 독점력이 약화되고 있다.
- 세계 최대 희토류 생산국인 중국은 이를 바탕으로 각국에 강력한 영향력을 행사해왔으나, 최근 일본·미국 등 희토류의 수요국들이 이에 맞대응하며 독점력이 약화될 것으로 전망된다.

전기자동차 배터리 가격

- 10년 뒤에는 리튬-이온 배터리의 가격이 5,000달러까지 떨어질 것으로 예측되고 있다.
- 현재 전기자동차에 쓰이는 리튬-이온 배터리 팩의 가격은 3만 달러 정도라고 알려져 있으므로, 5,000달러까지 가격이 떨어지면 전기자동차의 진정한 대중화가 이루어질 가능성이 매우 높다.

- 2020년 이후에는 배터리 팩의 무게도 55kg까지 떨어진다. 현재 전기자동차에 탑재되는 배터리 팩의 무게는 330kg 내외이다.

5단계 미래 예측

지금까지 전기자동차 산업과 관련된 과거 및 현재 데이터와 전기자동차 산업에 영향을 줄 수 있는 독립변수를 분석하였다. 이제 이 분석과 미래 환경 데이터를 참고하여 전기자동차의 3차원 미래를 예측해본다.

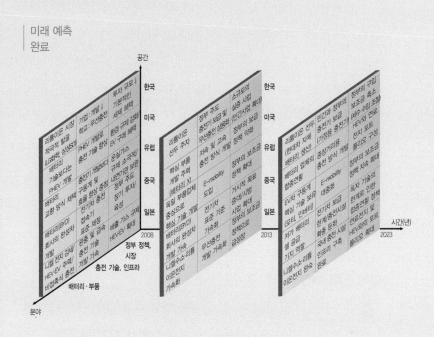

미래 예측 완료

- 중·장기적으로 유가가 하향 안정화될 것으로 전망된다.
- 희토류리튬 가격이 2013년 2,300$/ton에서 1,300$/ton으로 안정화되므로 리튬을 이용한 배터리 개발을 지속적으로 개발하여

LG화학, 삼성SDI, SK이노베이션을 주축으로 전 세계 리튬이온 배터리 시장의 최강자가 될 것으로 전망된다.

- 현대자동차가 배터리 시장에 진출하여 단전지셀를 자체적으로 생산하고 배터리팩을 제조하여 탑재하는 등 전기자동차 자체의 수직 계열화를 완성한다2017년 이후, 전기자동차 배터리 가격 안정화로 관련 업체와 공동 개발 생산을 해서 수익 극대화 전략 추구할 것임.

- 탄소 거래 비용이 소폭 상승하나 전체적인 영향력은 작을 것으로 보인다. 또한 셰일가스나 다른 화석연료의 개발로 기존의 석유제품을 이용한 내연기관 자동차 중에서 연비를 극대화시킨 클린디젤 자동차가 전기자동차보다는 주가 될 것으로 판단된다.

- 정부에서는 석유에서 거두어들였던 세수에 대한 대체안을 개발해야만 전기자동차 보급을 적극 추진할 것이다. 따라서 전기 가격전기에서 세수 마련이 지금과는 다르게 큰 폭으로 상승할 것으로 판단된다.

- 정부의 적극적인 충전기 및 충전 시설 보급으로 2023년 이후 개발이 활성화될 것이다.

미래 전략 수립

지금까지 전기자동차의 과거, 현재를 살펴보고, 2023년의 미래에 대해 예측을 해보았다. 전기자동차는 현재 다양한 의견들이 많아, 앞으로 어떻게 흘러갈지 예측하기는 쉽지 않다. 대부분의 예측자들은 앞으로 전기자동차 시대가 도래할 것이라 전망하지만, 그 시대가 오기까지 하이브리드 카가 어느 시점까지 유지될 것인가에 주목한다.

특히, 국내의 현대자동차는 현재 전기자동차보다는 향후 하이브리드 시장 확대 및 연료 전지 기술 확보를 더욱 중점으로 두고 있다.

하지만 국내 완성차 업체가 직접 배터리 시장에 뛰어들 때, 전기자동차 개발은 더욱 가속화될 것이다. 이에 따라 배터리 크기 및 탑재 기술, 신소재 배터리 기술 개발이 필요하고, 정부의 세수 정책과 에너지 정책에 대한 장기적인 안목이 필요하다.

3차원 미래 전략의 결과를 바탕으로 다음과 같이 미래 전략적 제안을 해본다.

먼저, 중ㆍ장기적으로 유가가 하향 안정화될 것으로 전망되기 때문에 가격적인 측면에서 전기자동차를 이용하기 위한 전력 소스인 전기의 생산 가격은 내려갈 것이고, 기존의 내연기관 자동차의 매력도 증가할 것이다.

그리고 친환경차가 중요하게 미래 기술로 떠오른 이유 중의 하나가 바로 배출 가스가 나오지 않는다는 점이다. 이는 최근에 몇 년간 떠오른 탄소 거래 제도와 연관이 있는데, 최근 그 거래 비용이 하향세로 돌아섰으며, 2023년에도 낮을 것으로 예측된다. 따라서 전기자동차의 매력도는 크지 않을 것으로 예측된다.

결론적으로, 자동차 방식 중에서 어느 한 가지에만 집중하는 것은 좋지 않다. 가솔린, 클린디젤, 하이브리드, 전기자동차, 연료 전지의 포트폴리오를 어떻게 구성하여 미래를 대비할지가 중요하다고 판단된다. 중요 독립변수가 변할 때 차량 방식별로 장단점이 있다. 즉, 기술이 이동할 때의 과도기적 시점을 충분히 파악하여 포트폴리오를 구성하고 미래에 대비하는 것이 중요하다.

참고 문헌

"하이브리드카/전기차 전망 및 국내 완성차업체의 경쟁력 비교 분석", 하나금융
　　연구소, 2009.

"Electric Vehicles: 10 Predictions for 2013", Pike Research, 2012.

"2013년 상반기 친환경차 시장 동향 및 시사점", KARI, 2013.

"비접촉 전력전달 방식의 친환경 대중교통시스템 개발기획 과제 기획보고서", 국
　　토해양부, 2011.

IEEE Standard Association 홈페이지

"스마트그리드 전기안전정책 최종보고서", 안전행정부, 2010.

온라인 전기자동차 사업단 뉴스레터, KIST, 통권 제1호, 2009. 7.

이상현, "하이브리드카/전기차 전망 및 국내 완성차업체의 경쟁력 비교 분석",
　　하나금융경영연구소, 2009. 2. 16.

"중국 전기자동차 산업 동향과 시사점", 한국수출입은행, 2012.

디스플레이 산업의 미래

디스플레이 산업의 미래 예측에서 설정된 시점은 현재부터 10년 후인 2024
년이다. 미래 예측 5단계 방법론에 따라서 1단계에서는 미래 예측 문제 정의 10
개 질문 목록을 작성하고, 2단계에서는 STEPPER Society, Technology, Environment,
Population, Politics, Economy, Resource의 하부 요소 중 디스플레이 산업과 관련된다
고 판단된 9개 관련 요소를 추출한다. 3단계에서는 토론을 통하여 핵심 요소 두
가지를 경영management과 기술engineering로 결정한다. 4단계 미래 예측에서는
전문가 그룹 브레인스토밍, 시나리오, 3차원 미래 예측법 등 6가지 방법을 사
용하여 분석한다. 5단계에서는 결과를 통합한 후, 그 결과를 낙관적 미래, 발생
가능한 미래, 비관적 미래, 가능성 높은 미래 등 네 가지로 분류한다. 그리고 낙
관적 미래를 비전으로 선택하고, 그 낙관적 미래가 실현될 수 있는 전략을 수립
한다.

디스플레이의 미래를 예측하기 위해서는 과거에서부터 그 변화를 찾아볼 필
요가 있다. 먼저, 디스플레이의 정의에 따라서 어떤 정보를 시각화하여 사람에게
전달하는 도구의 역사를 살펴본다.

출처 : KAIST 미래전략대학원 미래 예측 보고서

디스플레이의 변화

다음 그림은 시각 정보 전달 도구의 역사 중에서 중요한 기능의
변화를 대표하는 자료들을 나타낸 것이다.

①번 그림은 알타미라 동굴벽화를 나타낸 것이다. 알타미라 동굴
cueva de Altamira은 스페인의 세계 유산으로서 고고학자들의 연구 조
사에 따르면 동굴 내부의 벽화는 대략 1만 8,500~1만 4,000년 전에

① 알타미라 동굴벽화 (약 1만 8,000년 전) ② 수메르 쐐기문자(이동성, 약 6,000년 전) ③ 파피루스(유연성, 약 5,000년 전) ④ 무구정광대다라니경 (인쇄술-대량생산, 750년경)

⑤ 사진(실사, 1826년) ⑥ 영화(움직임, 1895년) ⑦ 흑백 TV (가구마다) ⑧ 컬러 TV (대형, 평면화면)

⑨ 소형화(개인마다)

· 고화질 대형화면
· 모바일 디바이스 → ?

그린 것으로 추정되는데, 그때의 원시인들은 숯이나 황토, 자연 염료를 이용해서 그림을 그렸다.

②번 그림은 수메르 문명에서 사용하였던 쐐기문자설형문자가 새겨진 점토판 유적이다. 이동성이 확보되면서 다른 장소에 있는 사람들에게 디스플레이 정보를 전달할 수 있게 되었다.

③번 그림은 파피루스이다. 파피루스papyrus는 고대 이집트인들이 발명한 종이와 비슷한 매체로, 같은 이름의 갈대과 식물 잎으로 만들었다. 식물이라는 재료의 변화로 인하여 정보 저장 매체에 유연성 기능이 추가되었다.

④번 그림은 현존하는 세계 최초의 목판 인쇄물로 704~751년 사이에 제작된 것으로 추정되고 있는 경주 불국사에서 발견된 무구정광대다라니경이다. 인쇄술은 정보의 대량생산이 가능하도록 하였다.

⑤번 그림은 1826년 프랑스에서 조셉 니세포르 니엡스가 촬영한 '르 그라의 집 창에서 내다본 조망'이라는 사진이다. 인류가 최초로 기록한 빛이며 최초의 풍경이다. 인류는 과학기술이 발달하면서 사진 기술이 발명되어 실사를 기록할 수 있게 되었다.

⑥번 그림은 최초의 영화에 관한 것이다. 1895년 프랑스에서 뤼미에르 형제는 자신들이 만든 세계 최초의 영화 '열차의 도착'이라는 작품을 상영하였다. 3분짜리 짧은 내용의 영화였지만 최초의 동영상을 본 19세기 사람들은 내용을 실제 사건으로 인식하였다.

⑦번 그림은 브라운관 TV의 발명에 관한 것이다. 1920년대 발명된 브라운관 TV는 방송 통신을 수단으로 하여 시각 정보를 대량으로 다수의 사람들에게 실시간으로 전달하는 기능이 있다.

⑧, ⑨번 그림은 평면화면을 사용한 디스플레이 기기들이다. 부피가 큰 브라운관을 대신하여 평면화면이 도입되면서 공간의 제약을 최소화하면서 화면의 크기를 키울 수 있었다.

디스플레이의 발전사를 살펴보면 변화의 키워드를 찾을 수 있다. 그것은 각각 이동성, 유연성, 대량생산, 실사, 실감, 가정, 공간, 개인으로 정리할 수 있다.

현재 디스플레이는 쓰임이 두 분야로 나뉘어 있다. 고정형 디스플레이의 발전 방향은 대형 고화질 화면이다. 휴대용 기기의 디스플레이는 파손되지 않고 다양한 환경에서도 잘 보이며 전기 소모가 작은 성능을 요구한다. 여기에서 목표하는 10년 후의 미래 디스플레이의 모습은 이 기술 트렌드의 연장선상에서 예측해볼 수 있다.

디스플레이의 정의 : 도구적 관점과 기능적 관점

일반적으로 디스플레이라고 하면 TV 화면, 컴퓨터 모니터, 휴대폰 화면 등을 연상하게 된다. 그런데 이렇게 기계의 관점으로 본다면 기술적인 시각으로만 파악하게 되어 미래의 디스플레이에 대한 체계적이고 통합적인 사고를 하기가 어렵다. 그래서 디스플레이가 수행하는 기능에 대하여 명확하게 정의하는 것이 필요하다. 이러한 과정은 환경 스캐닝environmental scanning, 문헌 조사 방법을 이용한다.

디스플레이가 수행하는 기능의 관점에서 생각하면 디스플레이의 정의는 어떤 정보를 시각화하여 사람에게 전달하는 도구이다. 여기서 키워드를 뽑을 수 있다. 그것은 정보, 시각화, 사람, 전달, 도구이다. 이러한 키워드에 따라서 다양한 관점을 확보할 수 있다.

- 정보에서 본다면 정보의 종류가 무엇이고 누가 정보에 관여하는지 살펴볼 수 있다.
- 시각화에서 본다면 화질, 컬러, 3D 등의 관점이 있다.
- 사람의 입장에서는 디스플레이를 이용하는 생활공간이나 작업 종류 등을 생각할 수 있다.
- 전달에서는 시각 정보를 전달하는 방송, 통신, 인터넷 등 전달 방식과 그에 관여하는 주체들을 고려하여야 한다.
- 도구를 생각한다면 직접적으로 보고 손에 잡히는 디스플레이 화면과 그것이 장착되어 있는 기구로서 TV, 모니터, 휴대폰, 광고판 등 다양한 정보 전달 장치이다. 구체적인 디스플레이의 크기나 모양 그리고 그것을 구성하고 있는 하위 시스템을 포함한다. 하위 시스템에는 전기기구, 배터리, 회로, 반도체, 금속, 희귀 원소 등이 있다.

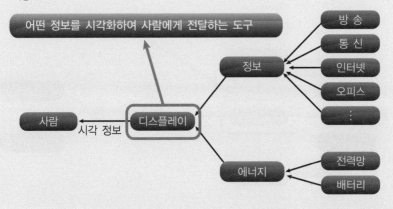

위 그림은 디스플레이가 수행하는 기능 요소의 흐름을 개념화하여 나타낸 것이다. 우선 디스플레이라는 전자기기가 작동하기 위해서는 전기에너지가 필요하다. 이 전기에너지는 전력망이나 배터리를 통하여 공급된다. 그리고 정보는 방송, 통신, 인터넷을 통하여 전달되며, 사무실과 학교 등에서 생산된 정보도 포함된다. 이 정보들은 시각적으로 표시되어 사용자에게 전달된다.

그러나 이 기능도는 현재 사용하고 있는 전자기기가 수행하는 기능을 잘 설명하고 있으나 사람들의 생활 스타일에 따른 디스플레이 기능의 변화 및 확장을 설명하기에는 부족하다. 그래서 미래 시점에 디스플레이의 변화를 설명하기 위하여 관점의 전환을 해본다.

다음 그림은 다양한 환경에 있는 사람이 디스플레이 기능을 사용하는 것을 개념화한 것이다. 이러한 관점에서 여러 환경에 적합한 디스플레이의 특징을 생각해볼 수 있다.

사람 중심의
디스플레이 기능도

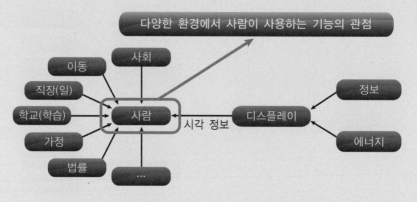

미래 예측 1단계 : 문제 정의

일반적으로 문제가 발생하였을 때 그 문제 해결의 첫 걸음은 문제를 명확히 정의하는 것이다. 아래는 미래 예측 문제 정의 10개 질문과 체크리스트이다.

질문	내용
1. 프로젝트 목적	우리나라 디스플레이 산업의 미래
2. 결과 사용자, 용도	업계 관계자, 정책 결정자
3. 자원(기간, 예산, 제약 조건, 스폰서)	한 달(2014년 4월 27일 팀 구성, 5월 21일 프레젠테이션, 5월 28일 보고서 제출)
4. 대상 시간 범위	2024년경
5. 프로젝트 참여자	고락현, 김준호, 유민기, 정봉찬
6. 이해관계자	LG 디스플레이, 삼성 디스플레이, CMI(치메이이노룩스), AUO(AU 옵트로닉스), 샤프, 소니, 애플, 구글, 한국 정부, 일본 정부, 대만 정부, 중국 정부, 방송업계
7. 데이터, 정보 활용 가능성	문서, 논문, 기업 보고서, 특허

질문	내용
8. 예측 방법과 통합 방법 결정 – 방법들의 상호 관계	환경 스캐닝, 문헌 조사, 전문가 그룹 브레인스토밍, 시나리오, 미래 바퀴
9. 소통 전략(투명한 절차와 결과 – 사용자, 이해관계자)	한국 정부, 전자 기업의 지속 성장 방안 논의
10. 결과 배달 방식 형태, 결과 수행 방안	디스플레이 산업 우위 지속을 위한 보고서 제공

미래 예측 2단계 : 관련 요소 추출

아래 표는 STEPPER에서 디스플레이 산업과 관련된 요소를 중요도에 따라서 나타낸 것이다. 단, 소수의 사람이 짧은 시간 논의하고 결정하였기 때문에 표의 신뢰도와 정당성에 문제가 있을 가능성이 있다. 또한 세부 요소들이 중요한 것으로 결정된 이유가 팀원마다 다를 수 있다.

구분	사회 (Society)	기술 (Technology)	환경 (Environment)	인구 (Population)
매우 중요	life style, media, entertainment	engineering	pollution	employment
중요	culture	R&D, design, networking	environment (terrain, climate, geopolitics)	birth control, aging, housing, clothes
관계 있음	education, health-care, welfare, social infra	innovation, communications, transportations(car, road, train, air, ship)	land use	labors
관계 미약	safety, tourism, integrity	science, technique, intellectual property, ventures, city, security, art	natural, climate change, ocean, plant	animals, food

구분	정치(Politics)	경제(Economy)	자원(Resource)
매우 중요	intelligence	trade, management	
중요	governance, policy	industry	energy, grid infra (power, gas, thermal)
관계 있음	law	service(commerce, insurance), logistics, inequality	natural resource (minerals, petrol, gas, coal)
관계 미약	political leadership, citizenship, territory, sovereignty, diplomacy	agriculture, enterprise, finance, tax, bonds, currency, growth rate, living cost	water, electricity

　　디스플레이 산업 관련 STEPPER 세부 요소를 결정하기 위하여 3단계를 거친다. 우선 1단계로 각 세부 요소를 놓고 디스플레이 관련성에 대하여 토론을 진행한다. 하지만 세부 요소의 개수가 많고 각 요소의 중요성에 대한 의견 차이가 있어서 합의가 쉽지 않을 것이다. 그러므로 그 다음 2단계로 팀원들 각자가 중요하다고 생각하는 세부 요소의 리스트를 제출하게 하고, 그 리스트를 바탕으로 종합하여 점수로 숫자화하여 중요도를 결정한다. 마지막 3단계로 중요하지만 비전문가들의 다수 의견에 의하여 누락된 경우나 반대의 경우를 토의하여 세부 요소의 중요도를 변경하는 작업을 진행한다. 경영 management 요소는 중간 보고에서 매우 중요함에서 누락되었지만 이후 핵심 요소로 결정되었다.

　　이러한 과정을 통하여 80여 개의 STEPPER 세부 요소를 매우 중요함, 중요함, 관계있음, 관계 미약의 4단계로 나누고, 그중에서 매우 중요함의 항목을 9개의 요소들로 압축한다.

미래 예측 3단계 : 핵심 동인 결정

핵심 동인 추출 – 상호작용 다이어그램

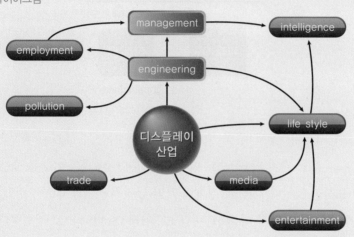

위 그림은 디스플레이 산업과 관련하여 STEPPER 중 매우 중요함을 나타내는 9개 요소의 상호작용을 표시한 것이다. 라이프 스타일 life style은 다른 요소들과 많은 상호작용이 있음을 알 수 있다. 그러나 사회적 관점, 기술적 관점, 정치적 관점 등 각 관점에 따라서 각 요소들 간의 인과관계가 달라질 수 있다. 이 그림에서 경영management과 기술engineering을 가장 중요한 핵심 요소로 상정하였다. 왜냐하면 다른 요소들과는 달리 이들 두 가지 요소는 디스플레이 산업 발전을 직접적으로 이끌 수 있고 동시에 관련자들이 제어 가능한 요소이기 때문이다.

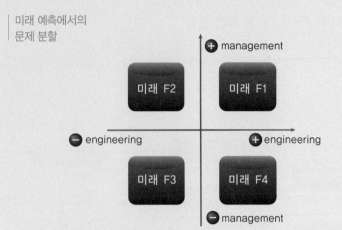

위 그림은 앞서 핵심 요소로 결정된 기술engineering과 경영 management을 각각 x, y축으로 하여 각 사분면에 4개의 미래를 구분하여 표시한 것이다. 기술과 경영이 각각 긍정적일 경우와 부정적일 경우를 조합하여 각각 미래 F1, 미래 F2, 미래 F3, 미래 F4로 정의한다.

이후 4단계의 미래 예측에서 다양한 방법을 사용하여 도출된 결과들을 5단계 결과 통합을 하면서 각 미래에 대하여 활용하도록 한다.

미래 예측 4단계 : 미래 예측

전문가 그룹 브레인스토밍experts group brainstorming

다음과 같은 순서로 디스플레이 관련 전문가 그룹 브레인스토밍을 실시한다.

- 전문가 그룹 : 17명
- 일시/장소 : 2014년 5월 13일 지리산 소재 펜션
- 주제 : 2024년의 우리나라 디스플레이 산업
- 진행 순서

(1) 3차원 미래 예측 소개(10분)

(2) 조별 토의(25분) : 1명 진행, 4개조(4인 1조)

(3) 발표 및 질의 응답(20분)

(4) 마무리 발언(5분)

각 조별 발표를 요약한 내용은 다음과 같다.

● 1조

- 앞으로 상용화가 예상되는 디스플레이 기술 : 증강현실, 투명, flexible, foldable, stretchable, 대형화면, 홀로그램, 개인용 3D
- 상용화를 위해 필요한 기술 : 데이터 전송 기술, 저전력, UHD(Ultra High Definition) 기술
- 활용 가능 분야 : 광고, 교육, 운동, 의료, Bio 융합, 장애인용
⇨ 개별 기술에 따른 미래 디스플레이의 형태에 초점

● 2조

- 2014년 현재 디스플레이 산업의 강자 : 삼성(제조), 구글(정보), 아마존(유통), 애플(3개 요소 모두 갖춤)
- 10년 후 디스플레이 산업에서 살아남기 위한 조건 (판매 가능한 시장은 제한적)
  – 제조, 정보, 유통 등을 결합하고 갖추어야 살아남음
  – 단순한 전자제품이 아닌 문화를 파는 회사만 존재 가능
⇨ 공급자 생태계 관점에서 본다면, 현재의 시스템에서 벗어나지 못한다면 10년 후 우리나라 디스플레이 산업은 망할 수 있음

3조

- 디스플레이 개념의 변화 : 단순한 스크린에서 윈도우, 유비쿼터스 개념으로 변화
- 한국 디스플레이 산업의 특징
  - OLED 기술 및 시장이 상당히 성장
  - 일본의 기술력, 중국의 제조 기술 및 기술력 등 경쟁국의 유망 기술 집중 지원 및 투자로 위기감 고조
- 디스플레이 산업에서 한국의 경쟁력 강화 방안 : 신소재 및 부품 개발
⇨ R&D 강조

4조

- 디스플레이 산업이 급격하게 성장한 시점 : 약 10년 전, 2002년 월드컵
- 10년 간 디스플레이 기술의 발전 : 프로젝션 TV, 평면 CRT, LCD, PDP, Flexible
- 앞으로 10년간 개발될 디스플레이 기술 예상 : 두루마리형, 레고형(조립하여 대형으로 만듦), 따라다니는 스크린
⇨ 과거 10년간 비약적인 발전을 이룸
  앞으로 10년 또한 새로운 기술이 개발되어 디스플레이 산업이 발전할 것임

미래 예측 5단계 : 예측 결과 통합

핵심 요소 중심 결과 통합

기술 관점핵심 요소 1 : engineering

아래 그림은 미래 바퀴futures wheel를 사용하여 현재 디스플레이가 앞으로 어떻게 발전하는지 예측한 것이다. 그리고 다양한 용도의 디스플레이에 필요한 요소 기술들을 표시하였다.

그림의 첫 번째 범위에 포함된 기술들은 현재 평면 디스플레이 공정에서 더욱 발전되거나 파생된 기술들이다. 특징은 대규모 투자로 이루어진 일괄 공정으로 생산할 수 있다는 것이다. 이 분야는 우리나라 제조업체에서 강점을 가지고 있다. 그리고 초기 투자에 대규모의 자본이 소요되기 때문에 새로운 경쟁자가 진입하기 어렵다. 이

미래 바퀴 :
기술 관점 예측 결과 통합

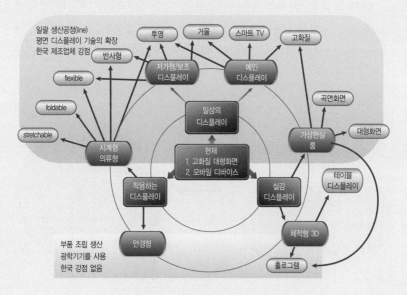

에 반해 그림의 두 번째 범위에 속하는 안경형과 홀로그램 기술은 생산 방식이 여러 부품을 조립하는 형태이다. 그리고 우리나라 업체들에게 장점이 없다.

경영 관점핵심 요소 2 : management

아래 그림은 디스플레이 시장과 연관된 산업의 변화를 표현한 것이다.

기능적 측면에서 디스플레이는 정보를 시각화하여 전달하는 도구라고 정의한다면, 여기서 대표적인 키워드로 정보, 전달, 도구를 선택할 수 있다. 각 키워드가 대표하는 분야를 정리하면, 정보는 문서, 서적, 음악, 사진, 동영상, 광고 등의 형태로 개인과 단체에서 생산되는 것이다. 전달은 검색, 유통, 네트워크, 미디어 등과 같은 플랫폼이다. 도구는 컴퓨터, 스마트폰, TV 등 실제 디스플레이를 탑재한 전자제품이다.

현재 디스플레이 시장은 이들 세 분야의 강자들이 자신의 영역에서 기반을 다지고 있다. 대표적으로 정보는 검색 회사에서 출발한 구

2024년 디스플레이 시장
변화 예측

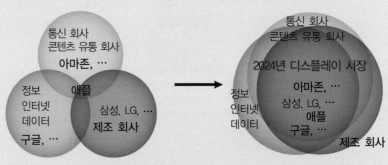

글이 대표 기업이다. 구글은 콘텐츠와 제조 분야로 점점 확장하고 있다. 예를 들어, 동영상 공유 사이트인 유튜브를 인수하여 영상 정보 콘텐츠 유통 플랫폼을 장악하고 있다. 그리고 안경형 디스플레이인 구글 글라스를 선보였다. 만약 구글 글라스가 대중화에 성공한다면 휴대용 정보통신 단말기인 스마트폰은 큰 타격을 받을 가능성이 매우 높다.

콘텐츠의 유통 분야는 미국 기업인 아마존닷컴이 대표 기업이다. 아마존닷컴은 지금까지는 미국 시장에 주력하고 있지만 비즈니스 국가의 개수를 급격하게 증가시키고 있다. 올해 또는 내년 중에 우리나라도 포함될 것으로 예상하고 있다. 그때 우리나라 시장이 받을 충격은 몇 년 전 애플 아이폰이 우리나라에 진출하였을 때의 충격에 비견될 수 있다. 아마존은 온라인 서점으로 시작하여 현재는 DVD, CD, 컴퓨터 소프트웨어, 전자제품, 옷, 가구, 음식, 장난감 등 취급 제품을 다양화하고 있다. 우리나라의 G마켓과 비슷하다. 그런데 아마존은 온라인 서점에서 출발하였기 때문에 서적 콘텐츠 분야에서 압도적 지배력을 가지고 있다. 이 비즈니스를 위하여 태블릿 PC와 전자책을 저가에 보급하는 전략을 쓰고 있다.

제조업 기반의 대표 기업은 애플과 삼성이라고 할 수 있다. 애플은 개인용 컴퓨터 제조업체였지만 음악 콘텐츠를 많이 확보하고 있고 아이튠즈라는 자체 유통 시스템을 확보하면서 정보, 유통, 제조의 삼박자를 갖추고 확고한 IT 업체로서 입지를 확보하고 있다. 특히, 기술을 잘 알고 있기 때문에 콘텐츠와 유통 플랫폼을 디바이스에 잘 녹여낼 수 있었고 이것이 성공의 열쇠가 되었다. 이에 비하여 우리나라 기업인 삼성, LG 등은 아직 제조업의 영역에 머물고 있다.

구글, 아마존, 애플 등 세계적 기업들은 자신의 영역을 기반으로 상대방 영역으로 영향력을 확대해가고 있고 그러한 경향은 점점 더 가속화될 것이다. 미래에는 이 세 가지 분야가 유기적으로 결합되어 소비자에게 시각 정보를 가장 효과적이고 편리하게 전달할 수 있는 기업만이 생존할 수 있는 시장 환경이 조성될 것이다.

기술 트리와 경영 환경의 변화

다음 그림은 우리나라 대기업이 강점을 가지고 있는 평면 디스플레이 기술 트리와 환경을 시각화한 것이다. 일본 업체나 중국, 대만 업체와 비교하여 LCD, OLED, 각종 TFT, 신소재 기술 등 각종 요소 기술은 기술의 포화 상태에 도달하여 프로세스 혁신 단계라고 할 수 있다. 새로운 제품을 만드는 것보다 비슷한 제품이라도 더욱 잘 만드는 것이 중요한 단계라는 뜻이다. 요소 기술들에서는 일본 업체들이

기술 트리와
경영 환경

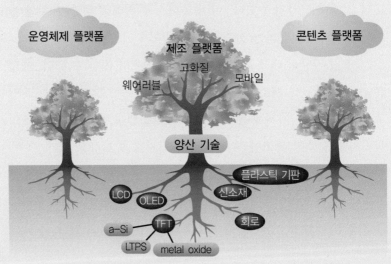

훌륭한 기술력을 확보하고 있으나 양산 기술은 우리나라에 비하여 경쟁력이 떨어진다. 그래서 양산 기술에 강점이 있는 우리나라 대기업이 경쟁력을 가지고 제조 플랫폼을 확보할 가능성이 있다. 우리나라는 스마트 기기 등의 운영체제 플랫폼을 장악하고 있는 구글 안드로이드, 애플과 비교적 협력적인 관계를 유지하고 있으나 시장 환경의 변화에 대비하여 확고한 제조 플랫폼을 확보하는 전략이 필요하다.

4개 미래 활용

디스플레이 산업과 관련하여 핵심 2가지 요소인 기술engineering과 경영management의 관점에서 각각 결과를 정리하였다. 이 두 가지 요소를 각각 x축과 y축으로 두고 결과들을 통합하였다.

기술이 $\ominus$engineering인 경우, 외부적 요인으로는 경쟁국의 기술이 앞서나갈 경우이고, 내부적으로는 이공계 기피 현상으로 R&D 역량이 위축되는 경우이다. 기술이 $\oplus$engineering인 경우, 현재의 추세

4개의
미래 활용

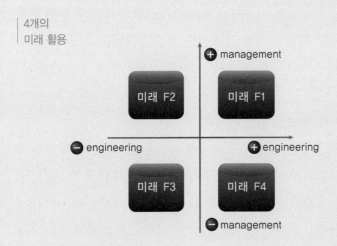

Case 3차원 미래 예측법을 활용한 미래 경영 사례

미래 F1 Optimistic	• 뛰어난 경영 전략과 생산 기술을 바탕으로 경쟁력 확보 • 정보통신 콘텐츠 등 연관 산업의 경쟁력 강화로 시너지 효과 • 지속적인 R&D 투자로 독보적 신기술 확보하여 지속적 성장
미래 F2 Possible	• R&D 인력 확보에 어려움이 있고 신기술 개발 경쟁 치열 • 이미 확보된 지식재산권을 바탕으로 치열한 특허 분쟁 지속 • M&A, 특허 매입 등으로 시장 경쟁력 확보
미래 F3 Pessimistic	• 경영 실패로 기술 개발 경쟁에서 완전히 뒤처짐 • 저가형은 중국, 고부가 제품은 일본으로 세계 시장 분점 • 한국 디스플레이 산업 붕괴
미래 F4 Plausible	• 창의성 없는 경영으로 시장 영향력 확대 실패 • 단순 디스플레이 패널을 생산하는 하청 기업화 • 국제 경쟁력 없는 저부가가치 산업

가 지속되는 경우이다.

경영은 콘텐츠 분야와 유통 분야로 영향력을 확대할 수 있느냐 하는 것이 관건이다. 경영이 ⊖management인 경우, 현재의 상황에 안주하는 경우이다. 경쟁 기업들이 변화와 확장을 추구할 때 아무 일도 하지 않으면 저절로 포위되어 단순히 디스플레이 패널을 공급하는 하청 업체가 되기 때문이다. 경영이 ⊕management인 경우, 적어도 구글이나 아마존이 차지하고 있는 세계적 콘텐츠나 유통 플랫폼을 일부나마 차지할 수 있는 경우이다. 이것은 단순히 개별 기업 차원의 경영 문제가 아니라 정부 차원에서의 노력이 매우 중요하다.

3차원 미래 예측을 활용한 통합

지금까지 통합한 결과는 각 분야를 시간을 축으로 이동하여 분석한 것이다. 그러나 공간이라는 또 다른 축을 도입하여 분야, 시간, 공간 3개 축을 통합한 분석이 필요하다. 그 이유는 가능성 높은 미래가 예상되면 각각의 이해관계자들이 저마다의 노력으로 각자에게 유리한 미래가 이루어지도록 전략이 변화하고, 그에 따라서 또 다시 미래 가능성이 변화하기 때문이다.

미국의 미래 전략

미국 기업 입장에서의 바람직한 미래 전략을 생각해보자. 현재 대표적인 IT 기업은 대부분 미국에 기반한 다국적기업이다. 구글, 아마존, 애플 등 디스플레이 분야에 관련된 대표 기업이 이에 해당한다. 핵심 정보, 콘텐츠, 유통 분야에서 모두 이들 기업들이 압도적인 영향력을 발휘하고 있으며, 앞으로 우리나라, 일본, 중국 등 제조 회사들은 제품 생산을 위한 하위 파트너가 될 가능성이 크다.

중국의 미래 전략

공간을 중국으로 옮겨 생각해보자. 지금까지 중국은 디스플레이 산업과 태양광 산업에 막대한 투자를 하면서 실력을 키워왔다. 중국은 경제적 이유뿐만 아니라 정치적 이유로 이들 산업에 투자하였다. 중국 국가 전략이 내부적으로는 소수 민족 통합으로 정치적 안정이 목표라면 외부적 전략의 주된 대상은 미국과의 관계이다. 중국의 정보, 유통 등 국가 전략 분야까지 미국에게 장악되는 것을 중국은 받아들일 수 없을 것이다. 그렇다고 실력으로 경쟁하여 중국 기업이 시장 지배력을 확보하는 것도 어렵다. 그렇다면 판을 흔드는 것이 그들의 선택이 될 수 있다. 아마도 영어 기반이 아닌 중국어 기반의 정보와 콘텐츠가 유통되는 플랫폼을 만들어 새로운 시장 생태계를 조성하는 것이 그들의 이익에 적합할 것이다.

우리나라의 미래 전략

우리나라는 디스플레이 기기 생산에 강점을 가지고 있다. 그러나 나머지 영역에서는 미국의 기업들과 비교하여 경쟁력이 미흡하다. 그렇지만 중국이 정보의 생산과 유통 분야에서 미국이 압도하는 상황을 그대로 받아들이지 않을 것이기 때문에 그 사이에서 우리나라가 선택할 수 있는 여지가 있을 것으로 보인다.

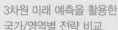

3차원 미래 예측을 활용한
국가/영역별 전략 비교

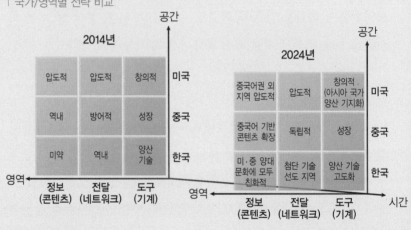

위의 그림은 공간, 영역, 시간의 3차원을 고려한 미래 예측이다. 공간에서는 미국, 중국, 유럽, 일본, 우리나라가 있으나 디스플레이 분야에서는 미국과 중국이 상위 대상국이고 유럽과 일본은 하위 대상국으로 판단하였다. 영역은 시각 정보를 전달하는 기구가 디스플레이라는 정의에 따라 정보콘텐츠 분야, 전달네트워크 플랫폼 분야, 도구각종 디스플레이 기계 제작 분야로 3분하였다. 시간은 현재와 10년 후인 2024년으로 설정하였다. 2024년의 디스플레이 업계의 세계 전략 판도는 다음과 같이 예측된다.

- 미국의 압도적 지배력은 여전히 유효하며, 더욱 강화될 가능성이 높다.
- 중국은 거기에 대항하여 독립적 정보 생산 및 전달망을 확보하려고 노력할 것이다.
- 우리나라는 경제적 측면을 고려하여 이머징 국가_{중국}에 편승하는 것이 장기적으로 이득이 될 것으로 판단된다.

미래 전략 수립

⬡ 비전

우리나라의 디스플레이 산업은 기술과 경영 어느 한쪽에 치우치지 않은 발전 전략으로 세계 시장을 선도할 수 있는 미래를 만든다.

⬡ 미래 F1 수립 전략

1. 기술 관점(F2, F1) : R&D 기술 개발에 대한 투자를 확대하는 동시에 직무 발명에 대한 보상을 체계화하는 등 긍정적 청사진을 마련하여 이공계 기피 현상을 해소하고 기업 경영과 시너지 효과를 일으키도록 한다.
2. 경영 관점(F4, F1) : 오너 경영과 전문 경영인 체제를 도입하여 합리적인 의사결정이 이루어지도록 하며, 두 체제의 장점을 적극 활용하여 기술 발전과 시너지 효과를 일으키도록 한다.
3. 연관 산업(콘텐츠 및 네트워크 플랫폼) : 디스플레이 수출 시장에서 벌어들이는 이익을 연관 산업 분야에 투자하는 것이 바람직하다. 경쟁력 있는 콘텐츠를 지속적으로 생산할 수 있는 생태계가 마련되고 독립적 유통망을 확보할 수 있다면 현재 불안한 디스플레이 시장의 미래를 보다 밝고 건강하게 지속시킬 수 있다.

우리나라는 강점이 있는 기술 기반을 계속 유지 강화해야 하고, 세계적으로 성공할 수 있는 콘텐츠를 지속적으로 생산할 수 있는 환경을 조성해야 한다. 그래야 우리나라 디스플레이 산업의 미래는 희망적일 것이다.

그동안 우리나라는 영화, 드라마, 음악 등 문화 콘텐츠가 중국, 미국을 포함한 세계 시장에서 성공할 수 있다는 것을 충분히 증명하였다. 다만, 그것들을 담아낼 유통 플랫폼이 아직 세계적인 경쟁력을 갖추지 못하고 있다. 오히려 문화 창작인들의 희생을 강요하는 시장 시스템으로 인해 창의력이 죽어가는 등 경쟁력 있는 콘텐츠의 생산이 저해되고 있다. 따라서 정부 정책 차원에서 창의성 있는 벤처 기업들을 육성하여 페이스북과 같은 기업이 될 수 있도록 경영 환경을 조성하는 것이 매우 중요하다.

현재가 가능성 높은 미래 F4가 될 것인지 낙관적인 미래 F1이 될 것인지 매우 중요한 시점이다.

참고 문헌

이광형, 《이광형 교수의 3차원 창의력 개발법》, 이광형, 비즈맵 2012. 1.

추혜용 외 6인, "훤히 보이는 차세대 디스플레이", ETRI, 2013. 2.

Jerome C. Glenn, "The Futures Wheel", AC/UNU Millennium Project, 1994.

입는 컴퓨터의 미래

입는 컴퓨터wearable computer란 입고 다니면서 작동되는 컴퓨터, 즉 ICT정보통신기술를 활용한 단말기를 몸에 착용하는 형태이다. 입는 컴퓨터는 자유롭게 이동하면서 두 손을 자유롭게 쓸 수 있는 편리성과 주변 환경에 대한 상세 정보나 개인의 신체 변화를 실시간으로 수집할 수 있어 현재 차세대 기술로 각광받고 있다. 현재의 기술로는 보통 안경에 디스플레이 장치가 첨가된 착용형 안경이나 스마트 시계, 스마트 의류 등이 출시되어 있다.

입는 컴퓨터가 발전하기 위해서는 생활 속 사물들을 유·무선 네트워크로 연결하는 '사물 인터넷'과 다른 산업과 ICT의 융합이 매우 중요하다. 예를 들면, 패션 산업인 시계에 인터넷이 연결되어 GPS를 통한 라이프로그life log나 심장 측정 센서 등을 통해 헬스케어health-care 서비스를 받을 수 있다.

이처럼 입는 컴퓨터는 차세대 스마트 기기의 중심에 있으면서 다양한 영역의 사업자들에게 새로운 사업 분야로 선택받고 있다. 입는 컴퓨터의 형태는 안경이나 시계 등의 액세서리형에서 속옷, 신발 등의 의류형으로 기술 개발이 진행될 전망이다. 이에 따라 글로벌 IT 기업들의 입는 컴퓨터 시장 선점을 위한 기술 개발 등 대격돌이 예고되고 있다.

출처 : KAIST 미래전략대학원 미래 예측 보고서

미래 예측 1단계 : 문제 정의

먼저, 문제 정의를 위해 10가지 질문을 작성한다.

질문	세부 내용
1. 목적	15년 후 입는 컴퓨터(wearable computer)의 미래 예측
2. 결과 사용자, 용도	• 국가 산업 정책 입안자/이용자(인지과학 및 IT 분야) • 산학연 종사자(인지과학 및 IT 분야)
3. 자원, 기간	• 기간 : 1개월 • 프로젝트 인원 : 4명
4. 대상 시간 범위	mid-term(15~20년 뒤의 미래)
5. 팀 참여자	연구원, 공무원, 학생(유철규, 이두연, 조진삼, 최선)
6. 이해관계자	전자 산업 관계자, 정부 관계자
7. 데이터, 정보 이용 가능성	• 인지과학과 IT의 융합 트렌드 보고서(SERI, LG경제연구소, 국내외 연구 기관 등) • 이머징 이슈를 도출할 수 있는 각종 자료들(인터넷, 데이터 마이닝)
8. 예측 방법	STEPPER, TSA(Technology Sequence Analysis), System Dynamics Simulation(Vensim model)
9. 소통 (사용자, 이해관계자)	• 매주 : 팀원 간 연구 결과 공유(offline) 및 이해관계자 메일 알림 • 매일 : 검토 결과 및 진척 사항 확인(E-mail) • 수시 : 의견 교환(Kakao Talk)
10. 결과물 제출 방식, 형태	발표, 보고서 제출

다음으로, 미래 변화와 관련된 요소를 단계별로 추출한다.

1단계 : 환경 분석

15년 뒤 사회 전반의 미래상에 대해 STEPPER를 활용하여 광범위하게 분석한다. 미래 예측 대상과 관련된 관심 영역에 대하여 Society, Technology, Environment, Population, Policy, Economy, Resources 등 7개 측면의 미래상에 대하여 질적 분석을 실시한다. 그런 후 광범위하게 도출된 STEPPER 분석 결과를 요약하여 이를 가장 잘 대표하는 한두 단어의 핵심 동인을 도출한다.

2단계 : 기술 분석

입는 컴퓨터 관련 요소 기술들의 진보 양상을 TSA Technology Sequence Analysis를 통해 분석하여 15년 뒤 기술적 성숙도를 예측한다.

3단계 : 종합 분석

환경 분석과 기술 분석을 종합하여 15년 뒤 입는 컴퓨터 시장의 크기를 CLD Causal Loop Diagram, 시스템 다이내믹스 system dynamics를 활용하여 시뮬레이션한다.

- 환경 분석에서 도출한 핵심 동인을 대표하는 통계 항목을 선정한다.
- 통계 항목과 TSA 결과를 시스템 다이내믹스 모델에 삽입한다.
- CLD : 삽입된 정량적 요소 간의 인과관계 지도를 작성한다.
- 시스템 다이내믹스 시뮬레이션 : 정량적 요소 간의 방정식 system equation을 수립한 후, 15년 뒤 입는 컴퓨터 시장의 크기를 도출한다.

단계	미래 예측 기법	구체적 방법
1단계 (환경 분석)	environment scanning (& contents analysis)	• STEPPER 활용 • 환경 스캐닝을 이용한 트렌드와 이머징 이슈 찾기
2단계 (기술 분석)	TSA	• 기술 개발 실현 시기 예측 • 하이테크(high tech)와 하이터치(high touch) 비교
3단계 (종합 분석)	system dynamics	• STEPPER로 도출된 핵심 동인과 TSA 결과 반영 • STEPPER에 의해 분석된 입는 컴퓨터에 대한 수요와 TSA에 의해 분석된 기술적 완성 시기 매칭 : 특정 시점의 입는 컴퓨터 수요량 시뮬레이션

미래 예측 2단계 : 관련 요소 추출

STEPPER 분야별 분석 결과 요약

- 핵가족화, 여성의 사회 진출 확대, 저출산, 고령화사회 등 인구 요소의 변화가 핵심 동인이 되어 개인과 가족의 삶을 돌보아주는 맞춤형 헬스케어health-care, 복지welfare 서비스에 대한 요구가 증가하여 IT와 인지과학이 융합된 돌봄 서비스가 확대될 것이다.
- 개인주의, 획일성에 대한 거부, 포스트모더니즘 등의 영향으로 개인의 삶을 표출하려는 욕구 증대, 개성을 드러내는 제품과 서비스를 요구하면서 사회의 다양성이 증대될 것이다. 그에 따라 인지과학을 이용한 개인 맞춤형 기술이 개발되고, 수많은 정보 중에서 개인의 성향과 시시각각의 정서적 측면까지 파악하여 세심하게 맞춘 정보 제공, 개인의 능력을 최대한으로 끌어올릴 수 있는 교육과 사회적 인프라가 마련될 것이다. 또한 더욱 직관적이며 사용하기 쉽고 빠른 소셜 네트워크를 통한 소통이 증대될 것이다.
- 정치권의 방향성과 정책의 유효성에 따라 차이는 보이나, 경제권은 적어도 향후 15년간 계속적으로 발전과 번영의 방향으로 나아갈 것이다. 특히, 창조와 혁신을 장려하는 분위기가 핵심 동인으로 작용하여 새로운 기술이 개발되고 산업이 견인되며 새로운 가치가 창출되는 일이 증대될 것이다.
- 경제의 발전과 번영은 '자원의 공유'라는 형태로 더욱 증대되는데, 이는 IT와 인지과학의 발전 및 융합으로 더욱 심화될 것이다.
- 인지과학의 발달은 인간과 자연과의 교감 능력도 증대시킬 수 있을 것으로 기대된다. 그로 인한 친환경 기술과 산업이 발달

할 것이다.

- 오감을 만족시키고, 감정적·정서적으로 충족시켜 줄 수 있는 기술에 대한 요구가 늘어날 것이다.
- 인지과학의 발달로 오감 인식 과정 규명 및 구현화, 그로 인한 새로운 형태의 기술과 매체가 출현할 것이다.

STEPPER	분석 결과 및 핵심 동인
사회 (Society)	• 문화와 사고 방식의 변화, 사회적 트렌드, 교육의 정의와 방법의 개혁, 헬스케어의 변화, 복지 패러다임 변화, 사람들의 라이프스타일 변화 등 핵심 동인 : 초연결, open & customized learning, quality of life, ubiquitous, 고독과 도움(solitude & help)
기술 (Technology)	• 인지과학과 응용 및 융합 학문의 미래(뇌신경 과학, 인지 컴퓨팅, 지능화 시스템, 인지 로보틱스, 감성 공학, 각종 인문학과의 결합) • 기타 Technology : R&D, IP, transportation, communication, networking, security, art, design 등 • ICT 산업에서의 인지과학 수요 전망 핵심 동인 : 하이테크, 하이터치
인구 (Population)	• 15년 뒤 인구 증감 분석, 연령대별 비율 분석 • 인지과학의 발전에 따른 고용 환경 및 노동력의 변화 핵심 동인 : 장수, 여성 참여
정치 (Politics)	• 인지과학과 IT에 대한 국가 지원 • 창조경제를 향한 국가 지향과 그 집행 능력 핵심 동인 : 참여 정치
경제 (Economy)/ 환경 (Environment)/ 자원 (Resources)	• 혁신적인 비즈니스 모델(IT, NT, 산업 성장의 한계 분석과 IT–NT–인지과학 융합 산업의 도래) • 비즈니스 환경 변화(정책, 인프라, 사회적 인식, 기업가 정신, 가치사슬(value chain) 변화) • 경제 체제의 변혁, 글로벌 경제화 : 공유 경제, 3차 산업혁명(지식 산업화) • 지구 생태 환경 유지/보존의 대안으로서 인지과학 및 생태학(cognitive ecology) 기술 활용 • 자원 절약 관점에서의 IT–NT–인지과학 융합 산업의 기여가 클 것으로 예상 핵심 동인 : 고효율 생산 소비

핵심 동인 종합

STEPPER 각 영역에서 도출한 핵심 동인을 종합하여 볼 때, 15년 뒤 미래사회를 대표하는 키워드는 고독과 도움solitude & help으로 추정된다. 따라서 15년 뒤 인류사회의 키워드인 고독과 도움을 해결하는 데 쓰이는 도구로서 입는 컴퓨터가 지녀야 할 속성들이 무엇인지 분석해야 한다. 아울러 그와 같은 속성들을 구현하기 위해 필요한 요소 기술은 무엇이며, 현재 그러한 요소 기술들의 개발 현황과 향후 개발 가능성에 대한 분석이 필요하다.

미래 예측 3단계 : 핵심 동인 결정

기술 단계 분석TSA을 통해 입는 컴퓨터 구현 기술의 핵심 동인을 결정한다.

- 15년 뒤 인류사회의 키워드는 '고독과 도움'
- 이를 해결하는 데 쓰이는 도구로서 입는 컴퓨터가 지녀야 할 속성들이 무엇인지 분석
- 아울러 그와 같은 속성들을 구현하기 위해 필요한 요소 기술은 무엇이며, 현재 그러한 요소 기술들의 개발 현황과 향후 개발 가능성에 대한 분석 수행
- 입는 컴퓨터가 지녀야 할 속성 : 중재성mediation, 항시성constancy, 증대성augmentation
- 입는 컴퓨터가 지녀야 할 속성을 구현하기 위하여 필요한 요소 기술들

  - Context-Enhanced Services
  - Machine to Machine Communication Service
  - Internet of Things
  - Big Data and Extreme Information Processing & Mgmt.
  - Activity Streams

- Decency in Device Appearances
- Quantum Computing
- Wireless Power
- Ignorable Device Size
- Location-Aware Applications
- Predictive Analytics
- Speech Recognition
- Gesture Recognition
- Natural Language Question Answering
- Augmented Reality
- Human Augmentation
- Computer-Brain Interface
- Virtual Worlds, Virtual Assistants_{Friends}, Virtual Doctor

- 요소 기술들의 간략화streamlining : 기술들을 하이테크high tech 관련 기술과 하이터치high touch 관련 기술로 분류

하이테크(High Tech)	
중재성 (Mediation)	• Context-Enhanced Services • Machine to Machine Communication Service • Internet of Things • Big Data and Extreme Information Processing & Mgmt. • Activity Streams
하이터치(High Touch)	
항시성 (Constancy)	• Decency in Device Appearances • Quantum Computing • Wireless Power • Ignorable Device Size
증대성 (Augmentation)	• Location-Aware Applications • Predictive Analytics • Speech Recognition • Gesture Recognition • Natural Language Question Answering • Augmented Reality • Human Augmentation • Computer-Brain Interface • Virtual Worlds, Virtual Assistants(Friends), Virtual Doctor

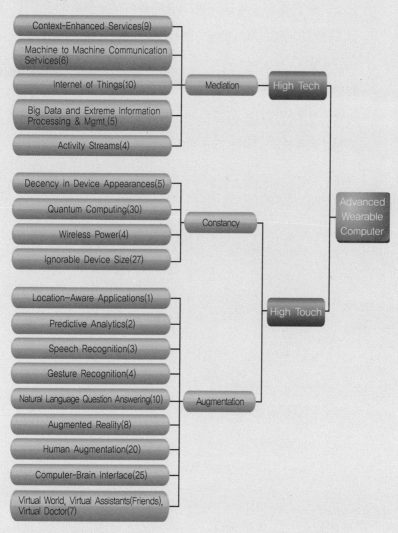

* 트리에서 ( ) 안의 기간은 현재 스마트폰 수준의 제품을 출시할 때까지의 시간(연수)

- 요소 기술들을 하이테크 구현 기술과 하이터치 구현 기술로 나눈 뒤 이를 매핑시켜서 기술 개발 현황 지도tech development status map 작성
- 15년 뒤, 하이테크 측면에서는 거의 포화 상태
- 하이터치 측면에서는 아직도 개선해야 할 부분들이 많은 상태
- 우리가 예측하고자 하는 15년 뒤에는 입는 컴퓨터 관련 기술 개발

개발 현황 지도

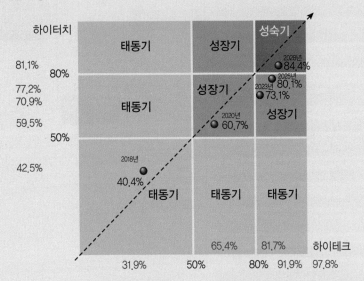

미래 예측 4단계 : 미래 예측

핵심 동인 대리 통계 항목의 선정

시뮬레이션을 위해 계량적으로 측정 가능한 통계 항목을 선택한다.

STEPPER	핵심 동인	대리 통계	자료
사회 (Society)	초연결, open & custom-ized learning, quality of life, ubiquitous, 고독과 도움	실업률(또는 비정규직 비율)	OECD database http://stats.oecd.org
		독신자 비율 (또는 합계출산율)	
		성평등지수 성권한 척도(GEM : Gender Empowerment Meas-ure)	UNDP 인간 개발 지수 http://hdr.undp.org/en/
기술 (Technology)	하이테크, 하이터치	유비쿼터스 환경	제4회 과학 기술 예측 조사(2012~2035, 국과위 & KISTEP)
인구 (Population)	장수, 여성 참여	고통 수명 또는 건강 수명(health life expectancy)	WHO 건강 관련 데이터베이스 http://apps.who.int/gho/data/view.main
정치 (Politics)	참여 정치	SNS 트래픽	
		민주화 지수	Democracy Index 2012 by Economist EIU
경제 (Economy)/ 환경 (Environment)/ 자원 (Resources)	Hyper Efficiency in Pro-duction & Consumption	World GDP Per Ca-pita(2014~2029) (At 2005 PPP, USD)	OECD Database http://stats.oecd.org/Index.aspx?DataSet Code=EO93_LTB#
		footprint (또는 평균기온 상승)	National Footprint Account NFA_2011_Edition

인과관계 분석

CLDCausal Loop Diagram를 작성한다. CLD는 통계 항목 간의 인과관계를 선으로 연결하는데, 시뮬레이션 모델을 구축하기에 앞서 시행하는 설계도 역할을 한다.

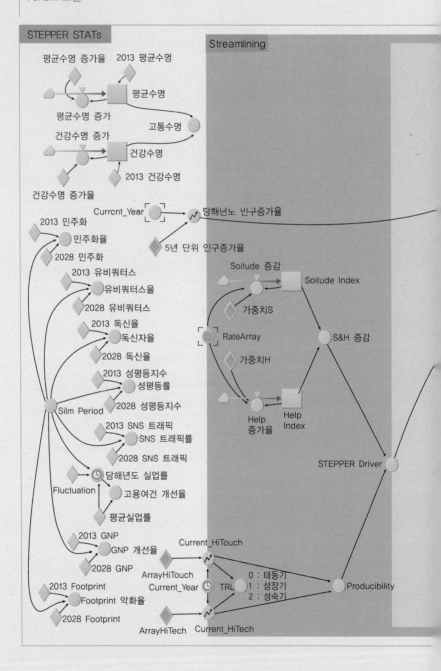

STEPPER STATs

평균수명 증가율   2013 평균수명

평균수명

평균수명 증가

건강수명 증가

고통수명

건강수명

2013 건강수명

건강수명 증가율

Streamlining

Current_Year   당해년노 인구증가율

2013 민주화

민주화율

2028 민주화

2013 유비쿼터스

유비쿼터스율

2028 유비쿼터스

2013 독신율

독신자율

2028 독신율

2013 성평등지수

성평등률

Silm Period   2028 성평등지수

2013 SNS 트래픽

SNS 트래픽률

2028 SNS 트래픽

당해년도 실업률

Fluctuation   고용여건 개선율

평균실업률

2013 GNP

GNP 개선율

2028 GNP

2013 Footprint

Footprint 악화율

2028 Footprint

5년 단위 인구증가율

Soitude 증감

Soitude Index

가중치S

RateArray

S&H 증감

가중치H

Help
증가율

Help
Index

STEPPER Driver

Current_HiTouch

0 : 태동기

ArrayHiTouch
Current_Year   TRL   1 : 성장기

2 : 성숙기

Producibility

ArrayHiTech   Current_HiTech

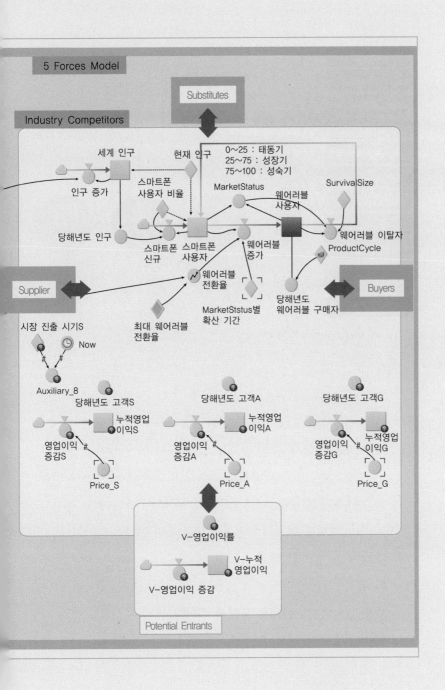

5 Forces Model

Substitutes

Industry Competitors

세계 인구　　현재 인구　　0~25 : 태동기
　　　　　　　　　　　　25~75 : 성장기
인구 증가　　　　　　　75~100 : 성숙기
스마트폰
사용자 비율　　MarketStatus　　SurvivalSize

웨어러블
사용자
당해년도 인구　　　　　　　　　　　　웨어러블 이탈자
스마트폰 스마트폰　　웨어러블
신규 사용자　　증가　　ProductCycle

Supplier　　웨어러블
전환율　　당해년도　　Buyers
　　　　MarketStstus별　웨어러블 구매자
최대 웨어러블　확산 기간
전환율

시장 진출 시기S
Now

Auxiliary_8
당해년도 고객S　　당해년도 고객A　　당해년도 고객G
누적영업　　누적영업　　누적영업
이익S　　이익A　　이익G
영업이익　　영업이익　　영업이익
증감S　　증감A　　증감G
Price_S　　Price_A　　Price_G

V-영업이익률
V-누적
영업이익
V-영업이익 증감

Potential Entrants

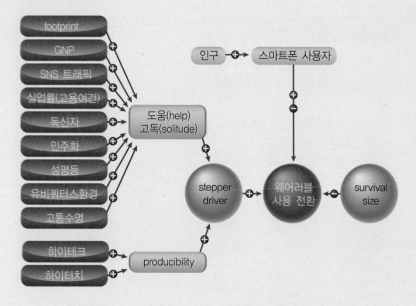

시뮬레이션 모델 구축

- System Dynamics Model Vensim 구축 : CLD를 기초로 세부 요소들을 방정식으로 표현한다. STEPPER에서의 요소들은 '상수', STEPPER의 '상수' 값의 변화는 Core Model의 '변수' 값의 변화로 연결된다. 다양한 미래 4 Generic Futures에 대한 가정의 변화는 '상수' 값의 변화로 연결되고, 그에 따른 미래 변화 양상을 Vensim 모델을 이용하여 시뮬레이션할 수 있다.

- 각각의 다이어그램들은 시스템 방정식 system equation으로 연결한다.

- 계층 2는 STEPPER에서 분석한 수많은 관련 요소들을 보다 상위 개념으로 묶어서 요인 개수를 줄여주는 단계이다. 이를 통

해 분석의 단순화와 결과에 대한 이해가 높아진다. 다음 그림
은 Vensim 모델에서 이 부분을 따로 떼어놓은 것이다.

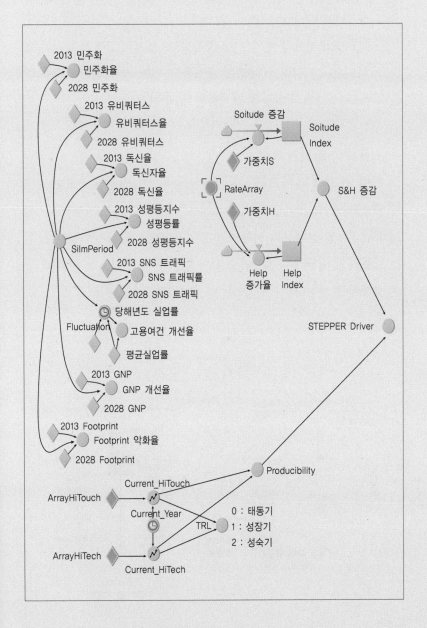

- 계층 1, 2가 기업을 둘러싼 시장 환경에 대한 분석인 반면, 계층 3은 실제 기업들의 경쟁 전략 구도에 대한 구체적인 시뮬레이션 분석이다.
- STEPPER에서 분석된 '인구 증감률'은 잠재적 고객의 증감과 연계되고, 그 외의 STEPPER 요소들은 입는 컴퓨터로 제품을 갈아타는 고객의 비율을 결정하는 것에 연결된다.

시뮬레이션 결과 분석

현재 전 세계 스마트폰 사용자를 인구의 10%인 7억 명으로 가정할 때 15년 뒤 인구는 82억 명으로 늘어나고 스마트폰 사용자는 6억 1,600만 명, 입는 컴퓨터 사용자는 17억 6,000만 명으로 추정된다. 입는 컴퓨터의 내구 연수를 3년으로 가정할 때 연간 약 6억 원 대의 관련 시장이 형성된다.

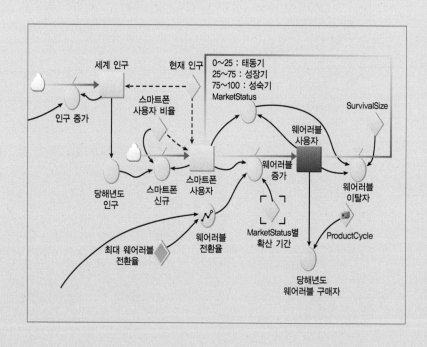

그러나 미래는 하나의 유형으로 고정되어 있지 않고 다양한 미래 상image of futures이 존재한다. 따라서 앞의 추정 결과 이외에도 발생 가능한 미래에 대한 분석이 필요하다.

미래 예측 5단계 : 예측 결과 통합

4개의 미래4 generic futures로 대응

- 지속 성장growth futures : 관련 요소 기술들의 진보가 원활히 추진되고, 입는 컴퓨터에 대한 사회 문화적 수용성이 극대화된다. 또한 하이테크, 하이터치 양자 간의 차이가 극소화된다.
- 몰락collapse futures : 기술적 한계, 사생활 침해, 윤리적 문제, 자원 및 에너지의 한계 등 다양한 원인으로 입는 컴퓨터 시장이 15년 이내에 사라진다.
- 조정disciplined futures : 기술적 한계, 사생활 침해, 윤리적 문제, 자원 및 에너지의 한계 등 다양한 원인을 일부 해결하였으나 일부 얼리 어답터early adopter 유저들 또는 특수 계층에서만 입는 컴퓨터를 활용한다. 경쟁 기술의 등장으로 한계 범위 내에서 제한적으로 성장한다.
- 재도약transformative futures : 미래 기술이 급격히 개발되어 현 시점에서는 상상하기 힘든 수준의 진보된 형태의 입는 컴퓨터가 등장하고 관련 시장이 폭주한다.

이상의 4개 미래에서 지속 성장 또는 재도약 가능성이 높다고 생각된다.

미래 전략 수립

현재 전 세계 스마트폰 사용자를 인구의 10%인 7억 명으로 가정할 때 15년 뒤 인구는 82억 명으로 늘어나고, 그중 스마트폰 사용자는 6억 1,600만 명, 입는 컴퓨터 사용자는 17억 6,000만 명으로 추정된다. 이러한 시장 성장의 이유는 첫째, 고령화, 고통 수명의 증가, 여성 성평등 등 거시적 측면의 인류사회 각 요소들이 결합하여, 15년 뒤 미래 인류 문화 및 사회 생활상에서 '고독과 도움solitude & help'이 핵심 동인을 형성할 것으로 STEPPER 분석을 통해 예측되었기 때문이다. 둘째, 이러한 인류 문화 및 사회 생활상의 핵심 동인을 입는 컴퓨터 시장 성장 동력으로 활용할 수 있을 만큼 핵심 요소 기술이 15년 이내에 대부분 개발될 것으로 TSA를 통해 분석되었다.

따라서 15년 이내에 입는 컴퓨터의 시장 성장이 본격적인 궤도에 오를 것으로 보인다. 삼성, 구글, 애플 등 IT 3사의 경쟁 구도 및 삼성의 최적 진입 시기와 최적 경쟁 전략을 도출하는 것이 필요하다.

참고 문헌

John Naisbitt, *High Tech/High Touch. Technology and Our Accelerated Search for Meaning*, Nicholas Braely Publishing, 2001.

"Futures Research Methodology Version 3.0", The Millennium Project.

"Technology Sequencing Analysis, Chapter 3", Practical Foresight Guide, 2011.

Monte-Carlo Simulation Tool: Palisade's @Risk http://www.palisade.com/

OECD Database(http://stats.oecd.org)

UNDP 인간개발지수(http://hdr.undp.org/en/)

제4회 과학기술예측조사(2012-2035, 국과위 & KISTEP)

WHO 건강 관련 데이터베이스(http://apps.who.int/gho/data/view.main)

민주화 지수(Democracy Index 2012 by Economist EIU)

OECD Online Database(http://stats.oecd.org/Index.aspx?DataSetCode=EO93_LTB#)

National Footprint Account NFA_2011_Edition

Michael E. Porter, *On Competition*, Harvard Press.

"Hype Cycle for Emerging Technologies", Gartner Group, 2012.

"Hi Tech Hi Touch Approach to Wearable Computing", Dr RonDvir.

Baber, C., Haniff, D. J. & Woolley, S. I., "Contrasting Paradigms for the Development of Wearable Computers", IBM Systems Journal, Issue on Pervasive Computing, 38: 4(1999), pp. 551–565, www.research.ibm.com/journal/sj/384/baber.html

Oldenburg, R., *The Great Good Place*, Marlowe & Company, New York, 1989.

Viseu, A., "Social Dimensions of Wearable Computers: An Overview", http://fcis.oise.utoronto.ca/~aviseu/pdf%20files/socwear.pdf

A Review of Ten Years of ISWC and R&BD Strategy for Wearable Computer, HCI 2013 Tutorial, Sang-Goog Lee, Dept of Media Eng/HCI Lab The Catholic University of Korea Prof.

Vensim 시뮬레이션 모델, http://vensim.com

Case
06

지식재산권 법률 시장의 미래

삼성과 애플의 특허 소송 관련 뉴스가 연일 보도되고 있다. 벌써 3년이 넘는 싸움을 벌이고 있는 중이다. 삼성과 애플의 국제적 지식재산IP 소송에서 삼성전자는 전 세계 9개국에서 진행 중인 재판에 최소한 2억 달러약 2,300억 원의 변호사 비용을 지불하였고, 미국에서만 약 500억 원을 지불하였다.

삼성과 애플의 국제적 지식재산권IPR 법률 소송은 국내 대기업들이 지식재산권의 중요성을 인식하는 계기가 되었으며, 대기업들은 IP 역량의 강화를 위해 기업체 내에서 자사의 특허만을 관리하는 변리사인하우스 변리사를 채용하기에 이르렀고 그에 대한 수요가 증가하고 있다. IPR 시장 역시 전 세계적으로 커지고 있는 추세이다.

이에 따라 미래 예측 기법을 활용하여 15년 후 우리나라의 지식재산권 법률 시장에 관한 시장의 내적 · 외적 요인을 분석하여 미래를 예측해보고자 한다.

그런데 왜 15년 후인가?

우리나라는 FTA에 따른 법률 시장 개방, 로스쿨 제도의 정착, 변리사법 개정 등을 비롯한 이미 예견되는 내 · 외부적 환경 변화에 직면해 있고, '동북아 IP 소송 허브'에 대한 논의도 진행되고 있는 등 우리나라의 지식재산권 법률 시장에는 다양한 환경적 변화 요인들이 있다. 그중 가장 큰 변화 요인은 FTA에 따른 법률 시장 개방으로, 독일 · 일본 · 싱가포르도 개방 후 약 10년간의 변화기를 거쳐 안정화 시기에 접어들었듯이, 2017년 한미 FTA에 따라서 한미 간의 3단계 법률 시장 개방이 이루어지기 때문에 그 시점으로부터 약 10년 후는 지금으로부터 약 15년 후가 될 것이기 때문이다.

미래 예측은 어떠한 단계를 거쳐야 할 것인가?

3차원 미래 예측으로 보는 미래 경영

문제 정의

- 미래 예측에 관한 10개의 질문을 작성한다.
- IPR 시장의 범위를 정의하고, 미래에 영향을 미치는 동인에 대해서 나열한 후 예비 핵심 동인을 추출한다.
- 추출한 동인 중 가장 중요한 것으로 판단되는 요소FTA에 따른 법률 시장 개방에 대해 과거 사례를 분석한다.

관련 요소 추출

- 현재 우리나라의 IPR 시장에 있어서 관련 요소에 대해서 나열해보고 첫 번째 STEPPER를 작성한다.
- 전문가 패널 서베이를 통하여 우리나라의 IPR 미래에 관한 핵심 동인을 도출해낸다.
- 전문가 패널 서베이로부터 추출한 의견 및 데이터를 근거로, 브레인스토밍을 통해 재구성한다. ···➔ 전문가 패널 서베이의 다양한 의견을 반영한다.
- 브레인스토밍으로서 재구성한 핵심 동인 및 관련 키워드들을 구체화하여 최종적인 두 번째 STEPPER를 작성한다.

미래 예측

- 두 번째 STEPPER에 기재된 핵심 동인 및 관련 요소들 간의 상호 관계 및 상호작용에 대해서 네트워크 분석network analysis을 수행한다.
- 전문가 패널 서베이의 의견을 설문 문항별로 요약·취합하여, 전문가 패널의 의견을 분석한다.
- 내부적 강점과 약점을 분석해보고, 외부적 기회와 위기가 무엇인지 분석해본다SWOT. ···➔ 현재 우리나라의 IPR 시장에 대한 객관적인 SWOT 테이블을 작성한다.
- 우리나라 IPR 시장의 바람직한 미래상을 상정하고, 백캐스팅backcasting 기법을 이용하여 미래를 예측하며 미래 전략을 구상한다. ···➔ 전문가 패널 서베이의 자료를 기반으로 시간 SWOT 기법을 활용한다.

전략 수립

- 이미 작성된 현재의 SWOT 테이블과 바람직한 미래상을 상정한 SWOT 테이블 사이에 시간 SWOT 기법을 통하여 구간별5년, 10년 SWOT 테이블을 작성하고, 이를 기반으로 시계열적 로드맵을 작성하여 전략을 수립한다. ⋯ 5년 단위의 SWOT을 통하여 우리나라 IPR 시장의 내·외부적 요인에 대한 객관적인 분석에 의해 전략적 로드맵을 작성한다.
- 로드맵을 통하여 미래 우리나라의 IPR 시장에서의 이해관계자별 전략을 도출한다.

어떠한 미래 예측 방법을 이용할 것인가?

전문가 패널

- IPR 시장에 관계되는 여러 기관기업체, IP 로펌, 공공기관, 대학들에 소속되어 있는 전문가로부터 전문가 패널 서베이를 실시하여, 각 분야의 전문가들의 의견을 통하여 우리나라 IPR 시장의 핵심 동인 및 그와 관련된 키워드를 조사한다.
- 설문에 응한 전문가의 경력, 나이, 지위 등을 고려하여 3단계의 가중치를 부여한다.
- 현재 임원 이상의 직급을 가지고 소속 기관에서 영향력이 있는 전문가는 3그룹, 현재 중간 관리자급의 직급을 가지고 소속 기관에서 향후 10년 전후로 영향력을 가질 수 있는 전문가를 2그룹, 현재 대리급 이하의 직급을 가지고 향후 10년 전후로 중간 관리자급으로 성장할 전문가를 1그룹으로 나눈다.

브레인스토밍

- 전문가 패널 서베이를 통하여 추출한 핵심 동인 및 키워드를 브레인스토밍에 활용한다.
- 브레인스토밍은 10명 내외 인원 구성으로 회의를 통해서 이루어지나, 각 분야 전문가를 한데 모으기 어렵고, 경력·지위 등에 따라 다소의 비판적

의견이 오갈 수 있다. 그러나 전문가 패널 서베이 자료를 통하면 상호 간 비판 의견을 배제할 수 있어 브레인스토밍의 자유 연상법 특성에 더욱 부합하다.

상호작용 네트워크 분석

전문가 패널 서베이 및 브레인스토밍으로 재구성한 핵심 동인과 키워드들 사이의 상호작용 및 상호 관계를 분석하는 네트워크 분석을 실시한다.

시간 SWOT/백캐스팅

- 5년 후의 바람직한 미래상을 설정하고, 그에 도달하기 위한 중간 미래5년 후, 10년 후를 표현하는 SWOT을 작성해본다. 이때 적용하는 접근법은 백캐스팅backcasting 방식이다.
- 구간별현재, 5년, 10년, 15년의 SWOT 테이블을 작성함으로써 내적 장단점, 외적 기회/위기를 분석해본다timed SWOT.

로드맵 작성

시간 SWOT을 기반으로 예측하고자 하는 우리나라의 IPR 시장 미래에 대한 로드맵을 작성함으로써 우리나라의 IPR 시장에서의 전반적인 흐름을 도출한다.

이해관계자 분석stakeholder analysis

- 앞의 로드맵을 통하여, 미래 우리나라의 IPR 시장에서의 이해관계자들의 미래와 전략에 대해서 예측해본다.
- 전략 수립을 행할 주요 이해관계자 : IPR 관련 정부 기관, 대기업, 중소기업, IPR 관련 대학 및 국가 출연 연구 기관, IP 로펌, 일반 로펌

출처 : KAIST 지식재산대학원 미래 예측 보고서

미래 예측 1단계 : 문제 정의

문제 정의를 위해 다음 10가지 질문을 작성한다.

질문	내용
1. 프로젝트 목적	우리나라 IPR 환경의 변화에 따른 IPR 시장의 미래를 예측해보고, 이를 통하여 IPR 관련 기관들의 전략을 수립함
2. 사용자 및 용도	• 사용자 : 우리나라 IPR 관련 기관 및 종사자 • 용도 : 우리나라 IPR 관련 기관의 전략 수립
3. 자원(프로젝트 기간, 예산)	• 기간 : 2개월 • 예산 : 미상정
4. 예측 대상 시간 범위	2028년(15년 후)
5. 프로젝트 참여자	박재우, 정진우, 박영재, 김동욱
6. 이해관계자	국내외의 IP 로펌 및 일반 로펌, 국내외 기업, 국내외 IPR 관련 공공기관(특허청, 법원), 국내외 대학 등 IPR 관련 종사자 및 기관 모두
7. 데이터, 정보 활용 여부	• FTA, 창조경제 등에 대한 우리나라의 IPR 시장 환경의 변화에 대한 예측성 기사, 논문, 연구 보고서 많음 • 우리나라의 IPR 관련 기관에서 향후 전략 수립에 활용 가능
8. 예측 방법, 결과 통합 방법	경험 지식(heuristics), 브레인스토밍, 전문가 패널, 백캐스팅, 상호작용 네트워크 분석, 시간 SWOT, 로드맵 작성, 이해관계자 분석
9. 소통(사용자, 이해관계자 (전문가 그룹))	• 프로젝트 수행자 : 메일, 휴대전화 및 오프라인 모임 • 이해관계자(전문가 그룹) : 메일, 오프라인 인터뷰
10. 결과물 제출(실행, 유지 보수)	프레젠테이션 및 최종 보고서 제출, 피드백 후 수정 제출

우리나라 지식재산권 시장의 정의

지식재산권IPR의 일반적 정의는 문학, 예술, 연출, 공연, 음반, 방송, 발명, 공업 특허 등 지식 활동에서 발생하는 모든 권리를 뜻한다. 지적재산권 또는 지적소유권이라고 불렸으나 최근 지식재산권으로 법률 명칭이 변경되었다. 산업 발전에 이바지할 것을 목적으로 하는 산업재산권과 문화 창달을 목적으로 하는 저작권으로 분류할 수 있다네이버 지식백과.

우리나라 지식재산권 시장의 범주

① 국내외 IPR에 관한 법률 및 이에 수반하는 법률에 따라 권리를 취득한 권리자가 활동하는 국내외 시장

② 국내외 IPR에 관한 법률 및 이에 수반하는 법률에 따라 권리를 취득한 권리자의 이해관계인이 활동하는 국내외 시장

③ 위 ①의 권리자 및 위 ②의 권리자의 이해관계인의 권리를 취득·영위·보호할 수 있도록 대리하는 대리인이 활동하는 국내외 시장

④ 국내외 IPR에 관한 법률 및 이에 수반하는 법률을 취급하는 공공기관 및 교육기관

예비 핵심 동인 상정

경험 지식에 의존하여 우리나라의 지식재산 법률 시장의 미래에 관한 핵심 동인을 상정한다예비 핵심 동인. 즉, 예비 핵심 동인으로 FTA에 따른 법률 시장 개방, 산업구조, 정부 정책을 상정한다.

법률 시장 개방의 외국 사례

예비 핵심 동인 중 FTA에 따른 법률 시장 개방이 가장 큰 동인일 것으로 판단되어, 법률 시장을 개방한 외국의 사례에 대해서 조사한다.

미래 예측 2단계 : 관련 요소 추출

첫 번째 STEPPER

구분	S (Society)	T (Technology)	E (Environment)	P (Population)
매우 중요	개방성 · 폐쇄성	창업 · 벤처		노동력
	통신 · 교통 인프라	지식재산		인구 분포
	정의 · 평등 · 신뢰 · 부패	혁신		생산력
	언론 · 미디어	연구 개발		
중요	교육	기술 경영		고용
	문화	의료 · 바이오		
		공학		
		정보통신 · 사이버		
관계 있음	역사	국방 기술		실업
	사회 안전	과학 · 수학		소비
	SNS			
기타	정보 · 사생활 보호	교통 기술		주택
	복지			음식
	사회보장			

구분	P (Politics)	E (Economy)	R (Resource)	
매우 중요	전략 · 정책	산업구조		
	법 · 행정 · 제도	성장률		
중요	국제 관계	금융		
		산업 종류		
관계 있음	시민 참여, 이해 집단	세금	지하자원	
			전기	
			에너지 안보	
			에너지	
기타	국방	생활비		

- STEPPER 세부 구성 요소 항목 중에서 주제에 관련되는 일반 키워드들을 추출하여 STEPPER 테이블에 배치한다.
- 첫 번째 STEPPER는 전문가 패널 서베이를 수행하기 전에 도출된 예비 핵심 동인 및 경험 지식에 의존하여 각 항목에 대해서 STEPPER 요소들을 나열한 것이다.
- 첫 번째 STEPPER 및 예비 핵심 동인은 전문가 패널 서베이의 설문 문항 작성에 기초가 된 것으로서, 예비 핵심 동인을 중심으로 첫 번째 STEPPER에 배치된 요소들을 취합·추론하여 설문 문항을 작성한다.

전문가 패널을 통해 핵심 동인 조사

기업체, IP 로펌, 법조계, 대학, 유관 기관 소속 비율을 대략 동일하게 하여, 우리나라 IPR에 관련된 다양한 기관 소속의 전문가 의견을 수렴한다.

핵심 동인 도출을 위한 전문가 패널 서베이의 정량적 분석

전문가 패널 서베이의 설문 문항에서는 전문가들이 순서대로 고른 3가지 동인에 있어서 첫 번째 동인으로 지목한 항목에 3점의 가중치, 그 다음은 2점, 1점 순으로 가중치를 부여하여 통계를 낸다.

전문가 설문 조사에 따른
미래 우리나라 IPR 시장의 핵심 동인

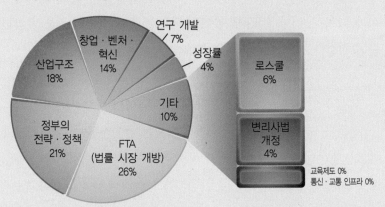

- 전문가 패널 서베이를 통하여 미래의 우리나라 IPR 시장의 핵심 동인을 분석한 바, 단일 항목으로는 FTA법률 시장 개방, 26%가 가장 큰 핵심 동인이고, 그 다음으로 정부의 전략 · 정책21%, 산업구조18%의 순이다.
- 산업구조, 창업 · 벤처 · 혁신, 연구 개발, 성장률을 산업에 관

한 요소로서, 산업이라는 요인으로 묶어서 볼 때 FTA법률 시장 개방보다 높은 비중43%을 차지한다.

- 로스쿨, 변리사법 개정, 교육제도는 인력에 관한 요소로서, 인력이라는 요인으로 묶어서 볼 때 영향력이 있는전체의 약 10% 동인이 될 수 있다.
- 설문 문항에 의해 전체 전문가의 핵심 동인은 다음과 같다최종 핵심 동인.

  - 43% 산업 : 산업구조, 창업 · 벤처 · 혁신, 연구 개발, 성장률
  - 26% FTA법률 시장 개방
  - 21% 정부의 전략 · 정책
  - 10% 인력 : 로스쿨, 변리사법 개정, 교육제도

미래 예측 3단계 : 핵심 동인 결정

설문 문항에서 의견을 기재해준 응답안의 내용에 근거하여 위 핵심 동인들에 대해 브레인스토밍 방식으로 재구성하여 핵심 동인에 수반하는 동인들이 어떤 것이 있는지 살펴본다.

- 설문 문항의 서술형 의견에서도 산업, FTA법률 시장 개방, 정부의 전략 · 정책에 대한 언급이 많았으며, 특히 인력융합형 인재, 다양한 인재, 이공계 출신의 로스쿨 진학에 관한 내용이 많았다.
- 산업 분야에서는 신성장 동력 산업, 생태계 구축에 대해서 가장 많이 언급하였고, 일부 전문가들은 기술 금융을 적시하였다.
- FTA법률 시장 개방 분야에서는 이 요인이 핵심 동인임에는 대체로 동의하나, 그 영향이 긍정적인지 부정적인지에 대해서는 의견이 나뉘었다.

317

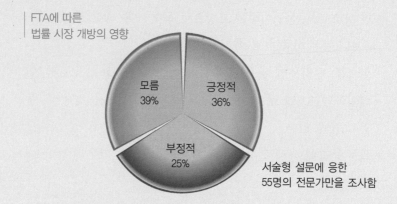

모름
39%

긍정적
36%

부정적
25%

서술형 설문에 응한
55명의 전문가만을 조사함

- 전체적으로 외부 핵심 동인은 FTA에 따른 법률 시장 개방이 주요한 것으로 나타났고, 내부 핵심 동인은 산업 발전이 주요한 것으로 나타났다. 그리고 정부의 전략·정책이 외부/내부 핵심 동인들에 큰 영향을 끼치는 것으로 나타났고, 인력에 관한 요인은 이들 모두에 의해 영향을 받는 것으로 나타났다.

- 정부는 법률 시장 개방에 대해서 외국 로펌들이 국내 시장을 잠식하지 않도록 철저한 관리 감독을 해야 하며, 향후 커질 IPR 시장에 대비하여 IPR 전문가 육성 정책을 마련해야 한다. 더불어 IPR의 근간이 산업 발전, 특히 신성장 동력 산업 발굴에 스타팅 모터starting motor 같은 역할을 할 것이라고 보았다.

다음 그림은 서술형 설문 문항의 내용에 근거하여 브레인스토밍을 도식화한 것이다.

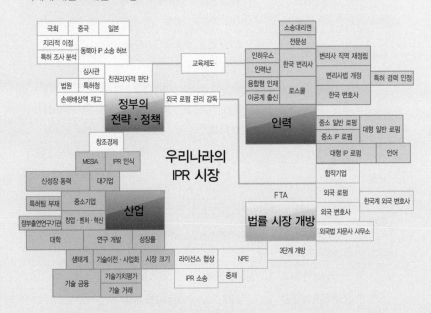

도식화한 브레인스토밍을 기초로 두 번째 STEPPER 작성

도식화한 브레인스토밍을 기초로 두 번째 STEPPER를 작성한다_{최종}.

- 전문가 패널 서베이를 통해 알아본 브레인스토밍에 근거하여 관련 용어를 정리한 후, 각 분야의 핵심 키워드를 선정한다. 그에 따른 중요도 순서로 두 번째 STEPPER 테이블에 배치한다.
- 두 번째 STEPPER는 우리나라 IPR 시장의 관점에서 각 분야에 대한 정의를 키워드를 중심으로 새로이 정의한 것이다.

구분	S (Society)	T (Technology)	E (Environment)	P (Population)
키워드	IPR 인식	IPR 취급 기술	법률 시장 개방	IPR 전문가 분포
높음 ↑ 중요도 ― 낮음	대기업	IPR 소송·협상·중재 기술	외국법 자문사 사무소	한국계 외국 변호사
	연구 개발	기술 금융	외국 로펌	외국 변호사
	창업·벤처·혁신	기술이전·사업화	합작기업	한국 변리사
	IP 로펌	기술 가치 평가	언어	한국 변호사
			생태계	인하우스 IPR 전문가
				NPE(Non-Practicing Entity)

구분	P (Politics)	E (Economy)	R (Resource)	
키워드	정부의 IPR 정책	산업	인력	
높음 ↑ 중요도 ― 낮음	손해배상액 재고	신성장 동력	로스쿨	
	친권리자적 판단	시장	변리사법 개정	
	창조경제	중소기업	대학	
	외국 로펌 관리 감독	성장률	융합형 인재	
	동북아 IP 소송 허브			
	MESIA			
	교육제도			

관련 요소 간 상호작용 분석network analysis

앞에서 도출된 핵심 동인을 네트워크를 이용하여 상호 관계를 분석한다.

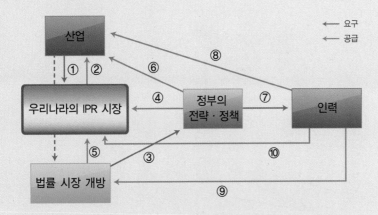

우리나라 IPR 시장에서의
핵심 동인 간 상호작용(big picture)

① 연구 개발의 활성화에 의해 (기술) 산업이 발전할수록 IPR 시장에서의 IPR 획득
　　에 대한 수요가 높아진다(외국 법률 서비스에 대한 요구가 생길 수도 있음).
② IPR 시장은 산업계의 요구에 따른 IP 서비스를 공급한다.
③ IPR 시장이 커질수록 외부로부터 IPR 시장 개방에 대한 요구가 생긴다.
④ 정부는 IPR 시장 환경에 변화를 준다.
⑤ 외국 법률 서비스가 IPR 시장에 공급된다.
⑥ 정부는 산업 발전에 필요한 환경을 제공한다.
⑦ 정부는 IPR 시장 수요에 따른 인적자원의 공급을 요구한다.
⑧, ⑨, ⑩ 산업계와 법률 시장에 인적자원이 공급된다.

　다음은 우리나라 IPR 시장에서 동인 간의 상호작용을 나타낸 것
이다.

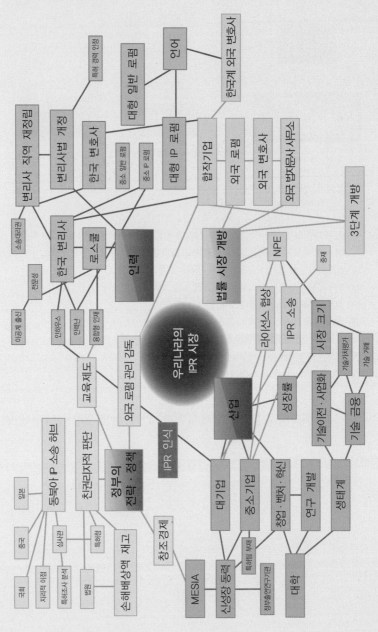

미래 예측 4단계 : 미래 예측

현재2013년 SWOT

전문가 패널의 서술형 의견 및 객관형 설문 데이터에 근거하여 우리나라 IPR 시장의 강점, 약점을 분석하고, 현재의 기회와 위기가 무엇인지 살펴본다. 현재 SWOT은 추후 로드맵 전략 수립의 기초가 되는 자료로서, 전략 수립은 로드맵 작성 단계에서 실시한다.

다음은 SWOT의 항목별로 분석한 내용에 근거하여 작성한 현재 우리나라 IPR 시장의 SWOT 테이블이다.

현재(2013년) 우리나라
IPR 시장의 SWOT

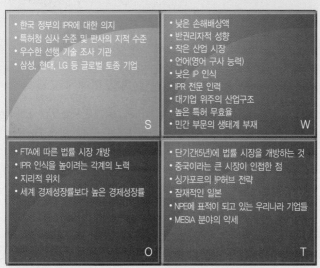

15년 후2028년 SWOT

앞에서 살펴본 우리나라 IPR 시장의 강점, 약점, 기회, 위기를 바탕으로 15년 후의 미래를 SWOT을 통하여 표현한다. 여기에서는 바람직한 희망 미래가 포함되어 있다.

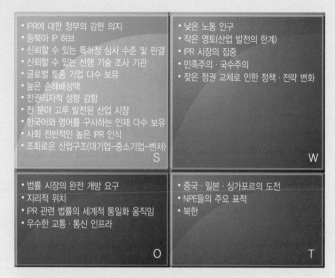

- IPR에 대한 정부의 강한 의지
- 동북아 IP 허브
- 신뢰할 수 있는 특허청 심사 수준 및 판결
- 신뢰할 수 있는 선행 기술 조사 기관
- 글로벌 토종 기업 다수 보유
- 높은 손해배상액
- 친권리자적 성향 강함
- 전 분야 고루 발전된 산업 시장
- 한국어와 영어를 구사하는 인재 다수 보유
- 사회 전반적인 높은 IPR 인식
- 조화로운 산업구조(대기업-중소기업-벤처)

S

- 낮은 노동 인구
- 작은 영토(산업 발전의 한계)
- IPR 시장의 집중
- 민족주의 · 국수주의
- 잦은 정권 교체로 인한 정책 · 전략 변화

W

- 법률 시장의 완전 개방 요구
- 지리적 위치
- IPR 관련 법률의 세계적 통일화 움직임
- 우수한 교통 · 통신 인프라

O

- 중국 · 일본 · 싱가포르의 도전
- NPE들의 주요 표적
- 북한

T

중간 미래 SWOT 백캐스팅 방식 적용

목표로 설정한 15년 후인 2028년의 희망 미래에 도달하기 위한 중간 미래를 5년 단위의 시간 SWOT으로 표현한다. 5년 단위의 시간 SWOT은 15년 후의 미래에 도달하기 위한 로드맵 작성의 기초가 된다.

5년 후(2018년) 우리나라
IPR 시장의 SWOT 예측

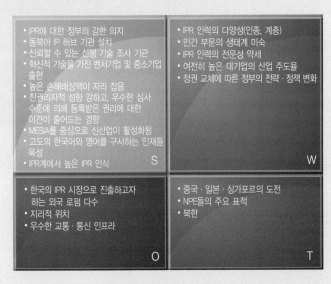

• 한국 정부의 IPR에 대한 의지 • 특허청 심사 수준 및 판사의 지적 수준 • 우수한 선행 기술 조사 기관 • 삼성, 현대, LG 등 글로벌 토종 기업 • 높은 손해배상액 판결이 나옴 • 친권리자적 성향을 내세움 • 변리사법 개정에 따른 IPR 인재 다수 배출 **S**	• 작은 산업 시장 • 언어(영어 구사 능력) • IPR 인력의 전문성 약세 • 대기업 위주의 산업구조 • 민간 부문의 생태계 부재 **W**
• 3단계 법률 시장이 개방됨 • IPR 인식이 높아지고 있음 • 지리적 위치 • MESIA 분야에 대한 집중적 지원 및 투자 **O**	• 중국이라는 큰 시장이 인접한 점 • 싱가포르의 IP 허브 전략 • 잠재적인 일본 • NPE에 표적이 되고 있는 한국 기업들 **T**

10년 후(2023년) 우리나라
IPR 시장의 SWOT 예측

• IPR에 대한 정부의 강한 의지 • 동북아 IP 허브 기관 설치 • 신뢰할 수 있는 선행 기술 조사 기관 • 혁신적 기술을 가진 벤처기업 및 중소기업 출현 • 높은 손해배상액이 자리 잡음 • 친권리자적 성향 강하고, 우수한 심사 수준에 의해 등록받은 권리에 대한 이견이 줄어드는 경향 • MESIA를 중심으로 신산업이 활성화됨 • 고도의 한국어와 영어를 구사하는 인재들 육성 • IPR계에서 높은 IPR 인식 **S**	• IPR 인력의 다양성(인종, 계층) • 민간 부문의 생태계 미숙 • IPR 인력의 전문성 약세 • 여전히 높은 대기업의 산업 주도율 • 정권 교체에 따른 정부의 전략·정책 변화 **W**
• 한국의 IPR 시장으로 진출하고자 하는 외국 로펌 다수 • 지리적 위치 • 우수한 교통·통신 인프라 **O**	• 중국·일본·싱가포르의 도전 • NPE들의 주요 표적 • 북한 **T**

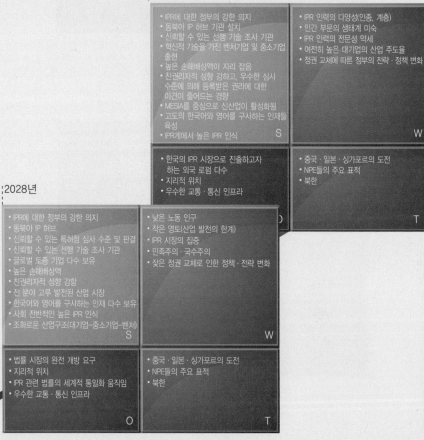

2023년

S
- IPR에 대한 정부의 강한 의지
- 동북아 IP 허브 기관 설치
- 신뢰할 수 있는 선행 기술 조사 기관
- 혁신적 기술을 가진 벤처기업 및 중소기업 출현
- 높은 손해배상액이 자리 잡음
- 친권리자적 성향 강하고, 우수한 심사 수준에 의해 등록받은 권리에 대한 이견이 줄어드는 경향
- MESIA를 중심으로 신산업이 활성화됨
- 고도의 한국어와 영어를 구사하는 인재들 육성
- IPR계에서 높은 IPR 인식

W
- IPR 인력의 다양성(인종, 계층)
- 민간 부문의 생태계 미숙
- IPR 인력의 전문성 약세
- 여전히 높은 대기업의 산업 주도율
- 정권 교체에 따른 정부의 전략·정책 변화

O
- 한국의 IPR 시장으로 진출하고자 하는 외국 로펌 다수
- 지리적 위치
- 우수한 교통·통신 인프라

T
- 중국·일본·싱가포르의 도전
- NPE들의 주요 표적
- 북한

2028년

S
- IPR에 대한 정부의 강한 의지
- 동북아 IP 허브
- 신뢰할 수 있는 특허청 심사 수준 및 판결
- 신뢰할 수 있는 선행 기술 조사 기관
- 글로벌 토종 기업 다수 보유
- 높은 손해배상액
- 친권리자적 성향 강함
- 전 분야 고루 발전된 산업 시장
- 한국어와 영어를 구사하는 인재 다수 보유
- 사회 전반적인 높은 IPR 인식
- 조화로운 산업구조(대기업-중소기업-벤처)

W
- 낮은 노동 인구
- 작은 영토(산업 발전의 한계)
- IPR 시장의 집중
- 민족주의·국수주의
- 잦은 정권 교체로 인한 정책·전략 변화

O
- 법률 시장의 완전 개방 요구
- 지리적 위치
- IPR 관련 법률의 세계적 통일화 움직임
- 우수한 교통·통신 인프라

T
- 중국·일본·싱가포르의 도전
- NPE들의 주요 표적
- 북한

시간

2013년

S
- 한국 정부의 IPR에 대한 의지
- 특허청 심사 수준 및 판사의 지적 수준
- 우수한 선행 기술 조사 기관
- 삼성, 현대, LG 등 글로벌 토종 기업

W
- 낮은 손해배상액
- 반권리자적 성향
- 작은 산업 시장
- 언어(영어 구사 능력)
- 낮은 IP 인식
- IPR 전문 인력
- 대기업 위주의 산업구조
- 높은 특허 무효율
- 민간 부문의 생태계 부재

(O)
- FTA에 따른 법률 시장 개방
- IPR 인식을 높이려는 각계의 노력
- 지리적 위치
- 세계 경제성장률보다 높은 경제성장률

T
- 단기간(5년)에 법률 시장을 개방하는 것
- 중국이라는 큰 시장이 인접한 점
- 싱가포르의 IP허브 전략
- 잠재적인 일본
- NPE에 표적이 되고 있는 우리나라 기업들
- MESIA 분야의 약세

2018년

S
- 한국 정부의 IPR에 대한 의지
- 특허청 심사 수준 및 판사의 지적 수준
- 우수한 선행 기술 조사 기관
- 삼성, 현대, LG 등 글로벌 토종 기업
- 높은 손해배상액이 나옴
- 친권리자적 성향을 내세움
- 변리사법 개정에 따른 IPR 인재 다수 배출

W
- 작은 산업 시장
- 언어(영어 구사 능력)
- IPR 인력의 전문성 약세
- 대기업 위주의 산업구조
- 민간 부문의 생태계 부재

O
- 3단계 법률 시장이 개방됨
- IPR 인식이 높아지고 있음
- 지리적 위치
- MESIA 분야에 대한 집중적 지원 및 투자

T
- 중국이라는 큰 시장이 인접한 점
- 싱가포르의 IP 허브 전략
- 잠재적인 일본
- NPE에 표적이 되고 있는 한국 기업들

미래 예측 5단계 : 예측 결과 통합 및 전략 수립

로드맵 작성

15년 후 희망 미래에 대해서 SWOT 테이블을 이용하여, 강점s과 약점w, 기회o와 위기t가 무엇인지 예상해본다. 그리고 15년 후 우리나라 IPR 시장의 바람직한 미래에 도달하기 위한 미래 전략을 로드맵으로 표현한다.

또한 현재 시점에서 바람직한 미래에 도달하기까지 5년 단위의 시간 SWOT을 이용하여 2018년 및 2023년의 미래에 대해서 강점s과 약점w, 기회o와 위기t가 무엇인지 어떤 흐름을 가지는지를 예상해본다.

2013년현재, 2018년5년 후 미래, 2023년10년 후 미래, 2028년15년 후 희망 미래의 SWOT 분석에 근거하여 5년 단위의 로드맵을 작성해본다. 로드맵은 두 번째 STEPPER에서 도출해낸 요소들의 향후 15년간의 전략 및 행보를 나타내고 있다.

따라서 로드맵을 통하여 우리나라 IPR 시장에서의 이해관계자stakeholder들의 미래 전략이 도출될 수 있다.

우리나라 IPR 시장의 로드맵 1(2013~2018년)

주요 이슈		2013	2014	2015	한–EU FTA에 따른 3단계 법률 시장 개방 2016	한–미 FTA에 따른 3단계 법률 시장 개방 2017	새정권 출범 2018
Society (IPR 인식)		IPR 인식 상승을 위한 전략 수립, 적극적 홍보					
	정부	기업체 상대의 IPR 적극 홍보		대학·대학원에서 IPR 적극 홍보		초·중·고 학생 대상의 IPR 인식 홍보	
	기업체	대기업 중심으로 IPR 인식 제고에 대해 자발적 개선 노력			IPR 취득에 있어서 전략적 접근 방식 채택		
	IP 로펌	법률 서비스의 질 향상을 위한 노력 재고			기업의 전략적 IPR 획득을 위한 법률 서비스 제공		
Technology (IPR 취급 기술)		IPR 소송·협상·중재에 관한 세미나 등을 개최하여 IPR 역량 강화에 힘씀					
	정부	친권리자적 판결을 위한 법률적 검토		법률 개정 및 전문 판사 양성		무효율 낮춤	손해배상액 증액 판결
	기업체	정부 정책에 발맞추어 우리나라 IPR 획득에 역점		NPE와의 소송 대응에 범기업적 차원에서 공조, 소송 기술 공유			
	IP 로펌	우리나라의 IPR 질적 개선을 위한 노력		해외 소송 사례에 대한 연구		IPR 소송 전문 외국 로펌과의 소송 세미나 등	
Environment (법률 시장 개방)							
	정부	3단계 법률 시장 개방에 관한 법률 제정		이해관계인들과의 제정 법률 검토 및 피드백		외국법 자문사에 관한 관리 감독 규정 수립	
	기업체	우리나라에 진출하려는 외국 로펌들 물색		외국법 자문에 관해서 외국 로펌에 의뢰(비용 대비함)			
	IP 로펌	경쟁력 강화에 힘씀		적극적으로 외국 로펌과의 제휴를 물색함		합작회사 출현	
Population (IPR 전문가 분포)							
	정부	IPR 인재 수요 및 실태 파악		IPR 전문가 육성 방안에 대한 연구 및 전략 수립		IPR 인재 배치에 대해서 정부의 정책적 유도	
	기업체	기업 내의 인재 중 IPR 전문가로 육성하는 방안 마련			외국 IPR 전문가를 채용		
	IP 로펌	현재 비자격 인력을 전문가로 육성		IP 로펌 근무에 대한 비전 제시		외국 IPR 전문가 채용	

주요 이슈		2013	2014	2015	한–EU FTA에 따른 3단계 법률 시장 개방 2016	한–미 FTA에 따른 3단계 법률 시장 개방 2017	새정권 출범 2018
Politics (정부의 IPR 정책)	정부	동북아 IP 허브 로드맵 수립			동북아 IP 허브 기관 설치에 대한 관련 국가들과의 적극적 협의		
					선행 기술 조사 기관부터 허브화		
	기업체	동북아 IP 허브 기관 출현에 대한 대비책 마련			IPR 전략 차원에서 우리나라의 선행 기술 조사 기관 활용		낮은 무효율의 우리나라 IPR 획득
	IP 로펌	동북아 IP 허브 정책에 IP 로펌의 이익을 관철시킴			양적 성장 배제, 질적 성장 추구(선행 기술 조사)		강한 IPR 획득을 위한 노력
Economy (산업)	정부	MESIA 분야 관련 기업 선정 및 지원 방안 마련			MESIA 분야 집중 지원 및 투자		
		기존의 산업 및 신성장 동력 산업에 대한 발굴 및 지원 지속					
	기업체	MESIA 분야 육성					
		기술 금융을 중심으로 한 민간 생태계 활성화					
	IP 로펌	MESIA 분야 인력 확보			민간 생태계 활성화에 주력		
Resource (인력)	정부	변리사법 개정안 실행			대학에서 IPR 전문가 육성 과정 유도		
					로스쿨에서 융합형 인재 배출 유도		IPR 전문 인력 보급
	기업체	비변리사 IPR 전문가들의 적극 채용			IPR 분야의 아웃소싱화 추구		
	IP 로펌	중소 IP 로펌들의 합병으로 인력 풀 구축			외국 로펌 및 외국 IPR 전문가 물색		합작회사 고려

우리나라 IPR 시장의 로드맵 2(2019~2023년)

주요 이슈		2019	2020	2021	2022	새정권 출범 2023
Society (IPR 인식)	정부	IPR 관련 이슈를 우리나라에서 계속 생산하도록 유도				
		IPR 가치 평가에 관한 공인된 솔루션 제공			IPR 가치 평가에 대한 신뢰도 부여	
	기업체	우리나라에서의 IPR 획득을 주요 이슈화			기업 내 경영자 · 개발자에게 IPR 의식 향상을 위해 노력	
	IP 로펌	다양한 IPR을 활용하는 방안 제시			기업으로의 IPR 컨설팅 적극 참여	
Technology (IPR 취급 기술)	정부	고액 손해배상 판결 정착화		특허청 심사관 및 판사의 전문적 IPR 및 기술 교육 육성		IPR 허브 기관 운영
	기업체	NPE와의 소송을 통해 내성 강화			자국에서의 소송 대비	
	IP 로펌	IPR 관련 취급 기술 함양		IPR에 대한 취급 전문화		
Environment (법률 시장 개방)	정부	우리나라에 진출한 외국 로펌의 철저한 관리 감독			외국 로펌의 비즈니스를 위한 인프라 지원	
	기업체	외국 로펌의 활용			기술 사업화 부문의 민간화	
	IP 로펌	외국 로펌의 변칙 영업 감시			기술 사업화 민간 부문 진출	
					외국 로펌과 업무 영역 구분	
Population (IPR 전문가 분포)	정부	IPR 인력의 기술적 전문화 유도			IPR 인력 배치에 대한 모니터링	
	기업체	기업의 IPR 전문가는 최소한으로			IPR 전문가는 아웃소싱으로	
	IP 로펌	기업의 IPR 전문가의 필드 배출로 인한 시장의 파이 싸움			전문화 · 특성화에 주력	

주요 이슈		2019	2020	2021	2022	새정권 출범 2023
Politics (정부의 IPR 정책)	정부	선행 기술 조사 분야 허브화		IP 허브 기관 설립을 위한 국제적 관계 조율 및 법제 정비		동북아 IP 허브 기관 설립
	기업체	해외 출원에도 우리나라의 선행 기술 기관 적극 활용		우리나라의 IPR에 대한 정비		
	IP 로펌	출원 전 우리나라의 선행 기술 조사 기관 활용		동북아 IP 허브에 대비한 인력 및 자원 확보		
Economy (산업)	정부	MESIA 분야의 혁신 기업 발굴			동북아 IP 허브 활용에 대한 홍보	
		기존의 산업 및 신성장 동력 산업에 대한 발굴 및 지원 지속				
	기업체	MESIA 분야에서 성과를 내기 시작함			자국에서의 IPR 소송·중재 활용	
		민간 부문 생태계 육성				
	IP 로펌	민간 부문의 생태계에 대비한 인력 및 자원 확보			NPE적 활동	
Resource (인력)	정부	고도의 한국어와 영어 구사력 육성			IPR 인력 재배치	
	기업체	기업의 IPR 전문가는 최소한으로		IPR 전문가는 아웃소싱으로		
	IP 로펌	IPR 전문가의 꾸준한 확보				IPR 취급 기술 육성

3차원 미래 예측으로 보는 **미래 경영**

우리나라 IPR 시장의 로드맵 3(2024~2028년)

주요 이슈		2024	2025	2026	2027	새정권 출범 2028
Society (IPR 인식)	정부	IPR 관련 이슈를 우리나라에서 계속 생산하도록 유도				
		우리나라에서의 IPR 이슈에 대해서 대대적으로 보도 유도			우리나라에서의 기술 생태계 홍보	
	기업체	우리나라의 IPR 기반으로 해외 진출				IPR법 통일화 대비
	IP 로펌	해외시장과 활발한 교류		우리나라에서의 IPR 획득 유치		IPR법 통일화 대비
Technology (IPR 취급 기술)	정부	친권리자적 입장 유지			IPR법 통일화에 대해 주도적 위치	
	기업체	동북아 IP 허브를 중심으로 IPR 전략 수립				IPR법 통일화 대비
	IP 로펌	동북아 IP 허브를 중심으로 IPR 서비스 개선책 수립				IPR법 통일화 대비
Environment (법률 시장 개방)	정부	해외 기업 및 로펌의 비즈니스 인프라 구축			법률 시장 완전 개방에 대한 전략 수립	
	기업체	민간 부문 생태계의 성숙화			해외 생태계와의 연계	
	IP 로펌	기술 생태계에서의 중심 역할 수행				
		IPR 부분의 전문화 · 특성화			법률 시장 완전 개방에 대한 전략 수립	
Population (IPR 전문가 분포)	정부	외국인 IPR 전문가의 관리 감독		IPR 인력의 수요-공급 정비		
	기업체	기업 내 IPR 전문가는 민간 부문 생태계 위주로				
		분야별 전문가의 취사선택			해외 생태계와의 연계	
	IP 로펌	IPR 부분의 전문화 · 특성화			법률 시장 완전 개방에 대한 전략 수립	

주요 이슈		2024	2025	2026	2027	새정권 출범 2028
Politics (정부의 IPR 정책)	정부	동북아 IP 허브 기관의 신뢰성 및 정확성 확보				세계 IP 허브 준비
	기업체	우리나라의 IPR 기반으로 해외 진출			IPR법 통일화 대비	
	IP 로펌	동북아 IP 허브 기관의 신뢰성 및 정확성 확보를 위해 양질의 서비스 제공				IPR법 통일화 대비
Economy (산업)	정부	MESIA 분야에 대한 IPR 이슈			차세대 성장 동력 산업 발굴	
		기존의 산업 및 신성장 동력 산업에 대한 발굴 및 지원 지속				
	기업체	MESIA 분야에 대한 IPR 이슈			차세대 성장 동력 산업 발굴	
		민간 부문 생태계의 성숙화				
	IP 로펌	IPR 서비스의 차별화				차세대 대비
Resource (인력)	정부	민간 부문 생태계 쪽으로 IPR 인력 유도				
		MESIA 분야에 대한 IPR 인력 확보			차세대 산업에 대한 인력 풀 확보	
	기업체	IPR 전문가들의 취사선택				
	IP 로펌	한국어와 영어를 구사할 수 있는 인적자원 확보				세계 IP 허브 준비

이해관계자 분석 stakeholders analysis

국내 IPR 관련 정부 기관 특허청, 법원

- IPR 인식 홍보가 시급하다 향후 5년 내에 IPR 인식을 올리는 데 노력해야 함.
- 친권리자적 성향의 판결이 나올 수 있는 근거를 제공해야 한다.
- 동북아 IP 허브 실현을 위해서는 획기적인 개혁 및 국제 관계에 대해서 고려해야 한다 비즈니스적 마인드의 접근.
- 동북아 IP 허브 실현의 단계적 접근이 필요하다. 즉, 선행 기술

조사 분야에서 먼저 특화시켜야 한다.

- 우수한 선행 기술 조사로 인해 우리나라에서 등록받은 IPR의 신뢰성을 높인다.
- 기술 기반 생태계를 활성화시키되 장기적으로 민간 부문으로 그 역할을 넘겨야 한다.
- MESIA 산업을 육성 지원해야 한다 MESIA : Medi-bio, Environment, Safety, Intelligence service, Air 산업을 나타내는 약어. 우리나라 신산업 분야임.
- IPR 전문가의 수요와 공급을 예측하여 인력 수급을 원활하게 하는 환경을 만들어야 한다.

국내 대기업

- 국내 IPR 시장에 대해 투자를 해야 한다.
- 정부의 동북아 IP 허브 추진에 따라서 국내 시장의 활성화에 기여해야 한다.
- MESIA 위주의 투자를 활성화해야 한다.
- 기업 내 IPR 인력은 최소한으로 하고, IPR 관련 업무를 아웃소싱할 필요가 있다.
- IPR 관련 업무에 있어서, 분야별로 특성화된 IPR 전문가를 취사선택하도록 해야 한다.

국내 IPR 관련 대학 및 국가 출연 연구 기관

- 대학에서는 IPR 인재 육성에 힘을 기울여야 한다.
- IPR 이슈가 글로벌화됨에 따라 고도의 영어를 사용할 수 있는 인재를 기르도록 해야 한다.
- 대학의 산학 협력단 및 국가 출연 연구 기관의 기술 이전 및 사

업화는 국내외 산업계와 지속적인 네트워크를 구축해야 한다.

- 국가 출연 연구 기관은 생태계 구축과 함께 장기적으로 민간 부문으로 이전해야 한다.

국내 IP 로펌

- 정부 및 대기업의 IPR 인식에 대한 제고가 이루어짐과 아울러 우리나라 IP 로펌들도 IPR에 대한 질적 성장을 이루어야 한다.
- 현존하는 비자격 IPR 요원들을 IPR 전문가로서 육성할 필요가 있다.
- IP 로펌에서 근무하는 IPR 인력들에게 현실적인 비전을 제시할 수 있어야 한다.
- 중소 IP 로펌들은 전략적 합병 등을 통하여 전문화, 특성화를 이루어야 한다.
- 외국 로펌의 우리나라 진출을 먼저 제의하여 주도권을 잡을 필요가 있다.
- 민간 부문의 기술 산업 생태계에서 새로운 비즈니스 모델을 찾을 필요가 있다.

국내 일반 로펌

- IP 로펌과 긴밀한 관계를 유지하여, 출원에서부터 소송까지 업무의 연속성을 추구할 필요가 있다.
- 외국 로펌과의 전략적 제휴가 필요할 것이고, 이때 주도적으로 제휴를 시도한다.
- IPR 소송 기술, 중재 기술, 협상 기술을 증진시켜야 한다.

국내 중소기업

- 전략적으로 IPR을 취득해야 한다_{대기업과 같은 IPR 전략으로 승부를 볼 수 없음}.
- IPR 취득 비용에 대한 인식을 개선해야 한다.
- MESIA 중심의 성장 동력 산업을 찾아야 한다.

지금까지 우리나라의 IPR 시장의 미래를 3차원 미래 예측법으로 살펴보았다. 우리나라 IPR 시장에서 가장 시급한 과제는 IPR에 대한 인식의 제고로, 시장이 성장하기 위해서는 우리나라의 IPR에 대한 가치를 높이 평가해야 한다. 그러기 위해서는 우리나라의 IPR이 안정성을 확보해야 하는데, 우리나라에서 받은 IPR은 높은 수준의 심사에 의해 받은 권리이므로 무효율이 낮다는 인식을 갖게 하고, 심사역시 다른 나라에서도 적극적으로 활용될 수 있도록 해야 한다. 또한 법원에서 획기적인 손해배상액 판결이 나올 수 있도록 정부 및 각 유관 기관의 제도적 연구_{손해배상 입증 책임에 관한 법률의 개정 등}가 필요할 것이다.

기업에 대해서 우리나라의 IPR 시장의 인식을 높이는 데는 홍보나 제도적 유도 등 한계가 있을 것이다. 왜냐하면 기업은 자기의 이익에 의해 움직이는 집단이기 때문에 IPR이 가치가 있고, IPR에 의해 이익이 발생할 때 기업의 IPR 인식이 제고될 것이다. 그 첫 단추로서 높은 손해배상액 판결이 나오면 기업에서의 IPR 인식이 바뀌는 계기가 될 것이다.

정부와 대학은 글로벌 IPR 전문가 육성에 힘을 기울여야 한다. 그에 따라 정부는 IPR 전문가의 인력 분포를 주시할 필요가 있다.

FTA에 따른 법률 시장 개방에 관해서는 우리나라의 산업이 일부 산업에 편중되어 있고, 주변국중국, 일본처럼 큰 시장이 아니므로, IPR 시장 역시 크게 보지 않을 것이라는 의견이 많다. 따라서 법률 시장 개방이 이루어져도 외국 로펌의 시장 잠식 비율은 30~50% 정도로 예측된다.

우리나라가 동북아 IP 허브로 성장하기 위해서는 IPR 시장의 파이를 키우는 것이 절대 조건이다. 그러기 위해서는 전체 영역에 걸친 조화로운 산업 발전과 높은 우리나라 IPR의 신뢰성, 높은 손해배상액, 친권리자적 성향 및 수준 높은 IPR 전문 인력 등이 필요하고, IPR에 대해서 서비스적이고 비즈니스적인 접근이 필요하다. 따라서 가장 우선적으로 해결해야 할 과제는 정부를 비롯한 유관 기관의 적극적인 노력으로 조속한 시일 내에 IPR 관련 손해배상액에 관련된 법률의 개정과 IPR 권리자의 이익을 대변할 수 있는 환경의 조성이다. 동북아 IP 허브론은 이와 같은 친권리자적 토양에서 이루어질 수 있다.

바람직한 우리나라
IPR 시장의 미래

* IP 허브 국가 : IPR에 관한 소송·중재·협상 등이 많이 일어나고, 이로 인해 전 세계의 IPR 자금이 유입되는 국가

우리나라의 IPR이 희망대로 친권리자적 성향을 띠고, 동북아 IP 허브가 된 이후에는 장기적으로 중국과의 IPR 통합을 생각해볼 수 있다. 우리나라의 IPR 시장이 아무리 바람직한 방향으로 간다 해도, 작은 영토와 비교적 적은 인구 등은 기술 산업 발전의 한계를 드러낼 수밖에 없다. 하지만 거대한 중국 시장을 인근에 두고 있고, 이런 중국과 IPR을 통합한다면 동북아 IP 허브가 아닌 세계 IP 허브가 될 수 있을 것이다.

IPR 권리 행사는 중국에서 하게 되겠지만 IPR 관련 제반 업무, 즉 출원에서부터 등록은 우리나라 특허청에서 하고, 이후 분쟁이 발생했을 때에도 우리나라 법원에서 판단하게 된다면 우리나라가 진정한 IPR 강국이 될 수 있을 것이다.

참고 문헌

"한—미 FTA 지재권 협상의 경제적 효과 분석", 특허청, 2006. 12. 31.

신희택, "법률시장 개방 관련 외국법자문사법 개정에 관한 연구보고서", 서울대
　　　학교, 2012. 12.

"변리사법 전부개정법률안 설명자료", 특허청 산업재산인력과, 2012. 9.

"법률시장 개방에 따른 지재권 소송체계 개선방안", 특허청, 2006. 9. 6.

"법률시장 개방국들의 외국변호사 관리감독제도", 법무부, 2004. 12.

"법률서비스 수출지원 방안 연구", 법무법인 양헌, 2009. 10. 26.

참고 문헌

Jim Dator, "Lecture Notes on Futures Studies", KAIST, 2013, 2014.

Kwang H. Lee, *Three Dimensional Creativity,* Springer, 2014.

Michael Jackson, "Practical Foresight Guide", Shaping Tomorrow, 2011.

JRC(Joint Research Centre), "The European Commission", The For-Learn Online Foresight Guide, 2014.

이광형, "미래예측방법론 강의노트", KAIST, 2013.

이광형, "미래학과 미래예측 강의노트", KAIST, 2014.

이광형, 《3차원 창의력 개발법》, 비즈니스맵, 2012.

이남식, 안종배 외, 《전략적 미래예측 방법론》, 두남, 2014.

백대성, "핵심기술별 특허출원 추이와 기술수명주기 사이의 상관관계에 관한 연구 : 도트 프린터 기술 중심으로", KAIST 지식재산대학원 석사논문, 2012.

Alane Jordan Starko, *Creativity in the Classroom*, Routledge Press, 2010.

James C. Kaufmann, Robert J. Sternberg(ed.), *Cambridge Handbook of Creativity*, Cambridge University Press, 2010.

Jim Dator, "Alternative Futures at the Manoa School", Journal of Futures Studies, vol 14, no 2, pp. 1–18, 2009.

조지 프리드먼, 《넥스트 디케이드》, 쌤앤파커스, 2011.

임춘택 외, 《미래를 여는 명강의》, 푸른지식, 2014.

찾아보기

ㄱ

가능 미래 60
개방성 분석 143
개방주의 143
게임 산업의 미래 224
게임 이론 160
결과 통합 47
경제 75, 76
계층화 분석법 119
고유가 109
공간 177
관련 요소 정의 180
관련 요소 추출 86
관련 요소 파악 47
관심 원 67
교차 영향 분석법 131
구글 트렌드 147
국방 문제 20
규칙성 71
긍정 미래 61, 91
기본적인 미래 패턴 91
기술 75, 76
기술 단계 분석 155
기술－사회－경제 분석 158
끌개 71, 74

ㄴ

나비효과 71

나프타 27
내빙유조선 22
네트워크 분석 138
네트워크 이용법 87

ㄷ

다니엘 벨 38
단일민족 22
대체에너지 26
데이터 34
데이터 수집 182
델파이 방법 127
독립변수 87, 132
독립성 88
동적 59
디스플레이 산업의 미래 267

ㄹ

랜드 127
레이 커즈와일 39
로드맵 162
로마클럽 40
로열더치셸 104
리더십 64, 72

ㅁ

메탄 하이드레이트 29, 100

모델링과 시뮬레이션 135
목표 분석형 예측 65
몰락 91, 92
무선충전 전기자동차 159
문제 분할 89
문제 정의 46, 83, 179
문헌 조사 110
미래 33, 36
미래 계획 37, 49
미래 관리 37, 45
미래 레일 189
미래 바퀴 150
미래 변화 7대 요소 75
미래 설계 36, 48
미래 예측 36, 46, 90, 186
미래 예측의 정확도 35
미래 예측의 필요성 64
미래의 특징 59
미래 전략 36, 48
미래 전략 3단계 188
미래 전략 수립 190
미래학 36
미래학회 40
미래 환경 설정 185

ㅂ

백캐스팅 166
변수 136
변화 관리 64
보잉 108

3차원 미래 예측으로 보는 **미래 경영**

부양 인구 20
부정 미래 61, 91
북극의 뱃길 22
북극항로 22
분야 177
분할 정복 62
브레인스토밍 112
비선형 59
비전 48
비전 세우기 170
비전 수립 64
비정형화된 데이터 148
빅데이터 145

ㅅ

사회 75
산아제한정책 18
3차원 미래 예측법 177
상호작용 다이어그램 133
석유화학산업 27
성장의 한계 41
셰일가스 100
셰일가스 혁명 24
셰일층 25
셸 118
시간 177
시간 SWOT 163
시나리오 104
시니리오 방법 168
시스템의 동적인 변화 135

ㅇ

아서 클라크 38
안전산업 114
앨런 케이 170

에너지 자립 28
에드워드 로렌츠 70
에어버스 108
에탄 27
엘빈 토플러 39
영감 얻기 64
영향력 원 67, 69
영향 분석형 예측 65
예측 대상 시간 범위 84
예측 방법 34
와일드 카드 118
외삽법 106
요리사 34
욕구 5단계 72
워크숍 126
윈드터널링 50
유력 미래 60
유지 보수 51
의료바이오산업 114
이머징 이슈 97
이민 21
이해관계자 84, 116
인구 75, 76
인구대체수준 18
인구 유입정책 21
입는 컴퓨터 156
입는 컴퓨터의 미래 290

ㅈ

자연 언어 148
자원 75, 77
재도약 91, 92
저출산·고령화 문제 15
전기자동차 144
전기자동차 산업의 미래

244
전략 수립 64
전문가 패널 125
정치 75, 76
제3차 중동전쟁 104
제4차 중동전쟁 105
제임스 데이터 39
조정 91, 92
존 네이스비츠 39
종속변수 88
종속성 88
주인 의식 54
중립 미래 61, 91
지능서비스산업 114
지속성장 91
지식재산권 법률 시장의
    미래 308

ㅋ

카오스 접근 70
키워드 138

ㅌ

타당 미래 60
타임 프레임 54
태양광발전 사업 27
태풍 99
테슬라 144
테이블 이용법 88
텍스트 마이닝 148
토네이도 66
투사법 106
트렌드 분석 106
특성 149
특허맵 142

특허 분석 140
특허 출원 분석 140
특허 포트폴리오 분석
    141
TV 산업의 미래 195

ㅍ

패턴 106
폐쇄주의 143

ㅎ

합계출산율 18

항공산업 114
핵심 동인 47, 48, 69, 74,
    83, 137
핵심 동인 결정 87
핵심 요소 33
허먼 칸 38
허브 공항 108
허브 항구 24
형태 분석법 121
혼돈 70
환경 75, 76
환경과 에너지 문제 15
환경 스캐닝 98, 101

환경에너지산업 114
희망 미래 48, 166
희망 미래 설계 189

기타

MESIA 114
STEPPER 75, 77, 113
TSE 158
Vensim PLE 135